Joachim Jacobs (Hrsg.)

Informationsstruktur und Grammatik

Linguistische Berichte
Sonderheft 4/1991-92

Joachim Jacobs (Hrsg.)

Informationsstruktur und Grammatik

Springer Fachmedien Wiesbaden GmbH

Linguistische Berichte
Forschung   Information   Diskussion

Herausgeber
Günther Grewendorf (Universität Frankfurt)
Arnim von Stechow (Universität Konstanz)

Beirat
Hans Altmann (München), Ria de Bleser (Aachen), Manfred Bierwisch (Berlin), Rainer Dietrich (Heidelberg), Norbert Dittmar (Berlin), Sascha W. Felix (Passau), Hubert Haider (Stuttgart), Joachim Jacobs (Wuppertal), Wolfgang Klein (Nijmegen), Manfred Krifka (Tübingen), Klaus Mattheier (Heidelberg), Uwe Mönnich (Tübingen), Frans Plank (Konstanz), Dieter Wunderlich (Düsseldorf), Theo Vennemann (München)

Redaktion
Günther Grewendorf (Universität Frankfurt), Herwig Krenn (Universität Bochum), Klaus Müllner (Kelkheim), Arnim von Stechow (Universität Konstanz)

Alle *redaktionellen* Zuschriften und Sendungen erbitten wir nur an die verantwortliche Redaktion der Linguistischen Berichte, z.Hd.: Professor Günther Grewendorf, Johann Wolfgang Goethe-Universität Frankfurt, Institut für Deutsche Sprache und Literatur II, Gräfstr. 76, D-6000 Frankfurt am Main 11.

Mitteilungen, die für das LB-Info bestimmt sind, schicken Sie bitte immer an die Teilredaktion LB-Info, zu Händen von Prof. Dr. Herwig Krenn, Romanisches Seminar der Ruhr-Universität Bochum bzw. Herrn Klaus Müllner, Postfach 21 51, D-6233 Kelkheim.

Die Linguistischen Berichte erscheinen sechsmal im Jahr. Jahresumfang ca. 480 S.
Jährlich erscheint ein Sonderheft, das je nach Umfang berechnet und den Abonnenten bei Bezug im Jahr des Erscheinens mit einem Nachlaß gegen Rechnung geliefert wird.

Bezugsbedingungen

Jahresabonnement (1992)	DM 128,—
Zweijahresabonnement (1992/93)	DM 230,—
Jahresabonnement priv. (1992)	DM 72,—x
Zweijahresabonnement priv. (1992/93)	DM 130,—x
Einzelheftpreis	DM 23,— jeweils zuzüglich Versandkosten

Alle Bezugspreise und Versandkosten unterliegen der Preisbindung.

Satz: ITS Text und Satz GmbH, Herford

Jede Verwertung außerhalb der engen Grenzen des Urheberrechtsgesetzes ist ohne Zustimmung des Verlags unzulässig und strafbar. Das gilt insbesondere für Vervielfältigungen, Übersetzungen, Mikroverfilmungen und die Einspeicherung und Verarbeitung in elektronischen Systemen.
Der Westdeutsche Verlag ist ein Unternehmen der Verlagsgruppe Bertelsmann International.

© 1992 Springer Fachmedien Wiesbaden
Ursprünglich erschienen bei Westdeutscher Verlag GmbH, Opladen 1992

ISSN 0935-9249
ISBN 978-3-531-12294-6   ISBN 978-3-663-12176-3 (eBook)
DOI 10.1007/978-3-663-12176-3

Inhalt

Joachim Jacobs
Einleitung 7

Manfred Krifka
A Compositional Semantics for Multiple Focus Constructions 17

Beatrice Primus
Selbst - Variants of a Scalar Adverb in German 54

Joachim Machate, Jaap Hoepelman
The Semantics of Focus as a Dialogue Function 89

Tilman N. Höhle
Über Verum-Fokus im Deutschen 112

H. Bernhard Drubig
Zur Frage der grammatischen Repräsentation thetischer und
kategorischer Sätze 142

John A. Hawkins
Syntactic Weight Versus Information Structure in Word Order Variation ... 196

Joachim Jacobs
Neutral Stress and the Position of Heads 220

Mitarbeiter dieses Sonderheftes 245

Einleitung

Dieses Sonderheft der Linguistischen Berichte soll Einblicke in den aktuellen Stand der Forschung zur Informationsstruktur vermitteln. Der Begriff „Informationsstruktur" umfaßt dabei jene Dimensionen der Gliederung von Sätzen (oder Satzäußerungen), die die Sprachwissenschaft mit Dichotomien wie 'psychologisches Subjekt - psychologisches Prädikat', 'Thema - Rhema', 'Topik - Fokus', 'Präsupposition - Fokus', 'Topik - Komment(ar)' u.a.m. anvisiert hat.[1] Hinter diesem terminologischen Wirrwarr verbergen sich im wesentlichen zwei Phänomene, die sich prätheoretisch allerdings nur vage charakterisieren lassen: a) eine Hervorhebung von Satzkonstituenten, die diese als Träger der im gegebenen Kontext wichtigen Information auszeichnet; diese Strukturierungsdimension bezeichne ich im folgenden - in Übereinstimmung mit der Terminologie der meisten Aufsätze dieses Bandes - als *Fokus-Hintergrund-Gliederung* (FHG); b) die Auszeichnung eines oder mehrerer Teile des Satzes als Gegenstand der jeweiligen Aussage; diese Abspaltung der Elemente, über die die Aussage gemacht wird, vom Rest der Aussage wird im folgenden - mit einem der schon oben genannten Begriffspaare - *Topik-Kommentar-Gliederung* (TKG) genannt.

Darüber, daß es sich hier tatsächlich um zwei verschiedene Phänomene handelt, besteht heute weitgehend Einigkeit (wenn auch nicht darüber, wie sie zu bezeichnen sind, s.o.). FHG und TKG haben weder die gleichen funktionalen Charakteristiken noch die gleichen Manifestationen in der sprachlichen Form. So ist der Hintergrundteil einer FHG in ganz anderer Weise an den jeweiligen Äußerungskontext gebunden als das Topik innerhalb einer TKG. Für den ersteren ist jene Form der kontextuellen Vorgegebenheit charakteristisch, die durch den bekannten *Fragetest* simuliert wird. Im Kontext der Frage (1A) bildet in der Antwort (1B) der Komplex *Mein Mann ist auf ... eifersüchtig* den Hintergrund, *meinen Hund* den Fokus:

(1) A. Auf wen ist dein Mann eifersüchtig?
     B. Mein Mann ist auf meinen Húnd eifersüchtig.

Dagegen ist das Topik von (1B) - der Gegenstand, über den hier eine Aussage gemacht wird - nur *Mein Mann*, nicht der ganze Komplex *Mein Mann ist auf ... eifersüchtig.*, wobei darüber hinaus die durch die vorangehende Frage realisierte Form der Kontextgebundenheit gar nicht ausschlaggebend für die Topikalität des Subjekts von (1B) ist. (Es kann auch im Kontext der Frage *Was gibt's Neues?* Topik sein.) - Wo sich die beiden Gliederungsformen in der sprachlichen Form manifestieren, tun sie es in aller Regel ganz verschieden. So teilen Sprachen, die bestimmte syntaktische Positionen für Topik und Fokus reservieren, diesen niemals *dieselbe* Position zu. Das bekannteste Beispiel hierfür ist das Ungarische, vgl. z.B. Molnar 1991.

Das Hauptaugenmerk des Bandes wird der Rolle dieser Strukturierungsdimensionen in der Grammatik und in eng daran angrenzenden Bereichen der Pragmatik gelten.[2] Insbesondere sollen neuere Ergebnisse zum Einfluß von FHG und TKG auf die syntaktische und die phonologische Form von Sätzen sowie auf deren grammatisch determinierte Wahrheits- und Verwendungsbedingungen präsentiert werden. Es soll in Ausschnitten dokumentiert werden, ob und in welcher Weise die Informationsgliederung in aktuelle Ansätze grammatischer und pragmatischer Theoriebildung mit einbezogen ist, in Ansätze, die dadurch charakterisiert sind, daß sie - in verschiedenen Ausprägungen und verschiedenem Umfang - den folgenden drei methodologischen Idealen folgen: a) Die Sprachtheorie ist modular aufzubauen, d.h. es sollen bereichsspezifische Gesetze isoliert werden. b) Es sollen diesen Gesetzen gehorchende explizite Repräsentationen sowie eine Systematik ihrer Verknüpfung erarbeitet werden (etwa der Verknüpfung satzphonologischer und syntaktischer oder syntaktischer und satzsemantischer Repräsentationen). c) Beschreibungen von Einzelsprachen, die diesen Leitlinien folgen, sollen auf das Fundament universeller Prinzipien gestellt und dabei die beobachtbaren Unterschiede so weit wie möglich auf verschiedene Randbedingungen bei der Anwendung dieser Prinzipien zurückgeführt werden (etwa durch Unterschiede in der Fixierung von Parametern oder in einschlägigen lexikalischen Festlegungen[3]).

Bis vor kurzem tendierten nicht wenige der diesen Idealen verpflichteten Grammatiker dazu, die Informationsgliederung für einen unwichtigen Faktor zu halten oder sie in einer Grauzone zwischen Grammatik und Sprachverwendung anzusiedeln, die vielleicht gar nicht zum Gegenstandsbereich der systematischen Sprachbeschreibung gehört.[4] Das manifestiert sich u.a. darin, daß gängige Instrumente der grammatischen oder pragmatischen Analyse - zumindest in der Form, in der sie ursprünglich entwickelt wurden - gegenüber der Informationsgliederung 'blind' sind. Weder die durch Montague und Cresswell entwickelten Techniken der kompositionalen Bedeutungsbeschreibung noch einige ausdrücklich auf die Analyse von Kontextabhängigkeiten zugeschnittene Weiterentwicklungen derselben[5] enthalten Vorstellungen über den Umgang mit Informationsgliederung. Auch die am besten entwickelten Teile der Pragmatik - die Sprechakttheorie und die Theorie der konversationellen Implikaturen[6] - ignorieren Faktoren der Informationsgliederung weitgehend. Die syntaktischen Prinzipien, die der durch Chomsky geprägte 'main stream' der Generativen Grammatik als grundlegend für den Satzbau natürlicher Sprachen betrachtet[7] - etwa die in der X-bar-Theorie formulierten Restriktionen für Phrasenstrukturen - beinhalten keine Aussagen über die möglichen syntaktischen Auswirkungen der Informationsgliederung. Und schließlich hat auch die Satzakzentlehre der Generativen Grammatik lange Zeit Einflüsse der Informationsgliederung nur als mögliche 'Störfaktoren' für rein strukturell bedingte Betonungsmuster betrachtet, die durch Prinzipien wie die 'nuclear stress rule' beschrieben wurden.[8]

Diese Situation hat sich in jüngerer Zeit verändert, nämlich seit einige in den achtziger Jahren entstandene Arbeiten in das Bewußtsein des die oben genannten Ziele verfolgenden Teils der linguistischen Gemeinschaft gedrungen sind. Diese Arbeiten haben gezeigt, daß die Informationsgliederung in erheblichem Umfang in das grammatische System natürlicher Sprachen einbezogen sein kann. So haben satzsemantische Analysen ergeben, daß die FHG sich direkt auf den propositionalen Gehalt von Sätzen auswirken kann, insbesondere in der Umgebung von für diese Form der Informationsgliederung 'sensitiven' Ausdrücken, wie Gradpartikeln oder Einstellungsverben (vgl. König 1981; von Stechow 1982; Jacobs 1983; Rooth 1985).[9] – Der mögliche syntaktische Stellenwert der Informationsgliederung wurde Generativen Grammatikern durch die viel beachtete Analyse des Ungarischen von É. Kiss (1981) vor Augen geführt, nach der TKG und FHG entscheidende Determinanten der S-Struktur dieser Sprache sind. Diese Analyse hat u.a. eine Diskussion über das Verhältnis der Informationsgliederung zum Konzept der Konfigurationalität befruchtet (vgl. Abraham & de Meij 1986). – Daß schließlich bei der Festlegung der lautlichen Form von Sätzen die Informationsgliederung ganz systematisch und nach strengen Regeln mit grammatischen Faktoren interagiert, ist eine Ansicht, die sich in der Folge von Arbeiten wie Selkirk 1984 gegen die 'Störfaktor'-Interpretation (s.o.) durchzusetzen begonnen hat.

Obwohl keine der eben genannten Analysen ohne Widerspruch geblieben ist (und einige davon als definitiv überholt gelten können), haben sie doch zu einer Neueinschätzung der Bedeutung der Informationsgliederung für die sprachwissenschaftliche Theoriebildung geführt, auf deren Basis heute eine deutliche Intensivierung der Forschung in diesem Bereich zu beobachten ist. Diese manifestiert sich z.B. darin, daß in einem jüngst erschienenen Handbuch der Semantik (v. Stechow & Wunderlich 1991) vier Artikel enthalten sind, in denen Einflüsse der Informationsgliederung an zentraler Stelle diskutiert werden,[10] oder darin, daß etwa zeitgleich mit dem vorliegenden Band mehrere andere Aufsatzsammlungen zur Informationsstruktur erscheinen, so ein von J. Hoepelman und R. Schnitzer herausgegebenes zweibändiges Sonderheft des Journal of Semantics (Vol. 8, Nr. 1 & 2, 3, 1991) und ein von W. Abraham, H.-W. Eroms und O. Pfeiffer herausgegebenes Sonderheft der Folia Linguistica Europaea (im Druck).[11] – Zusammen mit diesen Veröffentlichungen wird die vorliegende Sonderausgabe der Linguistischen Berichte ein einigermaßen repräsentatives Bild von den zahlreichen aktuellen Forschungsaktivitäten zur FHG und zur TKG zeichnen können.

Einige Erläuterungen zu den einzelnen Beiträgen: In satzsemantischen Arbeiten zur Informationsgliederung hat man, um das oben erwähnte Defizit der klassischen Theorien der Bedeutungskomposition zu beheben, seit einiger Zeit die Idee erprobt, die FHG durch gegliederte Propositionen zu repräsentieren, die im Skopus von Operatoren liegen, die auf diese Gliederung 'reagieren', z.B. im Skopus der semantischen Repräsentation einer Gradpartikel, eines Negationsträgers oder des Satzmodus. Solche relationalen FHG-Repräsentationen sind älteren Vorstellungen von der inhaltlichen Rolle der FHG, die alle auf irgendeiner Version der Unterscheidung von 'alter' und 'neuer' Information beruhen, in mancher Hinsicht überlegen.[12] Z.B. erlauben sie es, zu explizieren, auf welche Ebenen des semantischen Gehalts (propositionaler oder präsuppositionaler Gehalt, Verwendungsbedingungen verschiedener Art) die FHG in gegebenen Fällen Einfluß hat. Einigen Fragen, die diese relationalen FHG-Repräsentationen aufwerfen, ist der Beitrag von *Manfred Krifka* gewidmet. Seine Aufmerksamkeit gilt vor allem multiplen Fokussierungen, wie in (2):

(2)   Sogar Chómsky kennt nur èin Werk von Humboldt.

Sowohl das Subjekt *Chomsky* als auch das Numeralattribut *ein* sind im Fokus, dabei aber mit jeweils verschiedenen fokussensitiven Elementen assoziiert (nämlich mit *sogar* bzw. *nur*). Krifka präsentiert eine differenzierte Analyse dieser und anderer Formen multipler Fokussierung im Rahmen der relationalen FHG-Auffassung. Außerdem macht er z.T. überraschende Vorschläge für die Lösung einiger anderer Probleme der FHG-Theorie. So plädiert er dafür, die (im Vergleich zu *only*) abweichenden Fokussierungs- und Skopuseigenschaft von engl. *even* durch eine Analyse von *even* als Modalpartikel zu erklären, oder dafür, jene Koreferenz-Daten, die nach Chomsky auf eine syntaktische (nämlich LF-)Fokus-Bewegung hindeuten, auf ein pragmatisches Prinzip zurückzuführen. Bei all dem versucht Krifka, mit einem möglichst beschränkten technischen Apparat auszukommen, insbesondere ohne das mächtige Mittel der syntaktischen Koindizierung von Fokus und fokussensitivem Element. – Erwägungen über die Ausdruckskraft des technischen Instrumentariums müßten wohl auch in die Bewertung seines Vorschlags eingehen, nicht nur die FHG, sondern auch die TKG durch strukturierte Propositionen zu repräsentieren. Es ist nicht völlig klar, wie man im Rahmen einer solchen Analyse in einer natürlichen Weise den fundamentalen Restriktionen Rechnung tragen könnte, durch die sich Topiks von FHG-Hintergründen unterscheiden, z.B. daß Topiks referentiell (in einem weiten Sinn) sein müssen.

Die relationale FHG-Auffassung hat sich nicht nur in der Satzsemantik, sondern auch bei der Analyse der Wortbedeutung fokussensitiver Partikeln als nützlich erwiesen. *Beatrice Primus* unternimmt es zu zeigen, daß die Partikel *selbst*, im Gegensatz zu einer verbreiteten Ansicht, nicht nur in der quantifizierenden Verwendung wie in (3a), sondern auch in den 'emphatischen' Interpretationen, die in (3b, c) vorliegen, mit den Mitteln der relationalen FHG-Theorie als fokussensitiv analysiert werden kann:

(3) a. Er hat selbst die Háuswand gestrichen.
    b. Er sélbst hat die Hauswand gestrichen.
    c. Er hat die Hauswand sélbst gestrichen.

Primus stellt ihre Analyse auf das Fundament einer Reihe von Prinzipien der Partikelsyntax und -semantik, die aufgrund einer geschickten Parametrisierung auch 'exotischen' Eigenschaften von Partikelverwendungen Rechnung tragen (wie der obligatorischen Betontheit der Varianten (3b, c)) und systematische Zusammenhänge zu anderen grammatischen Charakteristiken herstellen. Darüber hinaus ergibt sich aus Primus' Vorschlag eine Erklärung für die sprachübergreifende Affinität zwischen Ausdrücken mit den in (3b, c) exemplifizierten Funktionen einerseits und Reflexivpronomina andererseits, vgl. *Er hat sich selbst eingeladen.* – Primus' Analyse ist dem Bedeutungsminimalismus verpflichtet, der Funktionsvariation so weit wie möglich nicht auf verschiedene Lesarten, sondern auf die Einflüsse wechselnder grammatischer und pragmatischer Kontexte zurückführen möchte. So wird allen drei Varianten von *selbst* dieselbe skalare Kernbedeutung zugeordnet, die aber je nach Lage des Fokus unterschiedliche konventionelle Implikaturen zeitigt – eine m.E. insbesondere für die ersten beiden Varianten überzeugende Analyse. Bei der in (3c) vorliegenden Variante müßten die Konsequenzen von Primus' Theorie wohl noch genauer überprüft werden, insbesondere die Voraussage *Er hat die Hauswand nicht selbst geputzt* habe dieselben Wahrheitsbedingungen wie *Er hat die Hauswand nicht geputzt*.

'sensitiven' Ausdrücken, wie Gradpartikeln oder Einstellungsverben (vgl. König 1981; von Stechow 1982; Jacobs 1983; Rooth 1985).[9] - Der mögliche syntaktische Stellenwert der Informationsgliederung wurde Generativen Grammatikern durch die viel beachtete Analyse des Ungarischen von É. Kiss (1981) vor Augen geführt, nach der TKG und FHG entscheidende Determinanten der S-Struktur dieser Sprache sind. Diese Analyse hat u.a. eine Diskussion über das Verhältnis der Informationsgliederung zum Konzept der Konfigurationalität befruchtet (vgl. Abraham & de Meij 1986). - Daß schließlich bei der Festlegung der lautlichen Form von Sätzen die Informationsgliederung ganz systematisch und nach strengen Regeln mit grammatischen Faktoren interagiert, ist eine Ansicht, die sich in der Folge von Arbeiten wie Selkirk 1984 gegen die 'Störfaktor'-Interpretation (s.o.) durchzusetzen begonnen hat.
Obwohl keine der eben genannten Analysen ohne Widerspruch geblieben ist (und einige davon als definitiv überholt gelten können), haben sie doch zu einer Neueinschätzung der Bedeutung der Informationsgliederung für die sprachwissenschaftliche Theoriebildung geführt, auf deren Basis heute eine deutliche Intensivierung der Forschung in diesem Bereich zu beobachten ist. Diese manifestiert sich z.B. darin, daß in einem jüngst erschienenen Handbuch der Semantik (v. Stechow & Wunderlich 1991) vier Artikel enthalten sind, in denen Einflüsse der Informationsgliederung an zentraler Stelle diskutiert werden,[10] oder darin, daß etwa zeitgleich mit dem vorliegenden Band mehrere andere Aufsatzsammlungen zur Informationsstruktur erscheinen, so ein von J. Hoepelman und R. Schnitzer herausgegebenes zweibändiges Sonderheft des Journal of Semantics (Vol. 8, Nr. 1 & 2, 3, 1991) und ein von W. Abraham, H.-W. Eroms und O. Pfeiffer herausgegebenes Sonderheft der Folia Linguistica Europaea (im Druck).[11] - Zusammen mit diesen Veröffentlichungen wird die vorliegende Sonderausgabe der Linguistischen Berichte ein einigermaßen repräsentatives Bild von den zahlreichen aktuellen Forschungsaktivitäten zur FHG und zur TKG zeichnen können.
Einige Erläuterungen zu den einzelnen Beiträgen: In satzsemantischen Arbeiten zur Informationsgliederung hat man, um das oben erwähnte Defizit der klassischen Theorien der Bedeutungskomposition zu beheben, seit einiger Zeit die Idee erprobt, die FHG durch gegliederte Propositionen zu repräsentieren, die im Skopus von Operatoren liegen, die auf diese Gliederung 'reagieren', z.B. im Skopus der semantischen Repräsentation einer Gradpartikel, eines Negationsträgers oder des Satzmodus. Solche relationalen FHG-Repräsentationen sind älteren Vorstellungen von der inhaltlichen Rolle der FHG, die alle auf irgendeiner Version der Unterscheidung von 'alter' und 'neuer' Information beruhen, in mancher Hinsicht überlegen.[12] Z.B. erlauben sie es, zu explizieren, auf welche Ebenen des semantischen Gehalts (propositionaler oder präsuppositionaler Gehalt, Verwendungsbedingungen verschiedener Art) die FHG in gegebenen Fällen Einfluß hat. Einigen Fragen, die diese relationalen FHG-Repräsentationen aufwerfen, ist der Beitrag von *Manfred Krifka* gewidmet. Seine Aufmerksamkeit gilt vor allem multiplen Fokussierungen, wie in (2):

(2)   Sogar Chómsky kennt nur èin Werk von Humboldt.

Sowohl das Subjekt *Chomsky* als auch das Numeralattribut *ein* sind im Fokus, dabei aber mit jeweils verschiedenen fokussensitiven Elementen assoziiert (nämlich mit *sogar* bzw. *nur*). Krifka präsentiert eine differenzierte Analyse dieser und anderer Formen multipler Fokussierung im Rahmen der relationalen FHG-Auffassung. Außerdem macht er z.T. überraschende Vorschläge für die Lösung einiger anderer Probleme der FHG-Theorie. So plädiert er dafür, die (im Vergleich zu *only*) abweichenden Fokussierungs- und Skopuseigenschaft von engl. *even* durch eine Analyse von *even* als Modalpartikel zu erklären, oder dafür, jene Koreferenz-Daten, die nach Chomsky auf eine syntaktische (nämlich LF-)Fokus-Bewegung hindeuten, auf ein pragmatisches Prinzip zurückzuführen. Bei all dem versucht Krifka, mit einem möglichst beschränkten technischen Apparat auszukommen, insbesondere ohne das mächtige Mittel der syntaktischen Koindizierung von Fokus und fokussensitivem Element. - Erwägungen über die Ausdruckskraft des technischen Instrumentariums müßten wohl auch in die Bewertung seines Vorschlags eingehen, nicht nur die FHG, sondern auch die TKG durch strukturierte Propositionen zu repräsentieren. Es ist nicht völlig klar, wie man im Rahmen einer solchen Analyse in einer natürlichen Weise den fundamentalen Restriktionen Rechnung tragen könnte, durch die sich Topiks von FHG-Hintergründen unterscheiden, z.B. daß Topiks referentiell (in einem weiten Sinn) sein müssen.

Die relationale FHG-Auffassung hat sich nicht nur in der Satzsemantik, sondern auch bei der Analyse der Wortbedeutung fokussensitiver Partikeln als nützlich erwiesen. *Beatrice Primus* unternimmt es zu zeigen, daß die Partikel *selbst*, im Gegensatz zu einer verbreiteten Ansicht, nicht nur in der quantifizierenden Verwendung wie in (3a), sondern auch in den 'emphatischen' Interpretationen, die in (3b, c) vorliegen, mit den Mitteln der relationalen FHG-Theorie als fokussensitiv analysiert werden kann:

(3) a. Er hat selbst die Háuswand gestrichen.
     b. Er sélbst hat die Hauswand gestrichen.
     c. Er hat die Hauswand sélbst gestrichen.

Primus stellt ihre Analyse auf das Fundament einer Reihe von Prinzipien der Partikelsyntax und -semantik, die aufgrund einer geschickten Parametrisierung auch 'exotischen' Eigenschaften von Partikelverwendungen Rechnung tragen (wie der obligatorischen Betontheit der Varianten (3b, c)) und systematische Zusammenhänge zu anderen grammatischen Charakteristiken herstellen. Darüber hinaus ergibt sich aus Primus' Vorschlag eine Erklärung für die sprachübergreifende Affinität zwischen Ausdrücken mit den in (3b, c) exemplifizierten Funktionen einerseits und Reflexivpronomina andererseits, vgl. *Er hat sich selbst eingeladen*. - Primus' Analyse ist dem Bedeutungsminimalismus verpflichtet, der Funktionsvariation so weit wie möglich nicht auf verschiedene Lesarten, sondern auf die Einflüsse wechselnder grammatischer und pragmatischer Kontexte zurückführen möchte. So wird allen drei Varianten von *selbst* dieselbe skalare Kernbedeutung zugeordnet, die aber je nach Lage des Fokus unterschiedliche konventionelle Implikaturen zeitigt - eine m.E. insbesondere für die ersten beiden Varianten überzeugende Analyse. Bei der in (3c) vorliegenden Variante müßten die Konsequenzen von Primus' Theorie wohl noch genauer überprüft werden, insbesondere die Voraussage *Er hat die Hauswand nicht selbst geputzt* habe dieselben Wahrheitsbedingungen wie *Er hat die Hauswand nicht geputzt*.

Nicht nur der kompositionale Aufbau semantischer Repräsentationen der Informationsgliederung auf der Basis geeigneter lexikalischer Bedeutungszuordnungen ist mit vielen noch offen Fragen verbunden, sondern auch die Weiterverarbeitung solcher Repräsentationen in einer expliziten Pragmatik. So ist bisher kaum jemals ernsthaft versucht worden, bei der Festlegung der Interpretation von FHG-Repräsentationen der traditionellen Einsicht Rechnung zu tragen, daß die Lage des Fokus in einem Satz sich als Restriktion für die möglichen Dialogpositionen von Äußerungen dieses Satzes auswirkt. Z.B. ist es nicht möglich, (1B) als Antwort auf die Frage *Wer ist auf deinen Hund eifersüchtig?* zu äußern, ohne die Lage des Fokus zu ändern. - In dem Beitrag von *Jaap Hoepelman* und *Joachim Machate* wird dieser Zusammenhang mit Hilfe expliziter Dialog-Regeln analysiert, die Teil eines Parsing-Systems sind, das bei den fokusmarkierenden Intonationen ansetzt. Hoepelman und Machate gehen aber einen Schritt weiter. Ihre Dialog-Regeln sind nicht als pragmatischer Appendix zu einer durch andere Mechanismen (etwa modelltheoretisch) zu leistenden Interpretation der FHG-Repräsentationen zu verstehen, sondern als die eigentliche semantische Theorie. Hierin manifestiert sich - außer einer bestimmten sprachphilosophischen Position - das spezielle Aufgabenprofil einer Semantik, die in ein System zur Verarbeitung gesprochener Texte implementiert werden soll. Es eröffnet sich auf dieser Basis aber auch eine Perspektive auf die Lösung rein linguistischer Probleme, so des Problems der möglichen Nicht-Wahrheitsfunktionalität fokussierender Negation:

(4)   Er ist kein Déutscher, sondern ein Báyer.

Bei einer wahrheitsfunktionalen Interpretation von *nicht* müßte (4) eine Kontradiktion sein (da Bayern Deutsche sind), was nicht der intuitiven Bewertung solcher Sätze entspricht. - Hoepelman und Machate skizzieren eine dialogtheoretische Explikation dieses Phänomens, das gängigen Methoden der formalen Semantik bisher hartnäckig widerstand.[13] Ob alle Spielarten nicht-wahrheitsfunktionaler Negation (z.B. auch Fälle wie *Er wohnt nicht in Ruhpólding, sondern in Rúhpolding*) auf diese Weise analysiert werden können, ist allerdings noch nicht klar.
Viele neuere Arbeiten zur FHG (und auch die eben genannten Beiträge) gehen davon aus, daß Fokussierungen inhaltlich jeweils die Bedeutungen bestimmter Teilsegmente syntaktischer Strukturen betreffen, und zwar so, daß dadurch eine Beziehung zu inhaltlichen Alternativen zu diesen Segmentbedeutungen hergestellt wird. So betreffen die zwei Fokussierungen in Beispiel (2) die Bedeutungen von *Chomsky* bzw. *ein*. Bei der ersten wird darauf verwiesen, daß inhaltlich andere Besetzungen der Subjektposition die Satzaussage ebenfalls wahr machen, dies aber bei ihnen weniger bemerkenswert ist als beim vorliegenden Subjekt. Mit der zweiten Fokussierung in (2) werden inhaltliche Alternativen zum gewählten Attribut *ein* ausgeschlossen. - So gut bewährt diese Sicht der Fokussierung ist - die sich z.B. schon bei Gabbay & Moravscik 1978 findet - so problematisch wird sie, wenn man sie auf jenen Typ von Beispielen anwenden will, den *Tilman N. Höhle* in seinem Beitrag diskutiert:

(5)   a. Peter hát das Buch gelesen.
        b. Es ist tatsächlich der Fall, daß Peter das Buch gelesen hat.

In einer naheliegenden Lesart ist (5a) mit (5b) zu paraphrasieren. In (5a) ist also intuitiv der mit dem Matrixprädikat von (5b) formulierte Geltungsanspruch im Fokus, den Höhle Verum nennt. Höhle kommt anhand einer sorgfältigen Analyse einschlägiger deutscher Daten zu dem Schluß, daß bei Verum-Fokussierung keine Segmentbedeutung betroffen ist, sondern ein mit einer bestimmten strukturellen Konfiguration verbundener Bedeutungsaspekt, und daß auch nicht ohne weiteres ein Alternativenbezug hergestellt werden kann. Darüber hinaus zeigt er, daß Verum nicht - wie naheliegend - mit einem Illokutionstypoperator identifiziert werden kann,[14] sondern eine Art Wahrheitsprädikat sein muß, für dessen Präsenz in der semantischen Struktur es aber kaum unabhängige Evidenz gibt. - Höhles Ergebnisse wecken nicht nur Zweifel an gängigen Grundannahmen der FHG-Theorie, sondern darüber hinaus auch an bestimmten verbreiteten Vorstellungen über Kompositionalität, insbesondere an der - in der Tradition der Kategorialgrammatik stehenden - Idee, alle Aspekte satzsemantischer Strukturen seien Projektionen lexikalischer Bedeutungen.

Von besonderem Interesse für semantische und syntaktische Untersuchungen zur Informationsstruktur sind sog. thetische Sätze, wie (6B) in der durch (6A) nahegelegten Lesart:

(6) A. Warum weinst Du?
     B. Héino ist gestorben.

Solche Sätze zeichnen sich durch das *Fehlen* einer internen Informationsgliederung aus, und zwar sowohl im Sinne der FHG als auch in dem der TKG. *H. Bernhard Drubig* legt eine sprachübergreifende und einen Großteil der aktuellen syntaktischen Forschung zur Informationsstruktur berücksichtigende Analyse dieses Phänomens im Rahmen der Theorie der Prinzipien und Parameter[15] vor, in der er zahlreiche Bezüge zu anderen Phänomenen herstellt, insbesondere zu expletiven Konstruktionen, die, wie Drubig zeigt, viele Gemeinsamkeiten mit thetischen Sätzen haben. Auf diesen Gemeinsamkeiten baut er seine Hypothese auf, daß thetische Sätze zugrundeliegend selbst Expletivkonstruktionen sind. Zu den willkommenen Konsequenzen dieser Analyse gehört, daß die von Rochemont und Cullicover (1990) postulierten Prinzipien syntaktischer Fokussierung eliminiert werden können. - Offen bleiben dabei Fragen nach den Details einiger der vorausgesetzten argumentstrukturellen Prozesse, etwa derjenigen, die es erlauben sollen, Koprädikationen wie in *Er strich die Wand gelb* als thetisch zu explizieren. Auch die von Drubig aus Selkirk (1984) übernommene Fokusperkolationsregel ist nicht unproblematisch, haben doch schon v. Stechow und Uhmann (1986) gezeigt, daß sie falsche Voraussagen zuläßt, z.B. daß in *(weil) dem Mánn ein Geist erschienen ist* der ganze Satz im Fokus sein kann.

Auch die sog. freie Wortstellung ist ein syntaktischer Phänomenbereich, der wesentlich von der Informationsstruktur beeinflußt wird - so jedenfalls nach einer weit verbreiteten Auffassung, die sich bis ins vorige Jahrhundert zurückverfolgen läßt und - in ganz verschiedenen Ausprägungen - zentraler Bestandteil sowohl der einflußreichen Wortstellungstheorie der Prager Schule(n)[16] als auch typologischer Ansätze ist.[17] *John Hawkins* versucht in seinem Beitrag, diese Auffassung zu demontieren. Er behauptet, daß der wichtigste Anordnungsfaktor bei freier Wortstellung das syntaktische Gewicht der beteiligten Konstituenten ist (was er wiederum auf Bedürfnisse der Sprachverarbeitung zurückführt) und daß nur dort, wo dieser Faktor Spielräume läßt, informationsstrukturelle Eigenschaften Einfluß auf die relative Anordnung nehmen können. Er stützt seine Argumentation auf einen Vergleich der Voraussagen informationsstrukturell fundierter Theorien über ein Korpus nicht-konstruierter Wortstellungsdaten mit den Voraussagen, die seine eigene, am Gewicht orientierte Theorie macht, die zunächst zur Erklärung von Universalien grammatisch festgelegter Wortstellung entwickelt wurde. - Hawkins' Resultate sind beeindruckend, lassen aber, wie bei einer so radikal neuen Analyse nicht anders zu erwarten, ebenfalls einige Fragen offen. So müßte (worauf er selbst hinweist) das Verhältnis des von ihm in den Vordergrund gestellten Einflußfaktors zu der für Pronomenbindung, Prädikation, Skopusinklusion u.a.m. geltenden C-Kommando-Bedingung geklärt werden, da ja auch diese sich direkt in Stellungsregularitäten manifestiert. Zudem gibt es 'pragmatisch' bedingte Anordnungstendenzen, die sich seinen Voraussagen zu entziehen scheinen, so die (z.B. im gesprochenen Deutsch) häufige Extraposition 'leichter' Adverbiale, wie *dort* in (7), die an deren kontextuelle Voraussagbarkeit (oder Unwichtigkeit) geknüpft ist:

(7)   Er kannte sich noch nicht gut aus dort.

Wenn solche Fragen geklärt werden können, ohne daß Hawkins' Analyse prinzipiell revidiert werden muß, wäre auch sie ein wichtiger Beitrag zur Korrektur verbreiteter Fehleinschätzungen der Rolle der Informationsstruktur - hier allerdings keiner Unterschätzung,[18] sondern einer Überschätzung dieser Rolle.
Im einzigen phonologischen Beitrag des Bandes (von mir selbst) steht das Phänomen der neutralen Akzentuierung im Mittelpunkt, dessen definierende Eigenschaft die Abwesenheit einer Form der Informationsgliederung, nämlich der FHG, ist. Eine Theorie darüber, wie Phrasen zu akzentuieren sind, wenn keiner ihrer echten Teile fokussiert ist, ist Voraussetzung für eine Explikation des Zusammenspiels zwischen FHG und grammatischen Faktoren bei der Festlegung der Akzentuierung und dafür, daß man überhaupt die Fälle identifizieren kann, in denen die FHG die Akzentuierung beeinflußt. So haben inadäquate Theorien der neutralen Akzentuierung dazu geführt, daß man in thetischen Sätzen wie (6B) (s.o.) eine interne Fokus-Hintergrund-Grenze (zwischen Subjekt und Verbalphrase) postuliert hat, was im Einklang mit den in diesen Theorien angenommenen Akzentuierungsregeln, aber im Widerspruch zu der durch unabhängige Kriterien (wie den angegebenen Kontext) zu ermittelnden Informationsstruktur steht.[19] - Zu den bisher ungelösten Problemen der Analyse der Neutralakzentuierung gehört die Erklärung sprachübergreifender Asymmetrien in den Akzentuierungsmustern von Phrasen mit unterschiedlicher Kopfposition. So unterscheiden sich das Deutsche und das Englische nicht in der Neutralakzentuierung von Beispielen wie (6B), und hier gibt es auch keinen Unterschied in der Kopfposition (vgl. *Héino has died*). Dagegen weisen kopfinitiale englische Verbalphrasen deutlich andere Neutralakzentuierungsmuster auf als kopffinale deutsche Verbalphrasen, vgl. *to visit London on Súnday* vs. *am Sonntag Lóndon besuchen*. - Diese Unterschiede werden auf der Basis einer Theorie zu erklären versucht, die auch die Neutralakzentuierung von Einflüssen bestimmter Formen der Informationsgliederung abhängig macht, genauer gesagt davon, ob Phrasen durch diese

Formen der Gliederung intern in mehrere Informationseinheiten aufgespalten werden. Zu diesen Gliederungsformen sind neben der TKG auch die Koordination, die Hinzufügung 'freier Angaben' u.a.m. zu rechnen. Damit wird hier das theoretische Konzept der Informationsgliederung erheblich ausgeweitet, was sicher weitergehender Erörterungen bedarf.[20]

Anmerkungen

1 Die Bezeichnungen 'psychologisches Subjekt - psychologisches Prädikat' finden sich bei älteren Forschern wie G. von der Gabelentz und H. Paul (vgl. z.B. Paul 1880). Die Termini 'Thema - Rhema' wurden in der Prager Schule verwendet (vgl. z.B. Beneš 1973). Die Gegenüberstellung von 'Topik' und 'Fokus' ist charakteristisch für die 'neue Prager Schule' (vgl. z.B. Sgall, Hajičová & Panenová 1986). Die (m.E. besonders unglückliche) Benennung 'Präsupposition - Fokus' hat sich seit Chomsky (1971) in der Generativen Grammatik eingebürgert. 'Topik - Komment(ar)' ist ein Begriffspaar, das in typologisch orientierten Arbeiten verwandt wird (vgl. z.B. Gundel 1988).
2 Womit nicht gesagt sein soll, daß es keine anderen grammatisch oder pragmatisch relevanten Dimensionen der Gliederung von Information gibt. So hat Molnar (1991) dafür plädiert, neben der FHG und der TKG auch eine davon zu unterscheidende Thema-Rhema-Gliederung zu berücksichtigen. (Vgl. auch die unten folgenden Bemerkungen zu meinem Beitrag in diesem Band.)
3 Vgl. z.B. Chomsky & Lasnik (1992).
4 Eine wichtige Ausnahme ist die schon in Anm. 1 erwähnte 'neue Prager Schule' um P. Sgall. Auf eine Darstellung der Ideen dieser Schule im vorliegenden Band wurde verzichtet, da sie schon andernorts gut dokumentiert sind (vgl. z.B. Sgall, Hajičová & Benešová 1973; Sgall, Hajičová & Panenová 1986; Sgall 1992). - Auch in einem Teil der sprachtypologischen Forschung hat die Informationsgliederung - insbesondere die TPG - schon seit längerer Zeit eine nicht unbedeutende Rolle gespielt (vgl. z.B. Li 1976).
5 Wie die Diskursrepräsentationstheorie (vgl. Kamp 1981).
6 Einen Überblick gibt Levinson (1983).
7 Vgl. z.B. Chomsky & Lasnik (1992).
8 Vgl. Chomsky & Halle (1968), Liberman & Prince (1977).
9 Ein früher Vorläufer ist Dretske (1972).
10 Nämlich die Artikel „Gradpartikeln" (Art. 38, von E. König), „Current Issues in the Theory of Focus" (Art. 39, von A. v. Stechow), „The Representation of Focus" (Art. 40, von A. Kratzer) und „Negation" (Art. 25, von mir).
11 Zu erwähnen ist in diesem Zusammenhang auch, daß aktuelle linguistische Forschungsprogramme Teilprojekte enthalten, die Aspekte der Informationsgliederung untersuchen, so das EUROTYP-Programm und das S & P-Programm (Sprache & Pragmatik). Anregungen aus Diskussionen im Rahmen des S & P-Programms sind in drei Beiträge des vorliegenden Bandes eingeflossen, nämlich in die Aufsätze von B. Drubig, T. Höhle sowie in meinen eigenen Beitrag. Hierfür möchte ich mich bei den beiden Programmleiterinnen, M. Reis und I. Rosengren, bedanken.
12 Vgl. z.B. Jacobs (1984).
13 Vgl. dazu Horn (1989, Kap. 6) sowie mein oben erwähnter Beitrag zu von Stechow & Wunderlich (1991).

14   Was übrigens von der relationalen FHG-Auffassung vorhergesagt wird, nach der ja ein fokussiertes Element immer im Einflußbereich eines fokussensitiven Operators liegen muß und deswegen nicht der in der semantischen Hierarchie 'höchste' Operator - also eben kein Illokutionstypoperator - sein kann.
15   Vgl. Chomsky & Lasnik (1992).
16   Vgl. Anm. 1.
17   Z.B. Givón (1988).
18   Vgl. obige Bemerkungen zur Forschungsgeschichte.
19   Dieses Verfahren hat eine lange und traurige Tradition in der Generativen Phonologie, von der durch Chomsky & Halle (1968) geprägten Periode bis Cinque (1990). - Auf die letztgenannte Arbeit bin ich nach Fertigstellung meines Beitrags zu diesem Band von Josef Bayer aufmerksam gemacht worden, dem ich hierfür danken möchte. Cinques Theorie, die dieselben sprachlichen Phänomene anvisiert wie mein Aufsatz, unterscheidet sich von diesem vor allem durch die Annahme, die Einbettungstiefe sei das *einzige* Kriterium für die Position des Haupt(-Neutral)akzents. Sie läßt sich grob in dem Slogan zusammenfassen: Wenn die FHG nicht interveniert, geht der Hauptakzent an die am tiefsten eingebettete Konstituente. Damit macht Cinque nicht nur für Fälle wie (6) falsche (bzw. nur durch unplausible funktionale Zusatzannahme aufrechtzuerhaltende) Voraussagen, sondern z.B. auch für (i) und (ii):
(i) [[Die Frau [meines Nachbarn]] schnárcht].
(ii) [die [[Eroberung [des Persischen Reichs]] durch Alexánder]]
Cinques Theorie würde bei einer plausiblen Strukturierung dieser Beispiele (wie sie durch die Klammern angedeutet ist) kontraintuitiv voraussagen, daß *Nachbarn* bzw. *Reichs* unter Neutralbedingungen den Hauptakzent erhalten.
20   Erste Überlegungen hierzu finden sich in Jacobs (1992).

Literatur

Abraham, W. & S. de Meij, eds. (1986): Topic, focus, and configurationality. Amsterdam: Benjamins.
Beneš, E. (1973) „Thema-Rhema-Gliederung und Textlinguistik". In: H. Sitta und K. von Brinker, Hrsg.: Studien zur Texttheorie und zur deutschen Grammatik. Düsseldorf: Schwann, 42 - 62.
Chomsky, N. (1971): „Deep structure, surface structure, and semantic representation". In: D. Steinberg & L. Jakobovits, eds.: Semantics. An interdisciplinary reader. Cambridge University Press, 193 - 216.
Chomsky, N. & M. Halle (1968): The sound pattern of English. New York: Harper & Row.
Chomsky, N. & H. Lasnik (1992): „Principles and Parameters Theory". In: Jacobs, v. Stechow, Sternefeld & Vennemann, Hrsg.
Cinque, G. (1990): A null theory of phrasal stress. Typoskript. Università di Venezia.
Dretske, F. (1972) „Contrastive statements". The Philosophical Review 1972, 411 - 437.
Gabbay, D. & J. Moravcsik (1978): „Negation and denial". In: F. Guenthner und Ch. Rohrer, eds.: Studies in formal semantics. Amsterdam: North Holland, 251 - 265.
Givón, T. (1988): „The pragmatics of word order". In: Hammond et al., 243 - 284.
Gundel, J.K. (1988): „Universals of topic-comment structure". In: Hammond et al., 209 - 244.
Hammond, M., E. Moravcsik & P. Wirth, eds. (1988): Studies in syntactic typology. Amsterdam: Benjamins.
Horn, L. (1989): A natural history of negation. Chicago University Press.
Jacobs, J. (1983): Fokus und Skalen. Zur Syntax und Semantik der Gradpartikeln im Deutschen. Tübingen: Niemeyer.

Jacobs, J. (1984): „Funktionale Satzperspektive und Illokutionssemantik". Linguistische Berichte 91, 89 - 134.
Jacobs, J. (1992): Integration. Wuppertal (= Arbeitspapiere des SFB „Theorie des Lexikons", Nr. 13).
Jacobs, J., A. von Stechow, W. Sternefeld & T. Vennemann, Hrsg. (1992): Handbuch Syntax. Band I. Berlin, New York: de Gruyter.
Kamp, H. (1981): „A theory of truth and semantic representation". In: J. Groenendijk, T. Janssen and M. Stokhof, eds.: Formal methods in the study of language. Mathematical Centre Tract 135. Amsterdam, 277 - 322.
É. Kiss, K. (1981) „Structural relations in Hungarian, a 'free' word order language". Linguistic Inquiry 12, 185 - 213.
König, E. (1981) „The meaning of scalar particles in German". In: H. Eikmeyer & H. Rieser, eds.: Words, worlds and contexts. Berlin: de Gruyter, 107 - 132.
Levinson, S.R. (1983): Pragmatics. Cambridge University Press.
Li, C.N., ed. (1976): Subject and topic. New York: Academic Press.
Liberman, M. & A. Prince (1977): „On stress and linguistic rhythm". Linguistic Inquiry 8, 249 - 336.
Molnar, V. (1991): Das TOPIK im Deutschen und im Ungarischen. Stockholm: Almquvist & Wiksell (= Lunder germanistische Forschungen 58).
Paul, H. (1880): Prinzipien der Sprachgeschichte (8. Auflage 1970). Tübingen: Niemeyer.
Rochemont, M. & P. Cullicover (1990); English focus constructions and the theory of grammar. Cambridge University Press.
Rooth, M. (1985): Association with focus. Ph.D.-Dissertation. University of Massachusetts at Amherst.
Selkirk, E.O. (1984): Phonology and syntax. The relation between sound and structure. MIT Press.
Sgall, P. (1992) „The Czech tradition". In: Jacobs, v. Stechow, Sternefeld & Vennemann, Hrsg.
Sgall, P., E. Hajičová & E. Benešová (1973): Topic, focus and generative semantics. Kronberg: Scriptor.
Sgall, P., E. Hajičová & J. Panenová (1986): The meaning of the sentence in its semantic and pragmatic aspects. Dordrecht: Reidel.
von Stechow, A. (1982): Structured propositions. Konstanz (= Arbeitspapier 59 des SFB 99).
von Stechow, A. & S. Uhmann (1986): Some remarks on focus projection. In: Abraham & de Meij, eds.
von Stechow, A. & D. Wunderlich, Hrsg. (1991): Handbuch Semantik. Berlin/New York: de Gruyter.

A Compositional Semantics for Multiple Focus Constructions*

Manfred Krifka, Austin/Saarbrücken

Introduction

The subject of this article is the semantics of focus, i.e. the development of a framework in which we can formulate the influence of focus on the semantic and pragmatic interpretation. In section (1), I will discuss such a framework, structured meanings. In section (2), I will point out some of its shortcomings, as it is currently worked out; they have to do with cases involving multiple foci. In (3), I develop a general representation format in which we can cope with these problematic cases. Finally, in (4) I will discuss some extensions and possible problems, among others a combined semantic treatment of focus and topic.

1 The Structured Meaning Approach to Focus

Some common assumptions of current theories on the syntax and semantics of focus, essentially going back to Jackendoff (1972), are the following:

- Focus consists of a feature that is assigned to a node in the syntactic representation of a sentence (in theories that distinguish between different representation levels, focus is assigned at surface structure).
- The focus feature might be associated with a focus operator, such as *only*; the focus operator has to c-command its focus. We call this "bound focus".
- In phonology, the focus feature is spelled out by sentence accent (I disregard other ways of marking focus, such as cleft constructions). In case of a complex category, the position of the sentence accent may be sensitive to syntactic structure and to semantic properties such as givenness. For example, for English and German it has been argued that in a case where a head-argument structure is in focus, the accent is realized on the argument (cf. Selkirk 1984, von Stechow & Uhmann 1987). Also,

---

*   I had the opportunity to discuss issues of this article with several colleagues. Without the comments and challenges of Paolo Casalegno, Gennaro Chierchia, Jochen Geilfuß, Joachim Jacobs, Michel Kefer, Uwe Mönnich, Richard Oehrle, Manfred Pinkal, Arnim von Stechow, Hubert Truckenbrodt, Dietmar Zaefferer, and Ede Zimmermann, flaws would be more abundant, and the coverage would be less broad. Thanks to them all.

it has been argued that constituents that refer to entities given in the context are deaccented, although they may be part of the focus (cf. Ladd 1980, Lötscher 1983).
- In semantics, the focus feature induces a partition of the semantic representation of the sentence into the part that is in focus and the complement part that is not in focus, commonly called the background. This partition is essential for the semantics and/or pragmatics of the sentence.

Let us get more specific by looking at an example:

(1)   John only introduced Bill to SUE.

This sentence, with accent on *Sue*, has at least two readings: (i) The only person John introduced Bill to is Sue; (ii) the only thing John did is introducing Bill to Sue. For the first case, we can assume that *Sue* is in focus; in the second case, we can assume that *introduced Bill to Sue* is in focus. The rules of focus marking by accent lead to the same result in both cases (in the latter one, accent is realized on the last argument). The adverbial particle *only* c-commands the focus in both cases.

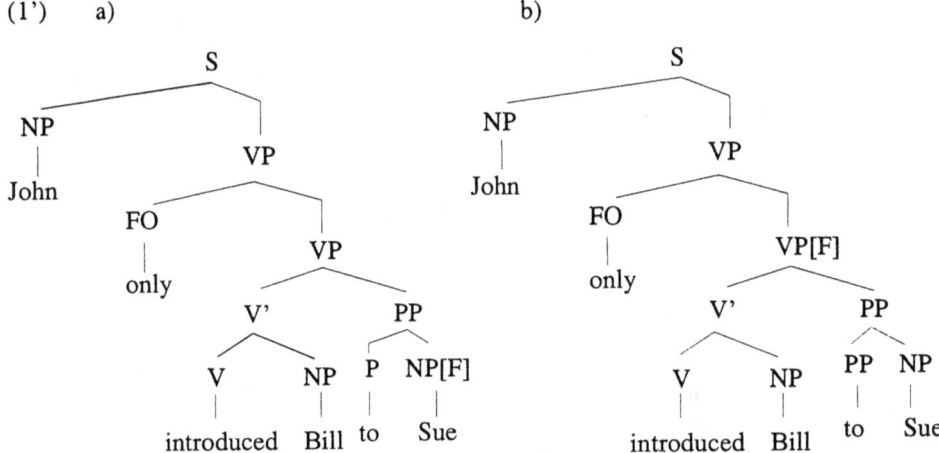

There are essentially two representation formats that were designed to capture the contribution of the partitioning into focus and background to the semantic interpretation, namely STRUCTURED MEANINGS (cf. Klein & von Stechow 1982, Jacobs 1983, also Williams 1980) and ALTERNATIVE SEMANTICS (Rooth 1985). Here, I will concentrate on the structured meanings framework; see von Stechow (1989) for a comparison.

A structured meaning is a pair consisting of a background part and a focus part. The background is of a type that can be applied to the focus. If this application is carried out, we arrive at the ordinary semantic representation. Focus-sensitive operators are applied to these structured meanings. The two readings of our example are represented as follows:

(2) a) **only**(<λx.**introd**(j,x,b), s>)
    b) **only**(<λP.P(j),λx.**introd**(x,s,b)>)

Let us assume the following semantics for **only**. It says that the background representation applies to the focus representation, and that the background representation applies to no other entity that is comparable with the focus representation (see section 4.7 for a more refined treatment, distinguishing assertional meaning and presuppositional meaning). Comparability, which will be discussed shortly, is expressed by ≈.

(3)   **only**(<α,β>) :↔ α(β) & ∀X[X≈β & α(X) → X=β],
        where X is a variable of the type of β.

For our two examples, we get the following representations:

(4) a) **introd**(j,s,b) & ∀x[x≈s & **introd**(j,x,b) → x=s]
    b) **introd**(j,s,b) & ∀P[P≈λx.**introd**(x,s,b) & P(j) → P=λx.**introd**(x,s,b)]

This says that John introduced Bill to Sue, and (a) there is no individual comparable but not identical to Sue that John introduced Bill to, or (b) that there is no property comparable but not identical to introducing Bill to Sue that John has.

The limitation to comparable entities is meant to capture contextual and ontological restrictions. For example, the first reading might be true even if John introduced more persons to Sue, but these persons are not contextually salient (this is the case if the sentence is used to answer a question like *Did John introduce Bill and Paul to Sue?*). The second reading depends even more on this restriction; without it, it would express that introducing Bill to Sue is the only property John has, which of course cannot be true, as he has many additional properties, like being a man, or being identical to himself (cf. Lerner & Zimmermann 1983). The restriction can be expressed in various ways, as a condition formulated with respect to the meaning of the expression in focus, as suggested here (cf. also Rooth 1985), or alternatively as a condition formulated with respect to the meaning of the background expression, as suggested in Jacobs (1988). As the precise semantics of *only* and other operators is not at stake here, I will not elaborate on this point further.

We have seen how the partitioning into focus and background affects the interpretation of a sentence containing a focus-sensitive operator. Similarly, it may affect the interpretation of a sentence where no overt focus-sensitive operator is present. For example, the two interpretations of the sentence

(5)   John introduced Bill to SUE.

might be used in different contexts, depending on the focus; with focus on *Sue*, it might be an answer to *To whom did John introduce Bill?*, and with focus on *introduced Bill to Sue*, it might be an answer to *What did John do?*.

According to Jacobs (1984), cases of bound focus and unbound ("free") focus are actually not different at all. He proposes that the illocutionary operator that expresses the sentence mood (assertion, question, directive, optative etc.) may bind the focus. Let us assume ASSERT as assertion operator; then we get the following representations for the two readings:

(6)   a)   **ASSERT**(<λx.**introd**(j,x,b), s>)
        b)   **ASSERT**(<λP.P(j), λx.**introd**(x,s,b)>)

Assertion of a structured representation <α,β> can be described as follows, following Jackendoff (1972): At the current point of discourse, the entities X for which $\alpha(X)$ holds are under discussion, and it is stated that, among these entities, it holds for β that $\alpha(\beta)$. For our example this means that in (a), the persons x for which it holds that John introduced Bill to x are under discussion, and in (b), the properties P that John has are under discussion. In both cases, it is stated that John introduced Bill to Sue. I skip here over different uses of free focus, like presentational vs. contrastive focus as argued for by Rochemont (1986); they might be handled by different illocutionary operators.

The meaning of assertion can be specified more formally, given the concept of an assertion as a modification of shared assumptions of speaker and hearer. Let us call the shared assumptions the "common ground", which is represented simply by a set of possible worlds (cf. Stalnaker 1979), and let us assume that the semantic representation of a sentence Φ is a set of possible worlds $[\Phi]$. Then we can give the following definition of assertion (cf. Krifka 1990):

(7)   **ASSERT**(<α, β>) maps a common ground c to a common ground c', where c' is the intersection of c with the set of possible worlds for which $\alpha(\beta)$ is true, i.e. c'=c$\cap[\alpha(\beta)]$ Felicity conditions (among others):
    a)   c'$\neq$c (asserting $\alpha(\beta)$ makes a difference in the common ground),
    b)   c'$\neq\emptyset$ (the truth of $\alpha(\beta)$ must not be already excluded by c)
    c)   There are X, with X$\approx\beta$ and X$\neq\beta$, such that $\alpha(X)$ could have been asserted with respect to c. That is, it would have changed c, c$\cap[\alpha(X)]\neq$c, it would not be excluded by c, c$\cap[\alpha(X)] \neq \emptyset$, and would have yielded a different output context, c$\cap[\alpha(X)] \neq$ c$\cap[\alpha(\beta)]$.

Note that the partitioning between focus and background does not play any role for the semantics proper of the assertion operator, but affects only its felicity conditions. Conditions (a) and (b) guarantee that the proposition to be asserted is relevant - it should not already be established or excluded by the current common ground. Condition (c) says that it is relevant which contextually salient alternative is asserted - that is, the alternatives are assertable as well, and their assertion would make a difference. As usual, if the felicity conditions are not satisfied, they may give rise to accommodations in the sense of Lewis (1979).

2   Multiple Foci

The theory of structured meanings seems to work quite well in examples like the ones considered above. However, we also find cases in which a sentence has more than one focus.

One kind of multiple focus that has been discussed (cf. Taglicht 1984, Rooth 1985, von Stechow 1989, Jacobs 1988, to appear) are cases like the following one:

(8)   John only introduced BILL to SUE

This sentence has a reading saying that the only pair of persons such that John introduced the first to the second is Bill and Sue. We clearly have two foci, on *Bill* and on *Sue*, that are related to only one focus operator, *only*.

It is relatively straightforward to account for cases like (8): We have to allow for backgrounds to be applied to more than one focus. There are different methods to implement this technically. Perhaps the most perspicuous way is to provide for LISTS in our semantic representation language. Sentence (8) then gets the following analysis:

(9)   **only(<λx•y.introd(j, y, x), b•s>)**

Here, **b•s** is a list of two names, and **x•y** is a list of two variables (which can be bound by a lambda-operator). If we represent a list variable by **h•t** (where h is the head and t is the tail), application is defined recursively as $\lambda h \bullet t.\Phi(a \bullet \beta) = \lambda t[\lambda h.\Phi(\alpha)](\beta)$. Given the representation (9) and the interpretation of **only** in (3), we get the following interpretation:

(10)   **introd(j,s,b)** & $\forall x \bullet y[x \bullet y \approx b \bullet s$ & **introd(j,y,x)**] → $x \bullet y = b \bullet s$]

This says that John introduced Bill to Sue, and that there is no pair comparable but not identical to Bill and Sue such that John introduced the first to the second. This is an adequate analysis of the natural interpretation of this sentence.

To distinguish this case of multiple foci from others discussed later, I will not call it multiple focus, but COMPLEX focus.

There are cases of true multiple foci, that is, cases with more than one focus operator, as shown by Jacobs (1984, 1988, to appear). To distinguish between different pairs of focus operator and associated focus, I will follow Jacobs in using a coindexing convention (although there will be no coindexing in my final proposal). Perhaps the simplest case is exemplified by the following sentences:

(11)   Even$_1$ [JOHN]$_{F1}$ drank only$_2$ [WATER]$_{F2}$.

Here we have one sentence that contains two focus operators and two foci. In this case, the foci do not overlap. Let us assume that *even* contributes to the meaning that there are alternatives to the focus for which it would be more probable that the proposition holds. For example, *even JOHN came* says that John came, and that there are persons for which it was more likely that they came. Then the meaning of (11) can be rendered as: John drinks water and no other comparable substance, and there are persons for which it would have been more likely that they drink water and no other comparable substance.

The next example shows that within one focus, we can have another pair of focus operator and focus:

(12)   [John, who is quite notorious as a party guest, did not only behave well at yesterdays party,]
            he even$_1$ [only$_2$ [drank WATER]$_{F2}$]$_{F1}$.

(12) says that John drank water, that John did not do other, comparable things, and that there are activities comparable to drinking water and doing nothing else for which it is more probable that John performed them.

The next case we will consider are examples where two operators seem to share one focus:

(13)   [At yesterday's party, people stayed with their first choice of drink. Bill only drank WINE, Sue only drank BEER, and]
            John even$_1$ only$_2$ drank [WATER]$_{F2,F1}$

The meaning of (13) can be rendered as: John drank water, John did not drink something that is comparable but not identical to water, and there are things X that are comparable but not identical to water such that it would be more likely that John drank X and only X.

Finally, we have cases where one focus operator forms the focus of another one:

(14)   [Most people drank water at some time during yesterday's party.]
            John even$_1$ drank [ONLY$_2$]$_{F1}$ [water]$_{F2}$

This means that John drank water and only water (i.e. nothing comparable to water), and that there are alternatives X to *only* such that *John drank X water* would be more probable. It seems that the only alternative to *only* is *also*; witness the common locution *not only..., but also...* . Hence the last part of the meaning has to be spelled out as: It was more likely that John drank also water (i.e. drank water in addition to other things), than that John drank only water.

The phenomenon of multiple focus is of course more widespread when we follow the analysis of "free" foci given in Jacobs (1984). Then every sentence that contains an overt focus operator actually will have at least two foci, one related to the overt operator, and one related to the illocutionary operator. Jacobs (to appear) discussed this case with the following example (15) to which he assigned the two structures (a, b).

(15)   Peter kennt nur einen Roman von GOETHE.
            (Peter only knows a novel by GOETHE.)
     a)   ASSERT$_1$ Peter kennt nur$_2$ einen Roman von [GOETHE]$_{F1,F2}$
     b)   ASSERT$_1$ Peter kennt [nur$_2$ einen Roman von [GOETHE]$_{F2}$]$_{F1}$

Jacobs proposes RECURSIVE STRUCTURED MEANINGS for the semantic representation of these cases. For example, the reading (a) is represented as follows:

(16)   **ASSERT**($<\lambda x.$**only**($<\lambda y\exists z[$**novel**(z) & **by**(x,z) & **knows**$(p, z)], x>), g>$)

Given the informal analyses of **only** and **ASSERT** developed above, we arrive at the following: It is asserted that John knows a novel by Goethe and that John does not know a novel by another, comparable person. And the felicity conditions are that those persons x are under discussion such that John knows only a novel by x. The other reading, (15b), should make the same assertion, but with respect to a different felicity condition, namely that the properties of Peter are under discussion.

For a discussion of the accentual marking of sentences with multiple foci, see Jacobs (1988, to appear). In this article, I will try to give a compositional semantics of sentences with multiple foci, something which has not been done before - for example, Lyons & Hirst (1990) exclude them explicitly from their discussion because they are "semantically complicated". I will presuppose the following assumptions, which are suggested by the examples we have seen so far:

- There is a one-to-one mapping between focus operators and foci. Remember that I assumed cases like (8) to contain only one, albeit complex, focus.
- Focus is assigned to constituents, or (in case of complex focus) to sets of non-overlapping constituents (see section 4.8 for potential counterexamples).
- Focus operators c-command their focus. This is obvious in the cases of overt operators we have considered so far. A potentially problem arises with illocutionary operators. Some illocutionary operators in some languages obviously c-command the whole sentence; one example is the interrogative *est-que ce* in French. In other cases, different sentence moods are expressed by distinctions in syntactic structure (inversion), intonation, or special categories of the finite verb. We have to assume that, on some level of syntactic representation, these markings are spelled out by operators with widest scope. Some potential problems with overt operators are discussed in section 4.2.
- If one focus operator c-commands directly (i.e. without intervening other focus operators) two or more foci, one including the others, then it is associated with the most comprehensive focus:

(17) $FO_{i/*j}$ [α [β [γ]$_{Fj}$ β]$_{Fi}$ α],
where α does not contain focus operators that c-command β.

The only candidate of such a construction we have seen so far is (13), a case where two focus operators seem to be associated with the same focus. This example then has to be analyzed as: *John even$_1$ only$_2$ drank [[water]$_{F1}$]$_{F2}$*: The focus operator *only* is associated with the most comprehensive focus, F_2. Of course, this example does not really motivate our assumption. However, the discussion of the issues involved here are relatively complicated, and I will come back to it in section 4.6.

- There is a certain tendency that a focus operator occurs as close as possible to its focus. However, it seems that there are no bounding nodes; witness the following example (which goes back to Jackendoff 1972):

(18) Sam even$_1$ saw [$_{NP}$ the man [$_S$ who was wearing a [RED]$_{F1}$ hat]].

In this example, the scope of *even* (not to be confused with its focus) is the phrase *saw the man who was wearing a red hat*; and as it has to c-command its scope, it cannot occur deeper embedded in the syntactic tree. However, its focus *red* is embedded in an NP and an S, thus showing that the operator-focus association does not obey subjacency. Therefore an analysis of focus that implies movement of the focus constituent, such as Chomsky (1977), is questionable (cf. also the discussion in section 4.3).

- Focus-sensitive operators, especially grading particles like *only* and *even*, can be applied to a wide variety of categories - among them VPs and NPs (see examples above) and APs (cf. *an even bigger apple*).

3 Deriving Representations with Focus Compositionally

In this section, I will specify compositional rules for recursive structured meanings. The framework must be flexible enough to cover the cases of complex foci and multiple foci we have considered so far, represented by the following examples:

(19) a) John only$_1$ introduced [Bill]$_{F1}$ to [Sue]$_{F1}$.
      b) Even$_1$ [John]$_{F1}$ drank only$_2$ [water]$_{F2}$.
      c) John even$_1$ [only$_2$ [drank water]$_{F2}$]$_{F1}$.
      d) John even$_1$ only$_2$ drank [[water]$_{F1}$]$_{F2}$
      e) John even$_1$ drank [only$_2$]$_{F1}$ [water]$_{F2}$

Focus-background structures will be represented by pairs $<\alpha,\beta>$ of a background meaning α and a focus meaning β. We must provide a type for these structures; if the type of α and β are σ and τ, respectively, the type of $<\alpha,\beta>$ will be denoted by $<\sigma,\tau>$. In general, we assume the following type system:

(20) Definition of Types:
      a) e, t are types (entities, truth values)
      b) If σ, τ are types, then
          - $(\sigma)\tau$ is a type (of functions from σ-denotations to τ-denotations)
          - $\sigma \bullet \tau$ is a type (of a list of σ-denotation and τ-denotations)
          - $<\sigma,\tau>$ is a type (of a focus-background structure)

I assume that focus-sensitive operators always are applied to entities of a type that ends in t, such as intransitive predicates, type (e)t, predicate modifiers, type ((e)t)(e)t, etc. The only case where this is problematic is names or pronouns, which arguably are of type e. But we can analyse names and pronouns, like NPs in general, as generalized quantifiers, type ((e)t)t, and thus get a type ending in t. This assumption about the types of the operands of focus-sensitive operators will allow a relatively simple treatment, without employing rules of operator raising, quantifying in, or operator storage.

Semantic rules typically involve functional application. But functional application has to be generalized to cover focus-background structures. In particular, we must provide for a rule that allows for focus-background-information to be projected to higher nodes. So we have to define an extended version of functional application that takes care of this case.

(21) Recursive definition of extended application "( )":
  a) If α is of type $(\sigma)\tau$ and β is of type σ, then $\alpha(\beta)$ is of type τ and is interpreted as functional application.
  b) Focus inheritance from operator:
  If $<\alpha,\beta>$ is of type $<(\sigma)(\tau)\mu,\sigma'>$ and γ is of type τ, then $<\alpha,\beta,>(\gamma)$ is of type $<(\sigma)\mu,\sigma'>$, and is interpreted as $<\lambda X_\sigma.[\alpha(X)(\gamma)], \beta>$.
  c) Focus inheritance from argument:
  If γ is of type $(\sigma)\tau$ and $<\alpha,\beta>$ is of type $<(\mu)\sigma,\mu'>$, then $\gamma(<\alpha,\beta>)$ is of type $<(\mu)\tau,\mu'>$, and is interpreted as $<\lambda X_\mu.\gamma(\alpha(X)),\beta>$.
  d) Focus inheritance from operator and argument:
  If $<\alpha,\beta>$ is of type $<(\sigma)(\tau)\mu,\sigma'>$ and $<\gamma,\delta>$ is of type $<(\upsilon)\tau, \upsilon'>$, then $<\alpha,\beta>(<\gamma,\delta>)$ is of type $<(\sigma\bullet\upsilon)\mu,\sigma'\bullet\upsilon'>$, and is interpreted as $<\lambda X_\sigma\bullet Y_\upsilon.[\alpha(X)(\gamma(Y))], \beta\bullet\delta>$, where X, Y are distinct variables.

In these definitions, X_σ stands for a variable of type σ. (21a) describes the basic case of functional application. (b) and (c) say that the focus is stored when a focus-background structure is combined with an argument, or a function that does not take focus-background structures. The variable X makes sure that the original focus can be recovered after the application. (d) is the rule for complex focus; it concatenates two foci and their corresponding variables to a list, which is stored. Note that I do not assume, in general, that the first argument of the background is of the same type as the focus; but in all real applications, these types will stand in the relation of BEING DERIVED FROM. For example, a focus-background structure of type $<(\sigma)\tau, \sigma>$ should be said to be derived from τ (the type of the representation when the background is applied to the focus). Similarly, a complex focus-background structure of type $<(\mu)<(\sigma)\tau, \sigma>, \mu'>$ is said to be derived from type $<(\sigma)\tau, \sigma>$, and ultimately derived from type τ. This suggests the following definition:

(22) a) Definition of "be derived from":
  Every type τ is derived from τ; every type $<(\sigma)\tau,\mu>$ is derived from τ; and if τ is derived from τ', and τ' is derived from τ'', then τ is derived from τ''.
  b) Definition of "be ultimately derived from":
  A type τ is ultimately derived from σ iff τ is derived from σ and σ is a non-structured type.

I give some examples to show how this framework can be used to formulate grammatical rules that cover focus-sensitive constructions. Let us assume the following rules; their syntactic part is deliberately kept simple. If A is a syntactic tree, then [A] is the semantic representation of A in our semantic representation language. I take intransitive verbs to be of the category VP, transitive verbs to be of the category V', and ditransitive verbs to be of the category V. Let x, y, z, x' etc. be variables of type e; P, P' etc. variables of type (e)t; R, R' etc. variables of type (e)(e)t; S, S' etc. variables of type (e)(e)(e)t; and T, T' etc. variables of type ((e)t)t, which will be abbreviated by q. The variable O is used for focus-sensitive operators, which might be of different types; I use fo as an abbreviation of these types fo.

(23) S_1 S -> NP VP;
             [[$_S$ NP VP]] = [NP]([VP]),
      S_2 VP -> V' NP;
             [[$_{VP}$ V' NP]] = λRλTλx.T(λy.R(x,y))([V'])([NP]),
      S_3 VP -> V_{to} to NP;
             [[$_{VP}$ V_{to} to NP]] = λRλTλx.T(λy.R(x,y))([V_{to}])([NP]),
      S_4 V_{to} -> V NP;
             [[V_{to} V NP]] = λSλTλyλx.T(λz.S(x,y,z))([V])([NP]),
      S_F C -> C_F (indexing of arbitrary category C by focus feature F);
             [C_F] = <λX.X, [C])>, where X is of the type from which the type of [C] is derived that is not a focus-background type.
      S_O C -> FO C (FO: category of focus operators);
             [[$_C$ FO C]] = λ<X,Y>λO[λZ.O(<X,Z>)(Y)]([C])([FO]), where <X,Y> is a focus-background structure variable of the type of [C], Z is a variable of the type from which the type of Y is ultimately derived, and O is a variable of the type of the operator [FO].

The first four rules specify the binding of argument places of verbs by NPs. Rule S_F covers the focusation of a constituent. The feature F has to be realized appropriately by sentence accent. Rule S_O covers focus operators; its function will become clear below.

Let us now look at the derivation of some examples. I start with an example of complex focus, (19a), which shows the use of lists. In the following derivation tree, I specify the syntactic expression, its category, its representation, and the type of its representation. I also give the syntactic/semantic rules (23), and sometimes the subclauses for the extended application which I use (21). The terms **John, Sue, Bill** are taken to be quantifiers; we have e.g. **John** = λP.P(j). In this and the following examples, I first give a representation using coindexing; this is for clarification only and has no theoretical status.

(24)   John only$_1$ introduced [Bill]$_{F1}$ to [Sue]$_{F1}$.

	Bill ; NP ; **Bill** ; ((e)t)t (abbrev. q)
S_F	*Bill* ; NP$_F$; <λT.T, **Bill**> ; <(q)q, q>

	introduced ; V ; **introd** ;(e)(e)(e)t
S_4	*introduced Bill* ; V$_{to}$;
	λSλTλyλx.T(λz.S(x,y,z))(**introd**)(<λT.T, **Bill**>)
a	= λTλyλx.T(λz.**introd**(x,y,z))(<λT.T, **Bill**>)
c	= <λT[λTλyλx.T(λz.**introd**(x,y,z))(λT.T(T))], **Bill**>
a	= <λTλyλx.T(λz.**introd**(x,y,z)), **Bill**> ; <(q)(e)(e)t, q>

	Sue ; NP ; **Sue** ; q
	S_F *Sue* ; NP$_F$; <λT.T, **Sue**> ; <(q)q, q>
S_3	*introduced Bill to Sue* ; VP
	λRλTλx.T(λy.R(x,y)) (<λTλyλx.T(λz.**introd**(x,y,z)), **Bill**>) (<λT.T, **Sue**>)

Application of first argument:
c	<λT[λRλTλx.T(λy.R(x,y)) (λTλyλx.T(λz.**introd**(x,y,z))(T))], **Bill**>
a	= <λT[λRλTλx.T(λy.R(x,y)) (λyλx.T(λz.**introd**(x,y,z)))], **Bill**>
a	= <λTλT'λx.T'(λy[λyλx.T(λz.**introd**(x,y,z))(x,y)]), **Bill**>
a	= <λTλT'λx.T'(λy.T(λz.**introd**(x,y,z))), **Bill**>

Application of second argument:
<λTλT'λx.T'(λy.T(λz.**introd**(x,y,z))), **Bill**> (<λT.T, **Sue**>)
d	= <λT•T'[λTλT'λx.T'(λy.T(λz.**introd**(x,y,z)))(T)(λT.T(T'))], **Bill**•**Sue**>
a	= <λT•T'λx.T'(λy.T(λz.**introd**(x,y,z))), **Bill**•**Sue**> ; <(q•q)(e)t, q•q>

	only ; FO ; **only** ; fo
S_O	*only introduced Bill to Sue* ; VP ;
	λ<X,Y>λO[λZ.O(<X,Z>)(Y)](<λT•T'λx.T'(λy.T(λz.**introd**(x,y,z))), **Bill**•**Sue**>)(**only**)

Application of first argument:
a	λO[λZ.O(<λT•T'λx.T'(λy.T(λz.**introd**(x,y,z))), Z>)(**Bill**•**Sue**)]
a	= λO.O(<λT•T'λx.T'(λy.T(λz.**introd**(x,y,z))), **Bill**•**Sue**>)

Application of second argument:
a	**only**(<λT•T'λx.T'(λy.T(λz.**introd**(x,y,z))), **Bill**•**Sue**>)

Let us assume a meaning postulate for **only** that is like (3) but allows **only** to be applied to all expressions of a type that ends in t:

(25)   **only**($<\alpha, \beta>$) :↔ $\lambda v[\alpha(\beta)(v)$ & $\forall X[X \approx \beta$ & $\alpha(X)(v) \rightarrow X=\beta]]$,
where X is a variable of the type of β and v is a (vector of) variable(s) of the types of the arguments of $\alpha(\beta)$.

Then example (24) can be spelled out as follows:

(24')   *only introduced Bill to Sue* ; $\lambda x[Sue(\lambda y.Bill(\lambda z.introd(x,y,z)))]$ & $\forall T \bullet T'$
[$T \bullet T' \approx$ **Sue.Bill** & $T(\lambda y.T'(\lambda z.introd(x,y,z))) \rightarrow T \bullet T'=$**Sue**•**Bill**]] ;(e)t

Application of the subject yields the following result:

(24'') | John ; NP ; John ; q
       | /
    S_1 *John only introduced Bill to Sue* ; S ;
       John($\lambda x[Sue(\lambda y.Bill(\lambda z.introd (x,y,z)))]$ & $\forall T \bullet T'[T \bullet T' \approx$**Sue**•**Bill** &
       $T(\lambda y.T'(\lambda z.introd(x,y,z))) \rightarrow T \bullet T'=$ **Sue**•**Bill**]]) ; t

Spelling out the quantifiers will yield the following:

(24''')   **introd(j,s,b)** & $\forall T \bullet T'[T \bullet T' \approx \lambda P.P(s) \bullet \lambda P.P(b)$ & **introd(j,x,y)** $\rightarrow T \bullet T'=$
$\lambda P.P (s) \bullet \lambda P.P(b)]$

Now we can assume that quantifiers generated by an individual, such as $\lambda P.P(s)$, are comparable only to quantifiers that are generated by an individual as well (note that a sentence like *only John has a car* cannot be refuted by *No, a man has a car, too.*). Furthermore, we should assume that if two lists are comparable, then their respective elements are comparable. Then we can reduce (24''') to the following interpretation:

(24'''')   **introd(j,s,b)** & $\forall x,y[x \approx s$ & $y \approx b$ & **introd(j,x,y)** $\rightarrow x=s$ & $y=b]$

This says: John introduced Bill to Sue, and that there is no x,y comparable, but not identical to Sue and Bill such that John introduced y to x.

Next, we will look at an example with two independent focus operators, (19b). We assume here the following semantics of **even**:

(26)   **even**($<\alpha, \beta>$) :↔ $\lambda v[\alpha(\beta)(v)$ & $\exists X[X \approx \beta$ & $\alpha(\beta)(v) <_p \alpha(X)(v)]]$,
where v and X as in (25) and $<_p$ is a probability relation.

Thus, **even** contributes to the meaning that there are alternatives X to the focus β such that $\alpha(\beta)(v)$ is less probable than $\alpha(X)(v)$. In addition, we could try to incorporate that $\alpha(\beta)(v)$ is considered "unlikely" in general; however, the proposed analysis should suffice for our purpose, as we are not concerned with a detailed analysis of the semantics of *even* (see Jacobs 1983, Kay 1990 for that).

Our example can now be derived as follows, given an analysis of **water** as generalized quantifier $\lambda P \exists x[P(x)$ & $W(x)]$, where **W** is a predicate applying to water quantities.

(27) Even₁ [John]_F1 drank only₂ [water]_F2.

$\quad\quad\quad$ *water* ; NP ; **water** ; q
$\quad\quad\quad$ |
$\quad\quad$ S_F $\quad$ *water* ; NP_F ; <λT.T, **water**> ; <(q)q, q>
$\quad\quad\quad$ |
$\quad\quad\quad$ | *only* ; FO ; **only** ; fo
$\quad\quad\quad$ | /
$\quad\quad$ S_O $\quad$ *only water* ; NP ; **only**(<λT.T, **water**>)
$\quad\quad\quad\quad$ = λP[water(P) & ∀T[T≈water & T(P) → T=water]] ; q
$\quad\quad\quad$ |
$\quad\quad\quad$ | *drank* ; V'; **drank** ; (e)(e)t
$\quad\quad\quad$ | /
$\quad\quad$ S₂ $\quad$ *drank only water* ; VP ;
$\quad\quad\quad\quad$ λx[λP[water(P) & ∀T[T≈water & T(P) → T=water]](λy.**drank**(x,y))]
$\quad\quad\quad\quad$ = λx[water(λy.**drank**(x,y)) & ∀T[T≈water & T(λy.**drank**(x,y)) → T=water]]
$\quad\quad\quad\quad$ = λx[∃y[**drank**(x,y) & **W**(y)] & ∀P[P≈**W** & ∃y[**drank**(x,y) & P(y)] → P=**W**]] ; (e)t
$\quad\quad\quad$ |
$\quad\quad\quad$ | *John* ; NP ; **John** ; q
$\quad\quad\quad$ | |
$\quad\quad\quad$ | S_F *John* ; NP_F ; <λT.T, **John**> ; <(q)q, q>
$\quad\quad\quad$ | |
$\quad\quad\quad$ | | *even* ; FO ; **even** ; fo
$\quad\quad\quad$ | | /
$\quad\quad\quad$ | S_O *even John* ; NP ; **even**(<λT.T, **John**>)
$\quad\quad\quad$ | $\quad$ = λP[**John**(P) & ∃T[T≈**John** & **John**(P) <_p T(P)]]
$\quad\quad\quad$ | $\quad$ = λP[P(j) & ∃x[x≈j & P(j) <_p P(x)]]; q
$\quad\quad\quad$ | /
$\quad\quad$ S₁ $\quad$ *even John drank only water* ; S ;
$\quad\quad\quad\quad$ ∃y[drank(j,y) & W(y) & ∀P[P≈W & ∃y[drank(j,y) & P(y)] → P=W]] &
$\quad\quad\quad\quad$ ∃x[x≈j & ∃y[drank(j,y) & W(y) & ∀P[P≈W & ∃y[drank(j,y) & P(y)] → P=W]] <_p
$\quad\quad\quad\quad$ ∃y[drank(x,y) & W(y) & ∀P[P≈W & ∃y[drank(x,y) & P(y)] → P=W]]]

This says (a) that John drank water, and no other comparable substance, and (b) that there are comparable individuals x' for which it is more probable that they drank only water. This is a correct interpretation of our example. We assumed here that indefinite quantifiers like λP[P(x) & **W**(x)] are compatible only to other indefinite quantifiers, hence we can reduce the condition T≈**water** to P≈**W**.

To obtain this reading, it is crucial that **even** gets scope over **only**. This scope relationship is a consequence of the fact that the NP to which *even* is adjoined has *only* in its scope (or syntactically, *only* is c-commanded by that NP). The syntactic rules guarantee the right scoping.

29

We have seen how cases are handled in which one operator is in the scope of another. Our next example concerns a case in which one operator is not only in the scope, but also in the focus, of another, namely (19c).

(28)   John even$_1$ [only$_2$ [drank water]$_{F2}$]$_{F1}$.

               drank water ; VP ; $\lambda x \exists y[\mathbf{drank}(x,y) \& \mathbf{W}(y)]$;(e)t
               |
    S$_F$ *drank water* ; VP$_F$; $<\lambda P.P, \lambda x \exists y[\mathbf{drank}(x,y) \& \mathbf{W}(y)]>$; $<((e)t)(e)t, (e)t>$
               |
               | *only* ; FO ; **only** ; fo
               | /
    S$_O$ *only drank water* ; VP ;
               only($<\lambda P.P, \lambda x \exists y[\mathbf{drank}(x,y) \& \mathbf{W}(y)]>$)
               = $\lambda x[\exists y[\mathbf{drank}(x,y) \& \mathbf{W}(y)] \& \forall P[P \approx \lambda x \exists y[\mathbf{drank}(x,y) \& \mathbf{W}(y)] \& P(x) \rightarrow$
               $P = \lambda x \exists y[\mathbf{drank}(x,y) \& \mathbf{W}(y)]]]$ (= [1], for short) ; (e)t
               |
    S$_F$ *only drank water* ; VP$_F$; $<\lambda P.P, [1]>$; $<((e)t)(e)t, (e)t>$
               |
               | *even* ; FO ; **even** ; fo
               | /
    S$_O$ *even only drank water* ; VP ; $\lambda x[[1](x) \& \exists P[P \approx [1] \& [1](x) <_p P(x)]]$;(e)t
               |
               | *John* ; NP ; **John** ; e
               | /
    S$_1$ *John even only drank water* ; S ; $[1](j) \& \exists P[P \approx [1] \& [1](j) <_p P(j)]$; t

This says that John drank water, that he did nothing comparable, and that there are properties comparable to the property of drinking water and doing nothing else such that it would have been more likely that John had them. This is a correct representation of the reading of our example.

Let us now look at the treatment of (19d), where two operators seem to share one focus. In our reconstruction, a focus operator can be associated with only one focus. But we may apply the focusation rule to one constituent twice, one time for each operator, and get an adequate interpretation:

(29)   John even₁ only₂ drank [[water]_F1]_F2

water ; NP ; **water** ; q
|
S_F *water* ; NP_F ; <λT.T, **water**> ; <(q)q, q>
|
S_F *water* ; NP_FF ; <λT.T, <λT.T, **water**>> ; <(q)q, <(q)q, q>>
| *drank* ; V'; **drank** ; (e)(e)t
| /
S_2 *drank water* ; VP ;
     λRλTλx.T(λyR(x,y))(**drank**)(<λT.T, <λT.T, **water**>>)
c = <λTλx.T(λy.**drank**(x,y)), <λT.T, **water**>> ; <(q)(e)t, <(q)q, q>>
|
| *only* ; FO ; **only** ; fo
| /
S_O *only drank water* ; VP ;
     λ<X,Y>λO[λZ.O(<X,Z>)(Y)](<λTλx.T(λy.**drank**(x,y)),<λT.T, **water**>>)
     (**only**)
a = λZ.**only**(<λTλx.T(λy.**drank**(x,y)), Z>)(<λT.T, **water**>)
c = <λT.**only**(<λTλx.T(λy.**drank**(x,y)), T>), **water**> ; <(q)(e)t, q>
|
| *even* ; FO ; **even** ; fo
| /
S_O *even only drank water* ; VP ;
     λ<X,Y>λO[λZ.O(<X,Z>)(Y)](<λT.**only**(<λTλx.T(λy.**drank**(x,y)), T>),
     water>)(**even**)
   = **even**(<λT.**only**(<λTλx.T(λy.**drank**(x,y)), T>), **water**>)

Spelling out **even** yields
λx[**only**(<λTλx.T(λy.**drank**(x,y)), **water**>)(x) &
∃T[T≈**water** & **only**(<λTλx.T(λy.**drank**(x,y)), **water**>)(x) <p
only(<λTλx.T(λy.**drank**(x,y)), T>)(x)]]

Spelling out **only** yields
λx[**water**(λy.**drank**(x,y)) & ∀T[T≈**water** & T(λy.**drank**(x,y)) → T= **water**]&
∃T'[T'≈**water** &
[**water**(λy.**drank**(x,y)) & ∀T[T≈**water** & T(λy.**drank**(x,y)) → T=**water**]] <p
[T'(λy.**drank**(x,y)) & ∀T[T≈T' & T(λy.**drank**(x,y)) → T=T']]]]

Spelling out **water** and binding the subject argument by **j** (via rule S_1) yields
as representation of *John even only drank water*:
∃y[**drank**(j,y) & **W**(y) & ∀P[P≈**W** & ∃y[**drank**(j,y) & P(y)] → P=**W**] &
∃P'[P'≈**W** &
∃y[**drank**(j,y) & **W**(y) & ∀P[P≈**W** & ∃y[**drank**(j,y) & P(y)] → P=**W**]] <p
∃y[**drank**(j,y) & P'(y) & ∀P[P≈P' & ∃y[**drank**(j,y) & P(y)] → P=**W**]]]

This says (a) that John drank water and no other comparable substance, and (b) that there is a substance P comparable to water such that it would have been more probable that John drank only that substance. This renders the reading of our example adequately. It is crucial for this derivation that the first focus operator, *only*, is associated with the last focus feature of the NP, leaving additional focus features to other operators. This is accomplished by the semantic rule for the combination of a focus operator with a constituent (23, S$_O$). This rule expects a focus-background structure, but allows for the focus to consist itself of a focus-background structure, which would then be passed to the complex semantic representation, such that it can be submitted to higher operators. Also, with this example it becomes obvious why the semantic part of rule S$_F$ was formulated in that complicated way ("X is of the type from which the type of [C] is derived that is not a focus-background type").

Finally, let us look at a case in which one operator is the focus of another, (19e).

(30)   John even$_1$ drank [only$_2$]$_{F1}$ [water]$_{F2}$

    water ; NP ; **water** ; q
    |
  S$_F$ *water* ; NP$_F$; <λT.T, **water**> ; <(q)q, q>
     |
    | *only* ; FO ; **only** ; fo
    | |
    | S$_F$ *only* ; FO$_F$; <λO.O, **only**> ; <(fo)fo, fo>
    | /
  S$_O$ *only water* ; NP ;
    λ<X,Y>λO[λZ.O(<X,Z>)(Y)](<λT.T, **water**>)(<λO.O, **only**>)
    = <λO.O(<λT.T, **water**>), **only**> ; <(fo)q, fo>
     |
    | *drank* ; V'; **drank** ; (e)(e)t
    | /
  S$_2$ *drank only water* ; VP ;
    <λO.O(<λTλx[T(λy.**drank**(x,y)), **water**>), **only**>; <(fo)(e)(e)t, fo> ;
    abbr. <λO.O([1]), **only**>
     |
    | *even* ; FO ; **even** ; fo
    | /
  S$_O$ *even drank only water* ; NP ; **even**(<λO.O([1]), **only**>)
    = λx[**only**([1])(x) & ∃O[O≈**only** & **only**([1])(x) <p O([1])(x)]] ; q ; abbr. [2]
     |
    | *John* ; NP ; λP.P(j); q
    | /
  S$_1$ *John even drank only water* ; S ; [2](j)
    = **only**([1])(j) & ∃O[O≈**only** & **only**([1])(j) <p O([1])(j)]
    = ∃y[**drank**(j,y) & W(y) & ∀P[P≈W & ∃y[**drank**(j,y) & P(y)] → P=W]] &
    ∃O[O≈**only** &
    ∃y[**drank**(j,y) & W(y) & ∀P[P≈W & ∃y[**drank**(j,y) & P(y)] → P=W]] <p
    O(<λT.T, W>)(λy.**drank**(j,y))]]

This says (a) that John drank water, and no other comparable substance, and that the proposition (a) is less probable than another one where **only** is replaced by a focus operator comparable with **only**. Let us assume that the only comparable operator is **also**, and let us specify the meaning of **also** as follows:

(31)   **also**($<\alpha, \beta>$) :↔ $\lambda v[\alpha(\beta)(v)$ & $\exists X[X \approx \beta$ & $\neg X = \beta$ & $\alpha(X)(v)]]$,
        where v and X as in (25).

That is, **also** says that the background representation applies to the focus representation, and that in addition there is an entity comparable with, but different from the focus representation to which the background representation applies as well. Then we get the following representation for our example:

(32) $\exists y[\mathbf{drank}(j,y)$ & $\mathbf{W}(y)$ & $\forall P[P \approx W$ & $\exists y[\mathbf{drank}(j,y)$ & $P(y)] \rightarrow P=W]]]$ &
        $\exists y[\mathbf{drank}(j,y)$ & $\mathbf{W}(y)$ & $\forall P[P \approx W$ & $\exists y[\mathbf{drank}(j,y)$ & $P(y)] \rightarrow P=W]]]$ <p
        $\exists y[\mathbf{drank}(j,y)$ & $\mathbf{W}(y)$ & $\exists P[P \approx W$ & $\neg P=W$ & $\exists y[\mathbf{drank}(j,y)$ & $P(y)]]]]$

This says that John drank water, and only water, and that the probability that John drank water and only water is smaller than the probability that John drank water and also some other salient substance comparable with water. This is a correct representation of (19e).

Let us now turn to illocutionary operators. We assume that they get the widest scope, by a rule like the following one that combines a sentence (S) with an illocutionary operator (IO) to an illocutionary complete sentence (S_I):

(33) S_I S_I -> IO S (alternatively, S IO);
        [[$_{SI}$ IO S]] = [IO]([S]),

I give one simple example with the illocutionary operator **ASSERT**, represented orthographically by suffixing a fullstop ".", as the only focus operator:

(34)   *John [drank water]*$_F$; S ; $<\lambda P.P(j), \lambda x \exists y[\mathbf{drank}(x,y)$ & $\mathbf{W}(y)]>$; $<((e)t)t, (e)t>$
        |
        | . ; IO ; **ASSERT** ; fo
        ⱴ
        S_I *John drank water.* ; SI ; **ASSERT**($<\lambda P.P(j), \lambda x \exists y[\mathbf{drank}(x,y)$ & $\mathbf{W}(y)]>$); t

Let us assume an analysis of assertion like in (7). We arrive at the following result:

(35)   **ASSERT**($<\lambda P(j), \lambda x \exists y[\mathbf{drank}(x,y)$ & $\mathbf{W}(y)]>$) maps a common ground c to a common ground c', where c' is the intersection of c with the set of possible worlds for which $\exists y[\mathbf{drank}(j,y)$ & $\mathbf{W}(y)]$ is true.
        Felicity conditions: $c \neq c'$, $c \neq \emptyset$, and there are salient P with $P \approx \lambda x \exists y[\mathbf{drank}(x,y)$ & $\mathbf{W}(y)]$ and $P \neq \lambda x \exists y[\mathbf{drank}(x,y)$ & $\mathbf{W}(y)]$ such that the intersection of c with the set of worlds for which P(j) holds neither equals c, nor $\emptyset$, nor c'.

Thus, the assertion of *John [drank water]*$_F$ changes the common ground to those worlds in which John drank water. The felicity conditions say that this assertion is informative at the current point of discourse, that it is not excluded already, that there are other, salient properties comparable with the property of drinking water that could have been asserted of John as well, and that they would have made a difference.

If the sentence which is asserted contains a focus operator, then it is necessary to introduce another focus; otherwise the application conditions for **ASSERT** could not be met. One example:

(36)   *only [drank water]$_F$; VP ;*

$\lambda x[\exists y[\mathbf{drank}(x,y)$ & $\mathbf{W}(y)]$ & $\forall P[P \approx \lambda x \exists y[\mathbf{drank}(x,y)$ & $\mathbf{W}(y)]$ & $P(j) \rightarrow P = \lambda x \exists y[\mathbf{drank}(x,y)$ & $\mathbf{W}(y)]]]$ (= [1], for short) ; (e)t

|
S$_F$ *only drank water* ; VP$_F$; <λP.P, [1]> ; <((e)t)(e)t, (e)t>
|
| *John* ; NP ; **John** ; q
| /
S$_1$ *John only drank water* ; S ; <λP.P(j), [1]> ; <((e)t)t, (e)t>
|
| . ; IO ; **ASSERT** ; fo
| /
S$_I$ *John only drank water.* ; SI ; **ASSERT**(<λP.P(j), [1]>) ; t

We get the following representation:

(37)   (36) maps a common ground c to a common ground c', where c' is the intersection of c with the set of possible worlds for which [1](j) is true.
Felicity conditions: c≠c', c≠∅, and there are salient P' with P'≠[1] such that the intersection of c with the set of worlds for which P'(j) neither equals c, nor ∅, nor c'.

The assertion of (36) changes the common ground to those worlds in which John drank only water, under the felicity conditions that this proposition is possible at the current point of discourse and is informative, and that there are salient properties comparable with the property of drinking only water such that it would have been possible to assert them of John, and they would have made a difference.

In concluding this section, I want to point out that we did not use any coindexing between focus operators and their focus. We could do without that because the function of indexing is inherent in the syntactic-semantic rules. They guarantee that each focus (which might be complex) is related to exactly one focus operator. If there were more focus operators than foci, then some operators could not be applied to a focus-background structure, thus yielding an illformed semantic representation. On the other hand, if there were more foci than focus operators to bind them, the final representation would consist of uninterpreted focus-background structures, which again is illformed. The rules guarantee, furthermore, that a focus operator has scope over its focus. We can conclude that the proposed syntactic coindexing is both motivated and made redundant by the syntactic-semantic rules.

4 Further Adaptations

In this section, I will discuss some constructions that are problematic for the representation format developed above, and I will propose possible solutions.

4.1 Discontinuous Constituents

We have assumed that non-complex focus applies to syntactic constituents. There are, however, examples that show that this is not always the case.
First, certain constructions suggest that focus may apply to discontinuous constituents. I give three examples, two from German and one from English:

(38) a) Er hat [sich]$_{F1}$ nur$_1$ [RASIERT]$_{F1}$.
　　　　He has only shaved himself.
　　b) Diese Tat [forderte]$_{F1}$ seinen Ehrgeiz geradezu$_1$ [HERAUS]$_{F1}$.
　　　　This act really challenged his ambition.
　　c) John only$_1$ [turned]$_{F1}$ it [OFF]$_{F1}$.

In (38a), a variation of an example in Jacobs (1983), the particle *nur* clearly can focus on *sich rasiert*, but note that this forms a discontinous constituent on surface structure. Also, in (38b) the particle *geradezu* focusses on the verb *herausforderte*, which is discontinuous. Similarly, in (38c) *only* may focus on *turn off*, which again does not form a constituent on surface structure.
One way to cope with such cases is to assume that certain transformations may follow focus assignment, that is, focus assignment does happen at a representation level prior to surface structure (cf. 39a for the case of 38b).

(39) a) e e diese Tat seinen Ehrgeiz geradezu$_1$ [HERAUS [forderte]]$_{F1}$
　　　b) [diese Tat]$_i$ [forderte]$_j$ t$_i$ seinen Ehrgeiz geradezu$_1$ [HERAUS [t$_j$]]$_{F1}$

Another indication that focus marking may apply to some level of deep structure is that in some cases the operator does not seem to c-command its focus. One example mentioned by Jackendoff (1972) is that *even* (but not, e.g., *only*) might be associated with the subject as focus in (40):

(40a)　　　JOHN (even) will (even) have given his daughter a new bicycle.

According to Jackendoff, *even* c-commands the subject in both positions, as he assumed a "flat" structure [$_S$ NP (*even*) [$_{AUX}$*will*)(*even*) VP]. Alternatively, we might assume that the c-command condition is checked at an underlying level of syntactic representation, or at a surface structure that contains traces, where it suffices that an operator c-commands the TRACE of its focus. The latter option was preposed by Jacobs (1968) for similar constructions in German. (We will come back to *even* in the next section). In any case, the syntactic and semantic rules specified in section (3) are strictly surface-oriented and hence cannot treat the phenomena discussed here as they stand.

Changes along the lines suggested here are possible (that is, semantic rules that apply to non-surface structures or to enriched surface structures), but I will not carry out these modifications.

4.2 Focus and Illocutionary Operators

We have assumed above that illocutionary operators always are associated with a focus of their own. This assumption probably must be qualified in several respects. For one thing, it is often difficult to determine, in a running text, where the foci should be. We might take this as an indication that illocutionary operators do not need to be associated with a focus (cf. Kefer 1989: 223, 317 f.). There are other cases of operators that apparently can or cannot be associated with a focus, for example negation (sentence negation vs. constituent negation). Another reason to assume illocutionary operators that are not focussing is that it sometimes seems artificial to propose for a sentence that already has an overt focus operator an additional illocutionary focus.

In some cases, we can argue that operators that seem to have their own focus actually modify or specify the illocutionary operator, so that their apparent focus is the focus of that operator. This was proposed by Jacobs (1988) for sentence mood particles in German. A case which might be explained along the same lines is English *even* (deviating from the analysis given in the previous section). *Even* has several properties which distinguishes it from apparent counterparts like *only*. First, *even* always must have wide scope over other focus operators, like *only* (cf. 41). Second, adverbial *even* might be related to subject focus, in contrast to adverbial *only* (cf. Jackendoff 1972: 42). Third, focus on *even* seems to be barred, except in correction contexts (43). Finally, sentences with multiple *even* are considerably more difficult to get than sentences with multiple *only*; they have even been considered ungrammatical (cf. Kay 1990: 44).

(41) a) John even only drank water.
b) *John only even drank water.

(42) a) JOHN (even) will (even) have given his daughter a new bicycle.
b) *JOHN (only) will (only) have given his daughter a new bicycle.

(43) a) John ONLY drank water.
b) ??John EVEN drank water.

(44) a) Only JOHN drank only water.
b) ??Even JOHN drank even water.

One possible explanation for this behaviour of *even* might be along the lines in which Jacobs (1983) explained the possible scope relations between German *sogar* and *nur*, which are parallel to *even* and *only*. He showed that *sogar* is an affirmative polarity item, and that *nur* does not license these items. However, English *even* may be (part of) a negative polarity item; cf. *if this costs even so much as a dime, I would not buy it* (note that German would use *auch nur* instead of *sogar* in these contexts).

The observations given above fall in their place if we assume that *even* actually modifies the illocutionary operator. Then it must have wide scope over other overt operators (we have assumed this for illocutionary operators in general), it may focus on the subject (because the illocutionary operator has the subject in its scope), it could never receive focus from the illocutionary operator (in a sense, it is part of that operator), and we should not expect multiple *even*, as the illocutionary operator is associated with only one focus. Concerning this latter point, it is interesting to note that the examples with multiple *even* are generally such that we have to put equal stress on both foci; such as the following one, going back to Fraser 1970 (cf. Kay 1990):

(45)   Even WORDS give trouble to even LINGUISTS.

But this would mean that the foci of *words* and *linguists* are not ordered with respect to each other; hence they should be described as one, complex, focus of the illocutionary operator modified by *even*.

4.3   Focus and Movement

The theory of focus developed here does not imply any movement of the focus constituent. Jackendoff (1972), and later Rooth (1985), argued against a movement analysis, as association with focus does not obey island constraints (cf. 18). Not obeying syntactic constraints, focus should preferably be treated in the semantic representation language. The reason why Chomsky (1977) proposed an analysis of focus that involves LF-movement is that coreference between a pronoun and an NP in focus seems to obey the same restrictions as coreference between a pronoun and a quantified NP. Quantified NPs, it is argued, have to move at LF, and preceding pronouns cannot be bound by them as this leads to crossover constellations. The relevant data are as follows; (46a) shows that binding is o.k. with (non-moving) names, (b) shows that a focused NP cannot bind the pronoun, and (c) shows that quantified NPs behave similarly:

(46)   a)   After he$_i$ came home, John$_i$ went to bed.
        b)   *After he$_i$ came home, JOHN$_i$ went to bed.
             John$_i$ [after he$_i$ went home, t$_i$ went to bed]
        c)   *After he$_i$ came home, someone$_i$ went to bed.
             Someone$_i$ [after he$_i$ went home, t$_i$ went to bed]

An alternative explanation for the unavailability of (46b), which does not recur to movement, is that expressions with a focus feature cannot refer to something that is given in the immediate context (47a), except when used contrastively (47b).

(47)   a)   *John and Mary came in. JOHN kissed Mary.
        b)   John kissed Mary, and then MARY kissed JOHN.

One observation that supports this reinterpretation of (46b) is that these sentences get much better in the case of contrastive focus (cf. also Lujan 1986 for related data):

(48)   After he$_i$ had kissed her$_j$, MARY$_j$ kissed JOHN$_i$

Another phenomenon that prima facie calls for a movement analysis was presented by Kratzer (1989) with examples like the following:

(49)   (What a copycat you are! You visit all the nice places I have visited.)
        No, I only$_1$ went to TANGLEWOOD$_{F1}$ because you did.

Kratzer shows that in Rooth's original approach, the VP anapher would be spelled out as in: *I only went to TANGLEWOOD because you went to TANGLEWOOD*. This implies two foci that are, in principle, independent of each other, or a complex focus. However, example (49) involves only one simple focus; its reading can be rendered as: Only for x=Tanglewood it holds that I went to x because you went to x. Kratzer develops a theory, based on a version of alternative semantics mentioned in Rooth (1985), that generates this reading without assuming LF-movement, but with the help of a separate process of variable binding.

The current framework allows for other solutions within structured meanings, assuming certain conditions for comparability. First, look at the following derivation, where we assume that the antecedent VP replaces the anaphor.

(50)   *went to [Tanglewood]*$_F$; VP ; <λyλx.**went-to**(x,y), **t**>
        |
        | *you did* (= *went to [Tanglewood]*$_F$); S
        | <λyλx.**went-to**(x,y), **t**>(you), = <λy.**went-to**(you,y), **t**>
        | |
        | | *because* ; λpλPλx.**because**(P(x), p)
        | |/
        | *because you did* ; <λyλPλx.**because**(P(x), **went-to**(you,y)), **t**>
        |/
        went to Tanglewood because you did ; VP
        <λy•y'λx.**because**(**went-to**(x,y), **went-to**(you,y'))>
        |
        | *only* ; FO ; **only**
        |/
        only went to Tanglewood because you did ; VP ;
        λx[**because**(**went-to**(x,t), **went-to**(you,t)) & ∀y•y'[y•y'≈t•t &**because**(**went-to**(x,y), **went-to**(you,y')) → y•y'≈t•t]]
        |
        | *I* ; NP; **I**
        |/
        I only went to Tanglewood because you did ; S ;
        because(**went-to**(I,t), **went-to**(you,t))
        & ∀y•y'[y•y'≈t•t &**because**(**went-to**(x,y), **went-to**(you,y')) → y•y'≈t•t]

Let us assume that the interpretation of conditions like y•y'≈t•t implies not only that y≈t and y'≈t, but also that y=y', as the elements of the right-hand side are equal. In

38

general, we require that whenever $X_1 \bullet X_2 \bullet ... \bullet X_n \approx Y \bullet Y \bullet ... \bullet Y$, then $X_1 = X_2 = ... = X_n$. Given that, we can reduce the second part of the final representation as: $\forall y[y \approx_t \&$ **because(went-to(I,y), went-to(you,y))** $\rightarrow y \approx t]$. The reading we get, then, can be paraphrased as: I went to Tanglewood because you went to Tanglewood, and there is no alternative y to Tanglewood such that I went to y because you went to y.

An objection against this analysis is that it would treat cases like (50) similar to cases where the anaphor is fully spelled out, as in

(51)   I only went to TANGLEWOOD because you went to TANGLEWOOD.

The only plausible interpretation of (51) is one in which the first occurrence of *Tanglewood* is, or is contained in, the focus of *only*, and the second one is the focus of the illocutionary operator, which can be paraphrased by: The reason why I only went to Tanglewood is because you went to Tanglewood. This suggests a principle saying that a complex focus (whose parts are associated with the same operator) cannot contain identical focused parts. Hence the only way to get semantic representations that restrict their alternatives by formulas like $x \bullet x' = y \bullet y$ is by ellipsis.

4.4   The Scope of Focus Operators

In section (3), we didn't assume any particular scoping rules for focus operators. Although they are essentially propositional operators, we claimed that it is sufficient that the representations they operate on have a type that ends in t.

This guarantees that a focus operator always has the most narrow possible scope. To see this, consider at a case where a focus operator has an AP in scope. As such constructions are marginal in English (except with comparatives, e.g. *an even bigger car*), I will discuss a German example:

(52)   Peter kaufte ein nur$_1$ [MITTELMÄSSIGES]$_{F1}$ Auto
        Peter bought an only average car

The crucial thing is that *nur* has scope over the adjective and has to be prevented from taking wide scope, over the whole NP, the VP, or the sentence. This is done naturally when we assume that adnominal APs are nominal modifiers of the type ((e)t)(e)t. Given an obvious rule for the combination of AP's with N's, we get the following interpretation, where M is a variable of type ((e)t)(e)t and semantic combination is by functional application:

39

(53)   *mittelmäßiges* ; AP_F ; <λM.M, **average**>
         |
         | *nur* ; FO ; **only**
         |/
         nur mittelmäßiges ; AP ; **only**(<λM.M, **average**>)
         = λPλx[**average**(P)(x) & ∀M[M≈**average** & M(P)(x) → M=**average**]]
         |
         | *Auto* ; N ; **car**
         |/
         nur mittelmäßiges Auto ; N
         λx[**average**(**car**)(x) & ∀M[M≈**average** & M(**car**)(x) → M=**average**]]
         |
         | *ein* ; Det ; λP'λP∃x[P(x) & P'(x)]
         |/
         ein nur mittelmäßiges Auto ; NP ;
         λP∃x[P(x) & **average**(**car**)(x) & ∀M[M≈**average** & M(**car**)(x) → M=**average**]]

Thus, the focus operator nur is applied directly to the AP. We get a predicate that applies to average cars, but not to cars that have another property comparable to **average**. Given a more refined analysis of **only** that takes its scalar properties into account (cf. e.g. Jacobs 1983), this means that the predicate applies to cars that are maximally of average quality, but not of a higher quality.

One observation that might be a counterexample to the claim that focus operators have the most narrow scope possible was reported by Taglicht (1984). According to him, the following sentence has two readings:

(54)   We are required to study only syntax.
   a)   It is required that we study syntax and no other subject.
   b)   Only for syntax and for no other subject it is required that we study it.

In the latter reading, the expression *only syntax* gets wide scope over *required*. Note that the wide scope interpretation of *only* is not possible when it is an adverbial modifier, as in *we are required to only study syntax*. A plausible explanation of this phenomenon was put forward by Rooth (1985): NPs in general can have wide-scope reading (witness the specific interpretation of *a book in we are required to read a book*), and NPs with focus operators take part in that. That is, focus operators do not get wide scope on their own, but only when carried "piggy-back" by an expression that can get wide scope. However we will implement wide-scope readings of NPs - LF-movement, quantifying in, or operator storage -, this should carry over to cases like (54).

4.5 Focus on Reflexives and Reciprocals

Interesting problems arise in cases like the following, where a focus operator is associated with reflexive or reciprocal pronoun:

(55) a) John$_i$ loves only himself$_i$.
 b) [John and Mary]$_i$ love only each other$_i$.

The analysis of (55a) is relatively straightforward if we assume that reflexives are terms $\lambda P.P(x_i)$, where the variable x_i has to be bound by its antecedent (in the case at hand, the subject). Without going deeper into the modelling of this binding, let us assume that the subject in (55a) is represented by a term $\lambda P \exists x_i[P(x_i) \& x_i=j]$ that binds the variable x_i (where a free variable x_i in the argument doesn't get replaced during application). Then we get the following interpretation, which says that John loves John, and John loves no alternative to John.

(56) *himself* ; NP$_i$; $\lambda P.P(x_i)$
 |
 himself ; NP$_{iF}$; <$\lambda T.T, \lambda P.P(x_i)$>
 |
 | *only* ; FO ; **only**
 |/
 only himself ; NP ; $\lambda P[P(x_i) \& \forall y[y \approx x_i \& P(y) \rightarrow y=x_i]]$
 |
 | *loves* ; V' ; **love**
 |/
 loves only himself ; VP ; $\lambda x[\textbf{love}(x,x_i) \& \forall y[y \approx x_i \& \textbf{love}(x,y) \rightarrow y=x_i]]$
 |
 | *John* ; NP$_i$; $\lambda P \exists x_i[P(x_i) \& x_i=j]$
 |/
 John loves only himself ; S ;
 $\exists x_i[\textbf{love}(x_i,x_i) \& \forall y[y \approx x_i \& \textbf{love}(x_i,y) \rightarrow y=x_i] \& xi=j]$
 = $\textbf{love}(j,j) \& \forall y[y \approx j \& \textbf{love}(j,y) \rightarrow y=j]$

The treatment of reciprocals requires some more effort. I will sketch one way how it can be done. Let us assume that we have a sum formation on individuals, $\oplus$, such that whenever x, y are individuals, so is $x \oplus y$; $\oplus$ should be the join operation of a join semi-lattice (cf. Link 1983). In particular, $\oplus$ is a symmetric operation, that is, $x \oplus y = y \oplus x$. We also assume a list operation • that is asymmetric. Verbal predicates and relations in natural language typically are cumulative with respect to $\oplus$ in the sense that whenever P(x) and P(y), then $P(x \oplus y)$, and whenever R(x,x') and R(y,y'), then $R(x \oplus x', y \oplus y')$. Furthermore, we assume that natural-language predicates and relations in general are cumulative and distributive with respect to list formation; that is, P(x) & P(y) $\leftrightarrow$ P(x•y) and R(x,x') & R(y,y') $\leftrightarrow$ R(x•x', y•y'). All this can be imposed by suitable meaning postulates.

The reciprocal anaphor *each other*, just like the reflexive, is bound by an antecedent. It requires that this antecedent is a list l, and it imposes that the verbal predicate applies to the RECIPROCAL VARIANT of that list. Before I give a general definition of this notion, let us look at two examples: The reciprocal variant of the list **j•b** is **b•j**, and the reciprocal variant of **j•b•s** is **b$\oplus$s•j$\oplus$s•j$\oplus$b**. In general, l' is the reciprocal variant of l iff l and l' have the same length, and the n-th element of l' is the sum individual of all elements of l with the exception of l's n-th element. Let us assume a function **rec** that maps lists to their reciprocal variants. Then the meaning of *each other$_i$* is the term $\lambda P.P(\text{rec}(x_i))$. Let us assume that coordination can be interpreted as list formation. I give an example that shows the treatment of sentences with the reciprocal in focus:

(57) *each other* ; NP$_i$; $\lambda P.P(\text{rec}(x_i))$
|
each other ; NP$_F$; $<\lambda T.T, \lambda P.P(\text{rec}(x_i))>$
|
| *only* ; FO ; **only**
|/
only each other ; NP ; $\lambda P[P(\text{rec}(x_i))$ & $\forall y[y \approx \text{rec}(x_i)$ & $P(y) \to y = \text{rec}(x_i)]]$
|
| *love* ; V' ; **love**
|/
love only each other ; $\lambda x[\text{love}(x, \text{rec}(x_i))$ & $\forall y[y \approx \text{rec}(x_i)$ & $\text{love}(x,y) \to y = \text{rec}(x_i)]]$
|
| *John, Bill and Sue* ; NP ; $\lambda P \exists x_i [P(x_i)$ & $x_i = j \bullet b \bullet s]$
|/
John, Bill and Sue love only each other ;
$\exists x_i [\text{love}(x_i, \text{rec}(x_i))$ & $\forall y[y \approx \text{rec}(x_i)$ & $\text{love}(x_i, y) \to y = \text{rec}(x_i)]$ & $x_i = j \bullet b \bullet s]$
= $\text{love}(j \bullet b \bullet s, b \oplus s \bullet j \oplus s \bullet j \oplus b)$ & $\forall y[y \approx b \oplus s \bullet j \oplus s \bullet j \oplus b$ & $\text{love}(j \bullet b \bullet s, y) \to y = b \oplus s \bullet j \oplus s \bullet j \oplus b]$

Under the assumption that only lists with the same number of elements are comparable, that **love** is divisive for both lists and sums, and that all atomic individuals are comparable to each other, this amounts to the following:

love(j,b) & **love(j,s)** & $\forall y[\text{love}(j,y) \to y = b \lor y = s]$ &
love(b,j) & **love(b,s)** & $\forall y[\text{love}(b,y) \to y = j \lor y = s]$ &
love(s,j) & **love(s,b)** & $\forall y[\text{love}(s,y) \to y = j \lor y = b]$

This gives the reading of our example. However, the treatment of reciprocals is still incomplete in several respects: I have showed only how the "strict" interpretation of reciprocals can be modelled, leaving aside the more liberal interpretation which is predominant in cases like *John, Bill and Mary took each other by the hand*; I did not say anything about the formation of coordinated NPs; and I did not talk about cases with plural subjects, such as *The children love only each other*. However, it should have become clear that a treatment of reciprocals with the help of list individuals is feasible, and can be combined with a semantics for focus operators like *only* in a straightforward way.

4.6 Do We Need Coindexing?

In the framework developed above, we did without coindexing between focus operators and focus. The rules that restrict the association between focus operator and focus are such that they narrow down possible choices. There are two potential problems with this approach: First, the principles may not be restrictive enough for some cases, and second, they might be too restrictive.
As for the first case, note that we can generate examples like the following (I use coindexing here simply as a convenient description device):

(58)   John even$_1$ [$_{VP}$ only$_2$ [$_{Vto}$ introduced [Bill]$_{F2}$] [to Sue]$_{F1}$]

We arrive at this interpretation by focusing on *Bill*, combining *only* with the V_{to}-expression, focusing on *Sue*, and combining *even* with the VP. The resulting meaning can be described as follows: John introduced Bill to Sue, he did nothing else to Sue, and there are persons x besides Sue for which it is more likely that John introduced Bill to x and did nothing else to x. Does the sentence have this reading? It seems to me that it has it, especially if stressed on *Sue*, and uttered without pause in *only introduced Bill*.
As for the second case, the most serious objection may be raised against the assumption that a focus operator is associated with the most comprehensive focus in its scope (cf. 17). We haven't seen evidence that supports that claim, so let us look at relevant cases. It is not easy to come up with convincing examples, but perhaps the following will do. The adverb *preferably* is focus-sensitive, which can be seen with examples like *John preferably drinks WINE*, which means that of all the drinks, John prefers to drink wine. Now look at the following example:

(59)   [Bill preferably$_1$ drinks [Australian WINE]$_{F1}$, and]
         John even$_0$ preferably$_1$ drinks [[TASMANIAN]$_{F0}$ wine]$_{F1}$.

Here, it is said that John prefers Tasmanian wine to other drinks, and that there are modifiers X such that it would be more likely that John prefers X wine to other drinks. This seems to be a valid reading of our example, especially in the given context. - Now let us look at the opposite case:

(60)   [Bill preferably$_1$ drinks [TASMANIAN]$_{F1}$ beer, and]
         ? John even$_0$ preferably$_1$ drinks [[Tasmanian]$_{F1}$ wine]$_{F0}$

Here we would expect the interpretation: John prefers Tasmanian wine to other wines, and it is more likely that there is some drink X such that John prefers Tasmanian X to other X. It is at least questionable whether there is such a reading. Of course, we get a reading for *John even$_0$ preferably$_1$ drinks [Tasmanian [WINE]$_{F0}$]$_{F1}$*, as predicted: John prefers Tasmanian wine to other drinks, and there are drink types X (e.g. beer) such that it would be more likely that John prefers Tasmanian X to other drinks.
There is, however, one class of examples that sheds doubt on our assumption (Hubert Truckenbrodt, personal communication). It is known that gapping is a focus-sensitive process, in the sense that the gap in one coordination part corresponds to the background

in the other coordination part (cf. Sag 1977, Truckenbrodt 1988). Assuming that coordination expresses two assertions (alternatively, coordination itself can be analyzed as focus-sensitive), we can analyze gapping as in the following example:

(61) JOHN met MARY and BILL, SUE.
 ASSERT$_0$ [JOHN]$_{F0}$ met [MARY]$_{F0}$ and ASSERT$_0$[BILL$_{F0}$] gap [SUE]$_{F0}$
 ASSERT($<\lambda x \bullet y.\text{met}(x,y), j \bullet m>$) & ASSERT($<$ [copy] , b$\bullet$s$>$)

Now let us look at an example that contains, in addition, an overt focusing operator:

(62) JOHN drank only TASMANIAN wine, and BILL, AUSTRALIAN BEER.
 ASSERT$_0$ [JOHN]$_{F0}$ drank only$_1$ [[TASMANIAN]$_{F1}$ wine]$_{F0}$ and
 ASSERT$_0$ [BILL]$_{F0}$ gap [[AUSTRALIAN]$_{F1}$ BEER]$_{F0}$

We are interested in an interpretation where the second conjunct has to be spelled out as: *Bill drank only AUSTRALIAN beer*. If this interpretation exists, then we have a counterexample to our assumption, as *only* does not focus not on the most comprehensive focus in its scope. It is not entirely clear, however, whether examples like (62) are grammatical, with the intended interpretation.

In this section, I could give only limited evidence for our assumption that a focus operator is associated with the most comprehensive focus in its domain. If further data shows that this is not the case, then the focus rule S_F has to be formulated in an indeterministic way. If, on the other hand, cases of embedded foci that neither contain intervening focus operators, such as (19c), nor focus on one and the same constituent, such as (19d), are considered to be in general bad, than S_F has to be reformulated in such a way that it can never apply to a focus-background representation to begin with, but may apply to one constituent and generate a multiple focus on that constituent at once (to cover indisputable cases like 19d).

4.7 Assertional Meaning and Presuppositions

The analysis of focus-sensitive operators like *only* and *even* we have given so far neglects one well-known aspect of their semantics, namely that we have to distinguish between the ASSERTIONAL meaning on the one hand and the PRESUPPOSITION or conventional implicature on the other (cf. Horn 1969). Taking constancy under negation as a test for presuppositions, we can observe that a sentence like *John drank only water* asserts that John didn't drink anything but water, and presupposes that John drank water. And we observe that a sentence like *John drank even water* asserts that John drank water, and presupposes that it would have been more likely for John to drink something else.

(63) a) - John drank only water.
   - No. (i.e., John drank something besides water, too; not: John didn't drink water.)
   b) - John drank even water.
   - No. (i.e., John didn't drink water; not: it was likely for John to drink water).

We might ask whether it is possible to extend the framework developed above so that it incorporates the distinction between assertion and presupposition, something that was done by Lyons & Hirst (1990) for Alternative Semantics. Cases with complex foci will naturally be of particular interest. For example, consider (12), here repeated as (64):

(65)   - John even$_1$ [only$_2$ [drank WATER]$_{F2}$]$_{F1}$.
   - No. (i.e., John did other, comparable things as well).

As the negation test shows, this sentence asserts that John did not do other things comparable to drinking water. Its other meaning components listed under (12), then, must be its presuppositions - viz., that John drank water (coming from *only*), and that there are activities comparable to drinking water and doing nothing else for which it is more probable that John performed them (coming from *even*). Note that we have to refer to both the assertional meaning and the presupposition coming from *only* to express this second presupposition.

How can we spell out the semantics of focusing operators like *only*, taking into account the assertional part and the presuppositional part? Perhaps the most explicit theory that was designed to treat assertional meaning and presuppositional meaning in a compositional way is Karttunen & Peters (1979). In particular, they include a treatment of *even*, although they disregard the influence of focus-background structures. Here I want to show how their theory can be combined with the framework of structured meanings.

Karttunen & Peters represent (assertional) meanings and presuppositions on two separate levels, which contain what the sentence EXPRESSES and what it IMPLICATES. (i.e., presupposes). This is rendered formally as a pair <E, I>, where E and I are of the same type. Karttunen & Peters show how meanings and presuppositions of complex expressions can be computed from the meanings and presuppositions of their parts, using a special "heritage function".

How are meaning-presupposition structures and focus-background structures related to each other? Here I will not introduce a formal semantic framework for meaning-presupposition structures, as this would lead us too far astray. I will restrict the discussion to one illustrative example that shows how cases with several focusing operators can be treated in principle.

Let us assume that basic semantic interpretations always consist of an assertion part and a presupposition part of the same semantic type that are constructed in tandem. That is, the semantics of a focus-background structure will be a pair of semantic representations that are pairs themselves. In the following example, I assume, for the sake of exposition, that *drink* presupposes that the agent of the drinking is animate, and that the substance that is drunk is fluid. These presuppositions are projected to the complex expression, *drank water*, with a mechanism like the one given by Karttunen & Peters, this is left implicit here. The alternatives of focus-sensitive operators, like *even*, then may be determined by the conjunction of the meaning and the presupposition of the focus element; note that we have to assume a conjunction generalized for all types based on t, as the focus often will not be of a sentential type.

(66)   *drank water*; V ; <λx∃y[**drank**(x,y) & **W**(y)], λx[**anim**(x) & **fluid**(W)]>, abbr. <[1], [2]>
|
S_F *drank water* ; VP_F ; <<λP.P, λP.P> <[1], [2]>>
|
| *only* ; FO ; **only**
|/
S_O *only drank water* ; VP ; **only**(<<λP.P, λP.P> <[1], [2]>>)
= <λx∀P[P≈[1] & [2] P(x) → P = [1]], [1]&[2]>, abbr. <[3], [4]>
|
S_F *only drank water* ; VP_F ; <<λP.P, λP.P> <[3], [4]>>
|
| *even* ; FO ; **even**
|/
S_O *even only drank water* ; VP ; **even**(<<λP.P, λP.P> <[3], [4]>>)
= <[3] , λx∃P[P≈[3]&[4] & [3]&[4](x) $<_p$ P(x)] >
|
| *John* ; NP ; λP.P(j)
|/
John even only drank water ; S ; <[3](j), ∃P[P≈[3]&[4] & [3]&[4] (j) $<_p$ P(j)]>

The meaning part of this pair, [3](j), expresses that everything that John did was drinking water, or more correctly, that no property P comparable, but not identical to the property of drinking water applies to John. Note that this is also the meaning of the simpler sentence *John only drank water*, which shows that *even* does not change the meaning of an expression.

The presupposition part of that pair says that there is a property P comparable to the property of only drinking water such that this property would more likely apply to John. More precisely, it claims this of a property P that applies to entities that didn't do anything comparable, but not identical to drinking water, that drank water, that are animate, and for which it holds that water is a fluid.

Of course, the meaning postulates for *only* and *even* have to be revised in order to get the intended results. In the example above, I have worked with the following postulates:

(25')   **only**(<<α,β>, <γ,δ>>) := <λv∀X[X≈ γ&δ & α(X)(v) → X= γ&δ], α(γ)&β(δ)>

(26')   **even**(<<α,β> <γ,δ>> :=<α(γ), λv∃X[X≈γ&δ & α(γ&δ)(v) $<_p$ α(X)(v)]&β(δ)>

Here, (25') says that a sentence containing *only* asserts that the proposition does not hold for any alternatives to the meaning of the focus constituent, γ. It presupposes the basic assertion, α(γ), in addition with the presupposition generated by the presuppositions of the focus and the presuppositions of the background, β(δ). (26') says that the basic assertion, α(γ), is asserted, and that it is presupposed that there are alternatives to γ, together with its presuppositions δ, for which it is less likely that α holds. Also, the presuppositions of the background and the focus are projected to the resulting expression. Note that it is crucial that the determination of the alternatives may refer to both the meaning and the presuppositions of the semantic representation of its focus, at least for *even*.

4.8 Topic-Comment Structures

Let us finally turn to a particularly vexing problem. It was pointed out by Jacobs (1988, to appear) with examples like the following one:

(67)   SUE KISSED John.

There is a reading involving a complex focus on *Sue* and *kissed*, as an answer to a question like *Who did what to John?*, which can be derived in a standard way (cf. 67'a). In addition, there is also a reading where *Sue* and *kissed* seem to form a simple focus, at least semantically: (67) may be an answer to *What happened to John?*, where the focus is equivalent to *was kissed by Sue*. For this case, we would be inclined to assume the representation (67'b):

(67')   a)   ASSERT(<λx•R.R(j,x), s.kissed>)
        b)   ASSERT(<λP.P(j), λx.kissed(s,x)>)

The problem here is how to arrive at representation (b) in a compositional way, given that the parts of the sentence that correspond to the focus do not form a syntactic constituent at any level, according to standard analyses of these sentences.

One way to do overcome this problem is to assume that the sentences in question indeed have an analysis in which the parts in focus form a syntactic constituent. This could be expressed quite naturally in a syntactic framework like categorial grammar with liberal rules of category composition. Advocates of categorial grammar may welcome these facts as another argument for flexible combination rules, in addition to coordination data like right node raising, as in *Sue kissed and Mary teased John* (cf. Steedman 1985, Dowty 1987).

Another way is to analyze these cases not as involving peculiar focus-background structures, but as rather regular TOPIC-COMMENT structures. The relevant examples of purported non-constituent focus all have a purported background that IS a constituent, and they are examples that answer questions like *What happened to x?* So we might analyze them as cases where the purported background is, in fact, the topic of the sentence, and the purported focus is the comment.

Topic-comment structures can be captured with the same technique as focus-background structures, namely structured meanings. Actually, Dahl (1974) proposed both a separate treatment of focus-background structures and topic-comment structures, and a way to model them that can be seen as a precursor of structured meanings.

One crucial question at this point is how topic-comment structures and focus-background structures interact. It seems that we should allow for both the comment and the topic to consist of focus-background structures (cf. Jacobs 1984); witness the following examples:

(68)   a)   - Who(m) did Sue kiss?
                 - [Sue]$_T$ [kissed [John]$_F$]$_C$
     b)   - What did Bill's sisters do?
                 - [Bill's [youngest]$_F$ sister]$_T$ [kissed John]$_C$.

In (68a), *kissed John* arguably is the comment, and it contains a focus, *John*. And in (68b), *Bill's youngest sister* arguably is the topic, and it contains a focus, *youngest*. We also might analyze *kissed John* as a focus of the comment in this case; alternatively, we might skip assignment of focus, given a rule that whenever the comment does not contain any focus feature, it should be considered as focus itself.

This suggests the following framework for topic-comment structures: Topic-comment structures are labelled pairs $<_T\alpha,\beta>$, where α is the comment and β is the topic. Both α and β may be simple, or they may contain focus-background structures. Illocutionary operators, like assertion, may take topic-comment structures as their argument. We have the following rule for assertions applying to simple topic-comment structures, where I use [Φ] for the set of possible words where a formula Φ is true.

(69)   If α, β are not focus-background structures, then:
        ASSERT($<_T\lambda X.\alpha, \beta>$) maps a common ground c to a common ground c', where c' is the intersection of c with the set of possible worlds for which $\lambda X.\alpha(\beta)$ is true, i.e. $c' = c \cap [\lambda x.\alpha(\beta)]$
        Felicity conditions:
        - $c' \neq c$, $c' \neq \emptyset$, and there are salient Y, $Y \approx \lambda X.\alpha$, $Y \neq \lambda X.\alpha$, such that Y could have been asserted of β. That is, it would have changed c, $c \cap [Y(\beta)] \neq c$, it would not be excluded by c, $c \cap [Y(\alpha)] \neq \emptyset$, and would have yielded a different output context, $c \cap [Y(\beta)] \neq c \cap [\lambda X.\alpha(\beta)]$;
        - β is a possible topic in c, that is, β, or something closely related to β, was mentioned in the immediately preceding discourse, or is part of the environment of speaker and hearer, or is something the speaker and hearer talk regularly about.

The first set of felicity conditions covers the conditions specified in (7); the only difference is that now the first member of the pair $<_T\alpha,\beta>$ counts as "focus". The second set of felicity conditions is concerned with the topic; it leaves much to be explained, but should give an idea of a possible way to spell out the semantic impact of topics.

We have to change (69) slightly for complex topic-comment structures. I propose the following:

(70) a) ASSERT($<_T\lambda X.<\alpha,\beta>,\gamma>$) maps a common ground c to a common ground c', where c' = $c \cap [\lambda X[\alpha(\beta)](\gamma)]$. Felicity conditions:
- c'≠c, c'≠∅, and there are salient Y, Y≈β, Y≠β such that $\lambda X[\alpha(Y)]$ could have been asserted of γ;
- γ is a possible topic in c.

b) ASSERT($<_T\lambda X.\alpha, <\beta,\gamma>>$) maps a common ground c to a common ground c', where c' = $c \cap [\lambda X.\alpha(\beta(\gamma))]$. Felicity conditions:
- c'≠c, c'≠∅
- β(γ) is a possible topic in c, and there are salient Y, Y≈γ, Y≠γ such that β(Y) is a possible topic in c as well.

c) ASSERT($<_T\lambda X.<\alpha,\beta>, <\gamma,\delta>>$) maps a common ground c to a common ground c', where c' = $c \cap [\lambda X[\alpha(\beta)](\gamma\delta))]$. Felicity conditions:
- c'≠c, c'≠∅, and there are salient Y, Y≈β, Y≠β such that $\lambda X[\alpha(Y)]$ could have been asserted of γ(δ);
- γ(δ) is a possible topic in c, and there are salient Y, Y≈δ, Y≠δ such that γ(Y) is a possible topic in c as well.

So the focus-background structure in the comment determines alternative comments that could have been made about the topic, and the focus-background structure in the topic determines alternative topics that could have been "commented" upon. We should also account for the possibility of topicless sentences (so-called thetic sentences); in this case, we may assume our old assertion rule (7).

Topic-comment structures and focus-background structures do interact in the derivation of a complex semantic representation. The basic principle is that topic-comment structures take precedence over focus-background structures. Furthermore, topic-comment structures are not recursive; we should allow, however, for the possibility of complex topics, as attested e.g. in Hungarian (Kiss 1986). This leads to the following rules of functional application, in addition to the rules given in (21):

(71) a) $<_T\alpha,\beta,(\gamma) = <_T\lambda X.\alpha(X)(\gamma), \beta>$
b) $\delta(<_T\alpha,\beta>) = <_T\lambda X.\delta(\alpha(X)), \beta>$ (if δ is simple)
c) $<_T\alpha,\beta>(<\gamma,\delta>) = <_T\lambda X[\alpha(X)(<\gamma,\delta>)], \beta>$
d) $<\gamma,\delta>(<_T\alpha,\beta>) = <_T\lambda X[<\gamma,\delta>(\alpha(X))], \beta>$
e) $<_T\alpha,\beta>(<_T\gamma,\delta>) = <_T\lambda X\bullet X'[\alpha(X)(\gamma(X'))], \beta\bullet\delta>$
(where X, X' are variables of the types of β, δ)

I assume the rule S_T for topicalization of a constituent of category C:

(72) S_T C -> C_T (indexing of arbitrary category Y by topic feature T)
$[C_F] = <_T\lambda X.X, [C]>$, where X is a variable of the type of [C].

The topic feature can be spelled out in various ways, for example in the *as for* NP-construction, or in languages like Japanese and Korean by affixation of particles. As for accentual markings, the basic rule seems to be that topical constituents are de-accented (as a whole; they may contain accents in case they contain a focus constituent, as in

68b). This implies that the non-topical constituents get accent (or "neutral stress", in the theory of Jacobs 1988, to appear).

It is time to look at an example. Let's take one with a simple topic, *John*, and a comment, *drank water*, that contains a focus, *water*:

(73)   - What did John drink?
              - John$_T$ drank WATER$_F$

           drank [water]$_F$; VP ; <$\lambda T \lambda x.T(\lambda y.\mathbf{drank}(x,y))$, **water**>
           |
           | *John* ; NP ; **John**
           | |
           | S$_T$ *John* ; NP$_T$; <$_T\lambda T.T$, **John**>
           |/
     S$_1$ *John drank water* ; <$_T\lambda T.T$, **John**>(<$\lambda T \lambda x.T(\lambda y.\mathbf{drank}(x,y))$, **water**>)
           = <$_T\lambda T[\lambda T.T(T)(<\lambda T \lambda x.T(\lambda y.\mathbf{drank}(x,y))$, **water**>)], **John**>
           = <$_T\lambda T.T(<\lambda T \lambda x.T(\lambda y.\mathbf{drank}(x,y))$, **water**>), **John**>
           = <$_T\lambda T.<\lambda T'.T(\lambda x.T'(\lambda y.\mathbf{drank}(x,y)))$, **water**>, **John**>
           |
     S$_1$ | . ; IO ; **ASSERT**
           |/
           ASSERT(<$_T\lambda T.<\lambda T'.T(\lambda x.T'(\lambda y.\mathbf{drank}(x,y)))$, **water**>, **John**>)

Spelling out **ASSERT**:
(69) maps a common ground c to a common ground c', where c' is the intersection of c with the worlds in which $\lambda T[\lambda T'.T(\lambda x.T'(\lambda y.\mathbf{drank}(x,y)))$(**water**)](**John**) is true, that is, in which **John**($\lambda x.\mathbf{water}(\lambda y.\mathbf{drank}(x,y))$) is true, that is, in which $\exists y[\mathbf{drank}(j,y) \& \mathbf{W}(y)]$ is true.

Felicity conditions:
- c'≠c, c'≠∅, and there are salient Y, Y≈**water**, Y≠**water** such that **John** ($\lambda x.Y(\lambda y.\mathbf{drank}(x,y))$) could have been asserted;
- **John** is a possible topic in c.

Now let us come back to our original example, (67). The two analyses can be given as follows. Note that in both cases, *John* is supposed to be the topic.

(74) *kissed* ; V'; **kiss**
|
| *John* ; NP$_T$; <$_T\lambda$TT, **John**>
|/
S$_2$ *kissed John* ; VP ; <$_T\lambda$Tλx.T(λy.**kiss**(x,y)), **John**>
|
| *Sue* ; NP ; **Sue**
|/
S$_1$ *Sue kissed John* ; S ; <$_T\lambda$T.**Sue**(λx.T(λy.**kiss**(x,y))), **John**>

Application of the assertion operator yields the following result: It is asserted that Sue kissed John, with the felicity condition that other salient properties Y that are comparable to λT.**Sue**(λx.T(λy.**kiss**(x,y))) (that is, be kissed by Sue) could have applied to John at the current point in discourse. In addition, John must be a possible topic at the current point in discourse.

(75) *kissed* ; V'$_F$; <λRR, **kiss**>
|
| *John* ; NP$_T$; <$_T\lambda$TT, **John**>
|/
S$_2$ *kissed John* ; VP ; <$_T\lambda$T<λRλx.T(λy.R(x,y), **kiss**>, **John**>
|
| *Sue* ; NP$_F$; <λTT, **Sue**>
|/
S$_1$ *Sue kissed John* ; S ;
<$_T\lambda$T<λT'•R.T'(λx.T(λy.R(x,y))), **Sue•kiss**>, **John**>

Now the application operator yields the following result: It is asserted that Sue kissed John, with the felicity condition that there are salient pairs of representations T'•R that are comparable to **Sue•kiss** such that λT•T'(λx.T(λy. R(x,y))) (roughly, T' did R to him) could have been asserted of John as well at the current point in discourse. Again, John must be a possible topic at the current point in discourse.

5   Conclusion

In this article, I have tried to develop a coherent semantic framework that can capture sentences with multiple focus, both free focus and focus bound by overt operators. Structured meanings turned out to be a suitable representation format, and I have shown how a compositional semantics can be developed for those sentences within that format. In doing this, we have seen that much of the burden that was assigned to syntax in coindexing approaches such as Jacobs (1984, 1988, to appear) can in fact be taken over by well-formedness principles in the semantic component.
There are several directions into which this approach can be extended. One is to see whether we indeed need the full expressibility of structured meanings, or whether the

more parsimonious framework of alternative semantics (cf. Rooth 1985) can be worked out to cover multiple focus constructions as well. Secondly, we should address the various shortcomings mentioned in section (4) above, such as focus assignment to expressions that are not surface constituents, focus assignment to expressions that are not in the scope of their operator on surface structure, and a combination of the structured meaning framework with a way to express different scopings of NPs. Also, the propose interaction between topic-comment structures and focus-background structures needs much more work; it might turn out that insights of the theory of communicative dynamism, as developed in the Czech school by Firbas, Hajicova, Sgall and others are expressible in this framework. Finally, it is necessary to extend the framework such that it can cover the impact of focus on the interpretation of quantifiers, such as *always* (cf. Rooth 1985, 1988) or the genericity operator (cf. Krifka, to appear). To do this with the required generality, we must provide for a mechanism to express anaphoric bindings, which requires a dynamic semantic framework, such as discourse representation theory or one of its alternatives.

References

Chomsky, N. (1977): "On Wh-Movement". In: Formal Syntax, ed. by P.W. Culicover, T. Wasow, & A. Akmajian. New York: Academic Press.
Dahl, Ö. (1974): "Topic-comment structure revisited". In: Topic and comment, contextual boundedness and focus, ed. by Ö. Dahl. Hamburg: Buske Verlag.
Dowty, D. (1987): "Type raising, functional composition, and non-constituent conjunction". In: Categorial Grammar and Natural Language Structures, ed. by R. Oerle, E. Bach, & D. Wheeler. Dordrecht: Reidel, 153 - 198.
Horn, L.A. (1969): "A presuppositional analysis of only and even". In: CLS 5, Papers from the Fifth Regional Meeting. Chicago: Chicago Linguistic Society, 98 - 107.
Jackendoff, R. (1972): Semantic Interpretation in Generative Grammar. Cambridge, Mass.: MIT Press.
Jacobs, J. (1983): Fokus und Skalen, Zur Syntax und Semantik von Gradpartikeln im Deutschen. Tübingen: Niemeyer.
Jacobs, J. (1984): "Funktionale Satzperspektive und Illokutionssemantik". Linguistische Berichte 91, 25 - 28.
Jacobs, J. (1986): "The Syntax of Focus and Adverbials in German". In: Topic, focus and configurationality, ed. by W. Abraham & S.D. Meij. Amsterdam: John Benjamins.
Jacobs, J. (1988): "Fokus-Hintergrund-Gliederung und Grammatik". In: Intonationsforschungen, ed. by H. Altmann. Linguistische Arbeiten. Tübingen: Niemeyer, 89 - 134.
Jacobs, J. (to appear): "Focus ambiguities". In: Proceedings of the Conference on Focus and Intonation, Fraunhofer Institut Stuttgart, ed. by J. Hoepelman.
Karttunen, L. & S. Peters (1979): "Conventional Implicature". In: Syntax and Semantics 11: Presuppositions, ed. by Ch.-K. Oh & D.A. Dinneen. New York: Academic Press, 1 - 56.
Kay, P. (1990): "Even". Linguistics and Philosophy 13, 59 - 112.
Kefer, M. (1989): Satzgliedstellung und Satzstruktur im Deutschen. Tübingen: Narr.
Kiss, K.E. (1986): Configurationality in Hungarian. Dordrecht: Reidel.
Klein, W. & A. von Stechow (1982): Intonation und Bedeutung von Fokus. Arbeitspapier des SFB 99, No. 77. Konstanz.

Kratzer, A. (1989): "The representation of focus". Manuscript. Tucson.
Krifka, M. (1990): "Polarity phenomena and alternative semantics". In: Proceedings of the Seventh Amsterdam Colloquium, ed. by M. Stokhof & L. Torenvliet. Amsterdam: Institute for Language, Logic and Information, Universiteit van Amsterdam.
Krifka, M. (to appear): "Focus and the Interpretation of Generic Sentences". In: The Generic Book, ed. by G. Carlson & F. Pelletier. Chicago University Press.
Ladd, D. (1980): The Structure of Intonational Meaning: Evidence from English. Bloomington: Indiana University Press.
Lerner, J.-Y. & T.E. Zimmermann (1983): "Presupposition and quantifiers". In: Meaning, Use and the Interpretation of Language, ed. by R. Bäuerle, C. Schwarze & A. von Stechow. Berlin: Walter de Gruyter, 290 - 301.
Lewis, D (1979): "Scorekeeping in a language game". Journal of Philosophical Logic 8, 339 - 59.
Link, G. (1983): "The logical analysis of plurals and mass terms". In: Meaning, Use and the Interpretation of Language, ed. by R. Bäuerle et al. Berlin: de Gruyter.
Lötscher, A. (1983): Satzakzent und funktionale Satzperspektive im Deutschen. Tübingen: Niemeyer.
Lujan, M. (1986): "Stress and bindings of pronouns". Chicago Linguistics Society Meeting 22, Vol. 2.
Lyons, D. & G. Hirst (1990): "A Compositional Semantics for Focusing Subjuncts". In: Proceedings of the 28th Annual Meeting of the Association of Computational Linguistics, 54 - 61.
Rochemont, M.S. (1986): Focus in Generative Grammar. Amsterdam: John Benjamins.
Rooth, M.E. (1985): Association with Focus. Ph.D.-Dissertation, University of Massachusetts at Amherst.
Rooth, M.E. (1988): "Restrictive Quantificational Adverbials with Focus Semantics". Talk presented at the Tübingen Conference on Genericity.
Sag, I.A. (1977): Deletion and Logical Form. IULC, Bloomington.
Selkirk, E.O. (1984): Phonology and Syntax. The Relation between Sound and Structure. MIT Press.
Stalnaker, R. (1979): "Assertion". In: Syntax and Semantics 9 - Pragmatics, ed. by P. Cole. New York: Academic Press, 315 - 332.
Stechow, A. v. (1989): Focusing and backgrounding operators. Universität Konstanz, Fachgruppe Sprachwissenschaft, Arbeitspapier Nr. 6. Konstanz.
Stechow, A. v & S. Uhmann (1986): "Some remarks on focus projection". In: Topic, Focus and Cofigurationality, ed. by W. Abraham & S. de Meij. Amsterdam: John Benjamins.
Steedman, M. (1985): "Dependency and coordination in the grammar of Dutch and English". Language 61, 523 - 68.
Taglicht, J. (1984): Message and Emphasis. London: Longman.
Truckenbrodt, H. (1988): "Zur Syntax der Koordination". SNS-Bericht 88 - 41. Seminar fur natürlich-sprachliche Systeme, Universität Tübingen.
Williams, E. (1980): "Remarks on stress and anaphora". Journal of Linguistic Research 1, 1 - 6.

Selbst – Variants of a Scalar Adverb in German[1]

Beatrice Primus, München

1 Introduction

This paper deals with the syntactic, semantic and pragmatic properties of the Modern Standard German particle *selbst*. Its function as a scalar particle, exhibited in (1), is better understood and quite uncontroversial within German linguistics.

(1)   Selbst Anna ging ins Gefängnis.

But it has eluded grammarians' attempts to categorize its uses in (2) – (4) satisfactorily:

(2)   Anna selbst ging nicht ins Gefängnis.
(3)   Anna rettete zuerst sich selbst.
(4)   Anna ging selbst ins Gefängnis.

Occurrences like those in (2) and (3) have been categorized as reflexives or emphatic reflexives (Leys 1973: 153, Altmann 1976: 119, Jacobs 1983: 2, König 1989, 1990: 152 f.) or as demonstrative pronouns (DUDEN 1984: § 557). In (4) *selbst* was thought to mean 'personally' and was considered to belong to the same category proposed for (2) and (3) or to the class of verb modifying adverbs (Edmondson & Plank 1978, Engel 1988: 629).

In this paper I will concentrate on the common properties of the different uses of *selbst*. This issue has been addressed before, with the result that some of its uses became more clearly separated in terms of their syntactic and semantic category (cf. Edmondson & Plank 1978, Altmann 1979, Plank 1979a, König 1990). I have reached a different conclusion and will show that all the occurrences under discussion belong to the same category, which I will call 'scalar' or 'focus adverb'. The category name 'adverb', which is distinguished from the functional concept 'adverbial', will be used in agreement with linguistic tradition for the class of expressions that cannot be inflected and function as modifiers of different phrases (sentence, verb or noun phrases). *Selbst* will turn out to have a core semantic function in all of its uses, from which all other functions will be derived in a straightforward manner. This range of interrelated uses will be shown to be specific for scalar adverbs in general and not an idiosyncratic property of *selbst* in German. I will present some evidence that the principles and parameters introduced in this paper for *selbst* are part of a more general theory of scalar adverbs. The results of the present investigation are meant to contribute towards a principled account of the various types of scalar adverbs observed cross-linguistically in recent research (cf. König 1990).

I shall begin with occurrences of *selbst* that have been treated uncontroversially as scalar particles.

2   *Selbst* in the quantifying scalar reading

2.1   Syntactic properties of the quantifying scalar use

A diagnostic context for scalar particles in German is, according to Altmann (1979: 356), the position between a sentence connector and the first major constituent in a verb second sentence. (5) shows *selbst* in this specific environment:

(5)   Aber selbst/sogar ANNA ging ins Gefängnis.

A further characteristic property of scalar particles is the strong accent on an element within their focus domain. The above example reveals this intonational property of *selbst* and shows the stressed element in capital letters. This notation will be used in all further examples. The accent is a formal indicator of the specific semantic function of these particles to focus on a part of the sentence. (6) shows different intonationally marked foci of *selbst*:

(6)   (a) Anna hat der Polizei selbst DIESEN zuverlässigen Komplizen verraten.
        (b) Anna hat der Polizei selbst diesen ZUVERLÄSSIGEN Komplizen verraten.
        (c) Anna hat der Polizei selbst diesen zuverlässigen KOMPLIZEN verraten.

One attempt at defining the focus of a scalar element is its identification with the most heavily stressed word in its vicinity (cf. Altmann 1976). The prosodic prominence does not, however, clearly delimit the focus of a particle. Consider the following modified variant of (6c) in a reading in which the stressed word *Komplizen* is part of, but not identical to, the whole focused NP.

(6'c)   Anna hat der Polizei selbst diesen zuverlässigen KOMPLIZEN verraten, nicht nur den HAUPTTÄTER.

Semantic focus definitions fare much better and some preliminary observations are in order, before we turn in section 2.3 to a more detailed semantic analysis. The focus of a scalar particle can be identified with the sentence part that is semantically most affected by the particle. In Jacobs (1983: 10) a phonological criterion and a semantic criterion are combined to yield the following focus concept:

(7)   Für einen beliebigen Satz X bei einer Interpretation I mit den Satzteilen Z und Y: In X ist bei I Y Fokus von Z, wenn in X bei I Y durch Akzentuierung hervorgehoben ist und diese Hervorhebung anzeigt, daß in X bei I Y als von Z semantisch besonders betroffen zu verstehen ist.

The somewhat vague concept of 'semantically most affected' can be made more precise (cf. also section 2.3 below). Whenever a string of sentence elements A is the focus of a scalar particle, A has its usual denotation D and, in addition, it implies a class of denotations to which D belongs – more specifically, a specific relation between D and the other members of this class of denotations. This class is delimited by practical reasoning, the characteristic property of its members being that they are relevant in the given situation. I will call D 'focus denotation', and the members of the denotation class distinct from D 'the focus alternatives of D'. Focus alternatives can be made explicit in the context of a scalar particle, as in (6'c), where *der Haupttäter* denotes a focus alternative of the focus denotation of *diesen zuverlässigen Komplizen*. The specific relation between D and its focus alternatives may be exclusion, as with German *nur* and English *only*, or inclusion, as with German *auch*, *sogar* and English *too*. In addition to quantifying over the set of alternatives, some particles imply a ranking (or scalar) relation between D and its focus alternatives as German *selbst*, some uses of *nur* and English *even*.

On the basis of these semantic properties one can devise focus tests (cf. Altmann 1976, Jacobs 1983). Since *selbst* belongs to the inclusive quantifying particle type with additional scalar implications (i.e. giving its focus denotation a high rank among its focus alternatives), we can use contexts in which one focus alternative is made explicit by *nicht nur*. For sentence (1), for instance, only (8a), but not (8b) is an acceptable variant:

(8)   (a) Selbst ANNA ging ins Gefängnis, nicht nur PETER.
        (b) ??Selbst ANNA ging ins Gefängnis, nicht nur zum VERHÖR.

This is explicable by the fact that the denotation of *Peter* is a suitable candidate for a focus alternative of *Anna*, while the denotation of *zum Verhör* is not.

A further syntactic property of scalar particles is that their position in the sentence varies with their scope and focus. This holds for *selbst* in its quantifying reading too. Consider the positional variants of *selbst* and their different foci as indicated by the capitalized words in (9):

(9)   (a) Anna hat selbst der POLIZEI den Komplizen nicht verraten.
        (b) Anna hat der Polizei selbst den KOMPLIZEN nicht verraten.

These preliminary observations will suffice to support an analysis of *selbst* in its quantifying scalar reading along the lines of other scalar particles of German (for example *nur*, *sogar*, *auch*). Since the structural relation of c-command will play a crucial role in the grammar of scalar adverbs, I have chosen the format of Generalized Phrase Structure Grammar (GPSG) of Gazdar et al. 1985. The results can be directly transferred to other models like Government and Binding (Chomsky 1981) and Categorial Grammar (Jacobs 1983). The basic concepts and formalism of GPSG are quite well known and need not be explained here. The analysis I will propose for the quantifying uses of *selbst* draws mainly on the results of Jacobs (1983, 1986).

According to Jacobs, scalar adverbs in German function primarily as modifiers of different verbal projections. Verbal projections in the definition of Gazdar et al. are not only the familiar V, V', VP, but also the sentential projections S and CP (see (21)), which are abbreviations for verbal projections specified for subject and complementizer respectively (cf. 1985: 110 f.). Scalar particles focusing on a whole embedded sentence are illustrated in (10), (cf. Altmann 1976: 159):

(10) (a) Die Wettbewerbsprüfer prüfen derzeit selbst, ob sie gegen die ÖLKON-ZERNE einschreiten müssen.
 (b) Selbst als ich in MALLORCA war, befaßte ich mich mit Gradpartikeln.

Some scalar particles may also function as modifiers of determiners. Since additive particles like *auch*, *sogar* and *selbst* are blocked with determiners, we will not consider this context further. The distribution of *selbst* and other scalar particles is captured by the following phrase structure rule schema:

(11) $X^n \rightarrow ADV, [+FOC] \; X^n$
 $X^n - V^n$ as default, DET if lexically specified

The superscript 'n' is used as in any X-bar syntax to distinguish different projections of lexical categories. ADV, [+FOC] names the relevant subcategory of focus adverbs. Modifiers are generated by adjunction, as in familiar recent syntactic theories. Another familiar and plausible assumption is that German has verb final basic word order. The rule schema (11) generates the following structures for the sentences (9a) and (9b):

(12)

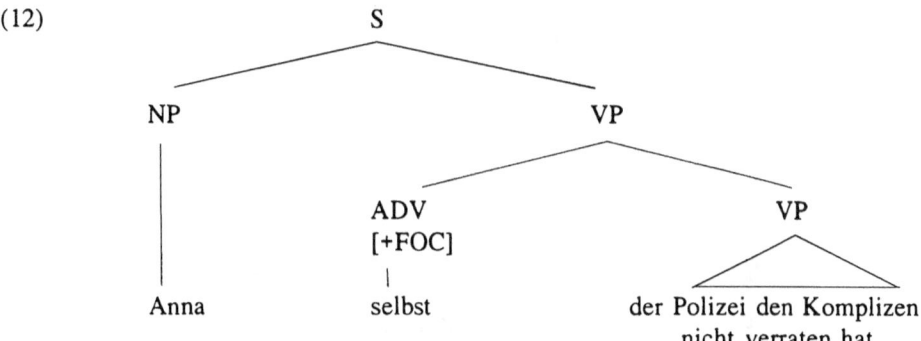

(13)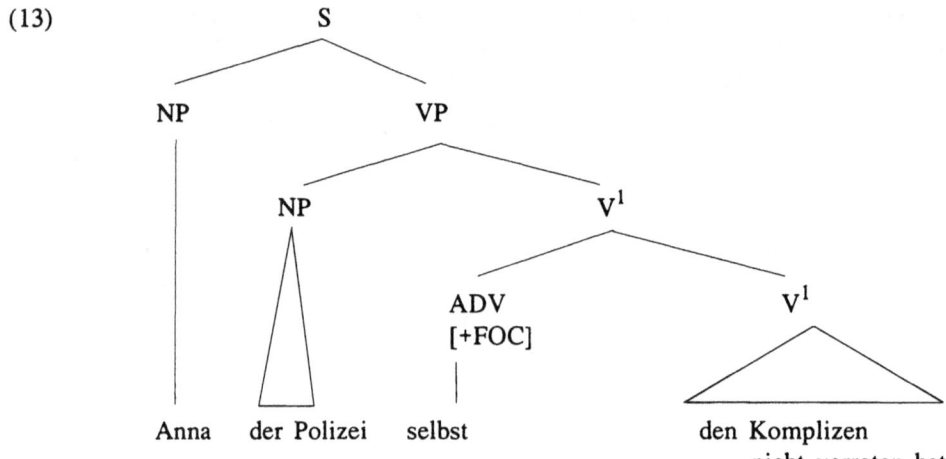

The most striking difference between the proposal of Jacobs (cf. also Quirk et al. 1972) and other familiar analyses (cf. Altmann 1976, Edmondson & Plank 1978) concerns scalar adverbs adjacent to NPs, as in (1). Contrary to the common assumption that, in this case, the scalar particle is a co-constituent of the focused NP, Jacobs argues that it is a sentence modifier. Accordingly, (1) would receive the structural analysis (14):

(14)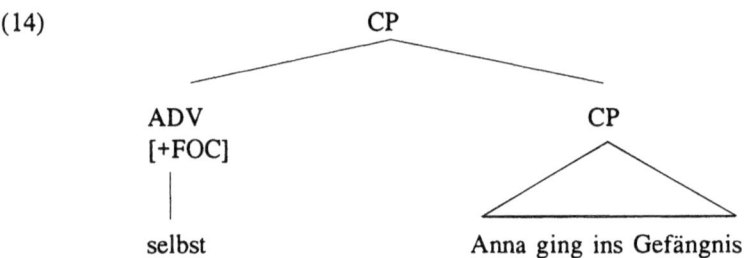

This analysis makes it possible to treat a well defined class of focusing elements such as the scalar particles presented in section 2 of this paper, focus adverbs (*vermutlich*, *hoffentlich*) and the focusing negator (*nicht*) uniformly as focus adverbials. There is strong justification for this analysis, which is easily accessible (cf. Jacobs 1983: 40 f. for German, Quirk et al. 1972: 431 f. for English). I will only repeat the lesser known syntactic facts. If the sequence 'particle + NP' were an NP, it would occur in any NP position, e.g. within PP and as genitive adnominal attribute. This is not the case, however, as the following ungrammatical examples clearly show:

(15) (a) *Gerda wird von nur PETER angehimmelt
     (b) *das Haus nur meiner MUTTER

The main obstacles for this kind of treatment are traditional assumptions about the sentence initial position reserved for major constituents in verb second sentences in German. One of them is that scalar particles in German cannot, in general, fill this position. This rule is, however, not as strict as is traditionally claimed, a counterexample at hand being (48a, b) below. Another common opinion is that only one major constituent can appear in sentence initial position in German. Counterexamples to this generalization are also easy to find (cf. Lühr 1985).

Independent of the solution for NP focusing adverbs is the following structural focus assignment restriction (cf. Jacobs 1986: 116 f.):

(16) (a) An element Y with the feature [+FOC] must be coindexed with exactly one focus $X_1, ..., X_m$.
 (b) If a focus $X_1, ..., X_m$ is coindexed with a focus adverb Y, all of its parts must be c-commanded by Y.

(16) allows a multiple focus, an option that we will not deal with in this paper. C-command, which also restricts anaphors and thus establishes a syntactic analogy between focusing and anaphoric processes, has been introduced in several variants, the most restrictive one being (17):

(17) A node α c-commmands a node β iff i) and ii) hold:
 i) α and β do not dominate each other,
 ii) the next branching node, dominating α, dominates β.

The c-command restriction holds for focus adverbs in other languages as well (cf. for English Jackendoff 1972: 251) and is a good candidate for a cross-linguistic generalization. The c-command restriction is justified by the following unacceptable focus relations:

(18) (a) *[GERDA]$_i$ bedauert, daß [sogar]$_i$ Peter Luise das Buch empfiehlt[2]
 (b) ??daß Peter [seiner FRAU]$_i$ das Buch [sogar]$_i$ empfiehlt

Under the plausible assumption that German sentence structures are binary branching verbal projections with a sentence final verb, (16b) turns out to be empirically equivalent to the topological condition that a focus adverb precedes its focus with respect to basic word order[3]. Since topological restrictions are best conceived as operating on surface linear strings without distinguishing between basic and marked orders, I prefer the structural restriction on focusing and binding relations (cf. for further arguments Primus 1989). We turn now to topological restrictions proper.

A focus preceding its focusing adverb, as in (19a, b), cannot be accounted for by the principles presented so far:

(19) (a) [ANNA]$_i$ nur$_i$ entkam dem Gefängnis.
 (b) [ANNA]$_i$ entkam nur$_i$ dem Gefängnis.

Another apparent counterexample to the c-command restriction is (20), where the focus adverb is placed between two parts of its focus (cf. Jacobs 1983: 79):

(20) Peter [hat sich]$_i$ beim Unfall nur$_i$ [VERLETZT]$_i$, er [wurde nicht$_j$ GETÖTET]$_j$.

The second part of the sentence presents a focusing negator to illustrate the intended reading for *nur*, which includes *hat sich* in its focus.

The apparent counterexamples (19) - (20) can be easily accommodated into the theory, since they involve 'movement' of constituents, which occurs independently of the presence or absence of a focus relation. The only specification we need is that focus is checked with respect to the basic position of the constituents. In every sentence in (19) - (20) we have finite verb 'movement' into the complementizer position, C^0, and topicalization[4]. Let us consider the 'movement' analysis for the sentence (19b):

(21)

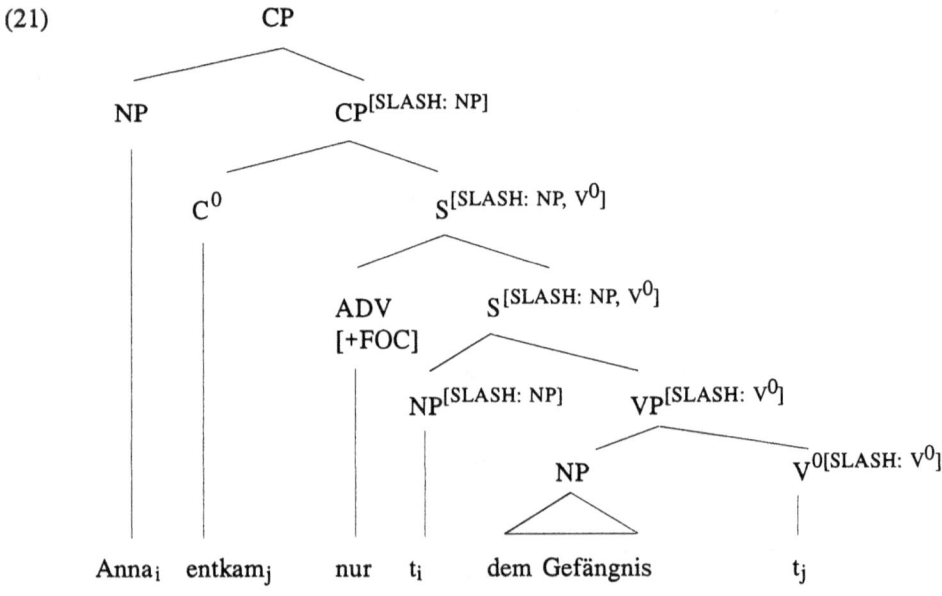

(21) contains the sentential CP node, which supplies the surface positions for the 'moved' constituents. Their basic position is recoverable by their traces (t_i and t_j). The SLASH feature specifies the presence and the category of a 'moved' constituent. The structure reveals that *nur* c-commands the trace of *Anna*, which is accordingly in a legitimate focus position for *nur*. We only have to make sure that c-command is checked on the trace of a focus constituent, more specifically, on the trace that reconstructs the basic position of the focus constituent. The formulation of this specification is facilitated by the chain concept of generative grammar. The relation between a 'moved' constituent α and its traces, (α, t_1,..., t_n), is called the chain of α, in which α occupies the head position of the chain, and t_n its origin. In case there is no 'movement', the chain consists of just its origin α. The c-command restriction on focus can now be reformulated, disregarding multiple foci for our purposes, as follows (cf. Jacobs 1986: 120):

(16'b) If a focus X is coindexed with a focus adverb Y, Y c-commands the origin of the chain of X.

This reformulation of the c-command restriction is needed on independent grounds, one of them being reflexivization in German (cf. Primus 1989).
The reflexivization theory of German also explains (20), where we have a 'movement'

of the reflexive into the left periphery of the S domain, the unmarked position for elements which cannot, in general, receive heavy stress. We further assume that this topological rule overrides any other topological principle for German, including those which will be discussed presently. For further details we refer to section 3.3 of this paper and to Primus (1989).

Focus relations in German are not only structurally restricted, but are also conditioned, again parallel to anaphoric relations in German (cf. Primus 1989), by the linear position of the focusing adverb relative to its focus. Consider the acceptability contrast in (22):

(22) (a) Gerd wollte Luise sogar BESUCHEN.
      (b) ?Gerd wollte sogar Luise BESUCHEN.

The structural conditions fail to explain this contrast, for which the following topological restriction is needed (cf. Jacobs 1983: 113):

(23) A focus adverb is placed in the rightmost position for adverbial operators which satisfies the conditions of focus and scope assignment.

There is also strong preference for a focus binder to precede its focus in German (cf. Altmann 1978: 35). The precedence preference for focus binders is formulated in (24):

(24) For any focus binder Y marked with focus theoretical default feature values and any focus X of Y:
      Y precedes X.

(24) will turn out to be one parameter of a more general principle. It holds only for focus adverbs with default values (cf. section 3.1 of this paper).

The topological principles explain, in conjunction with the structural focus restriction, the acceptability decline from (25a) to (25d):

(25) (a) Sogar ANNA ging ins Gefängnis.   (+)
      (b) ANNA ging sogar ins Gefängnis.
      (c) ANNA sogar ging ins Gefängnis.
      (d) Morgen wird ANNA sogar ins Gefängnis gehen.   (??)

The best option, (25a), complies both with the structural conditions and with the topological tendencies. The acceptability decline from (25a) to (25b) is captured by (24). (25b) is more acceptable than (25c), a fact captured by the rightmost condition. The acceptability difference between these two sentences also shows that (23) cannot be replaced by a focus adjacency condition. The least acceptable sentence, (25d), is explained as a violation of the c-command restriction on foci (cf. also (18b) above). Note that (25d) cannot escape the c-command condition by 'movement' of the focus constituent because it exhibits basic word order. The rightmost condition and the fact that neither the focus of assertion nor that of a focus particle may be extended beyond the topicalized element (cf. fn. 5) may also help explain that in (25a) the focus of *sogar* can only be *Anna*.

I have been using scalar adverbs other than *selbst* in discussing preposed foci. The reason is that *selbst* behaves quite differently from other scalar adverbs in this respect, showing some peculiarities which were, in part, noticed by Altmann (1979) and which will be surveyed in the following section.

2.2 Peculiarities of *selbst* in the quantifying reading

Unlike most of the scalar adverbs in German, the quantifying *selbst* cannot have a preposed focus. Note the difference between (26) and (27) with the indicated stress and focus distribution:

(26)   [ANNA]$_i$ sogar$_i$ ging ins Gefängnis.

(27)   *[ANNA]$_i$ selbst$_i$ ging ins Gefängnis.

The sentence (27) is acceptable, if the focused constituent is not stressed and *selbst* is accented instead. See (28):

(28)   [Anna]$_i$ SELBST$_i$ ging ins Gefängnis.

While other scalar adverbs with preposed focus have synonymous variants with postposed focus, *selbst* systematically changes its semantic function. Reconsider example (29), presented earlier in (1):

(29)   Selbst$_i$ [ANNA]$_i$ ging ins Gefängnis.

(28) lacks the quantifying implication of (29) that there was somebody other than Anna going to prison. Its use in (28) has most often been described as an emphatic reflexive. Altmann (1979) is on the right track when he contends that the interference of these two semantic functions is responsible for the lack of preposed foci with *selbst* in its quantifying reading. Unfortunately, this functional interference has not been explained in a satisfactory way. The principle 'avoid ambiguity' might be invoked to account for this nearly complementary distribution of the two particle functions of *selbst* in German. However, the principle is too weak to explain such a strong effect on its own. An explanation along these lines can only be successful, if one can show that the positional and intonational variants of *selbst* are connected by rules of grammar. To show that this is indeed possible is the main aim of the present paper. But since this presupposes an adequate set of principles for both uses of *selbst*, we have to postpone the explanation until section 4 of this paper.

Another puzzling fact about *selbst*, noted by Altmann (1976: 180 f., 1979), is its inability to focus on predicates and predicatives:

(30)   (a) Anna hat auf einen Polizisten sogar/$^{??}$selbst GESCHOSSEN.
        (b) Anna will sogar/$^{??}$selbst AGENTIN werden.

The syntactic category or function of the focused elements cannot be responsible for this, since the following variants of (30) are more acceptable, despite their strongly marked word order:

(31) (a) Selbst GESCHOSSEN hat sie.
(b) Selbst AGENTIN will sie werden.

The relevant difference between (30) and (31) is that in (31), the focus of *selbst* cannot be extended beyond the topicalized element and is thus unambiguously identifiable[5]. This does not hold for (30). We conclude that the quantifying *selbst* is strongly preferred in positions where its focus can be unambiguously identified and that this preference is conditioned by the functional interference with the emphatic *selbst*.

This observation is a first step towards explaining another peculiarity of the quantifying *selbst*. In (32) *sogar* is preferred over *selbst* and I assume that it is the distance to the focus which triggers this asymmetry:

(32) Anna zeigte der Polizei sogar$_i$/?selbst$_i$ ein Bild von [PETER]$_i$

This survey of the peculiarities of *selbst* should suffice to justify the switch from *selbst* to other particles in the above discussion of the topological restrictions on focus placement in German. Their explanation, which presupposes an adequate analysis of all the uses of *selbst*, must be deferred to section 4 of this paper. We turn now to the semantic properties of the quantifying use of *selbst*.

2.3 The semantic properties of the quantifying scalar use

The semantic properties of *selbst* in the reading discussed in section 2.1 confirm the analysis as a scalar (or focus) adverb. Typical for the semantics of focus adverbs is a combination of a quantifying and a scalar reading together with the fact that these semantic components are not necessarily truth conditional. Non-truth-conditional inferences, implications in our terminology, are unlike truth conditional entailments in that they are defeasible and are, in general, not affected by negation or other semantic operations such as questioning[6]. Under this assumption the following two sentences have the same truth conditions but different implications:

(33) (a) Selbst ANNA ging ins Gefängnis.
(b) Anna ging ins Gefängnis.

This claim is correct in view of the fact that, if we negate (33a) (*es stimmt nicht, daß selbst Anna ins Gefängnis ging*) or question it (*Wirklich? Ist selbst Anna ins Gefängnis gegangen?*), we do not negate or question the semantic contribution of *selbst* to the sentence meaning, but only the truth conditional content shared by (33a) and (33b). Therefore, I will follow recent semantic theories (cf. Karttunen & Peters 1979, Lerner & Zimmermann 1981, Jacobs 1983) and will distinguish between truth conditional and implicational meaning representations. Since the semantic content of *selbst* is implicational, I will only deal with this aspect of meaning and will go into technical details only when absolutely necessary. More explicit formulations within logical semantic frameworks are already available under the above mentioned titles.

One of the meaning contributions of *selbst* to a sentence like (33a) is the implication, that going to prison is more remarkable for Anna, i.e. less likely, than for any other individual in the given situation. By virtue of being in the focus of *selbst*, Anna is ranked lowest among the entities, for whom there is some likelihood of going to prison. The ranking criterion underlying the scalar implications of focus adverbs is, according to Jacobs (1983: 129 f.), context dependent, the most preferred being likelihood as in our examples. We will come back to this issue at the end of this section. I am using the familiar synonym 'scale' for the order of denotations implied by a focus adverb and will accordingly name such implications 'scalar'.

Most important for the analysis of scalar implications determined by focus adverbs is that the ranking of the elements of a denotation set is dependent on the sentence context. Consider (34):

(34)   Selbst Anna ging für zehn Jahre ins Gefängnis, nicht nur Peter, obwohl beim Raubüberfall nicht nur Anna, sondern selbst Peter unbewaffnet war.

The relative ranking of Anna and Peter in (34) changes with the immediate sentence context. With respect to the likelihood of going to prison, Anna is placed at the lowest end, but relative to the likelihood of being unarmed at the robbery, it is Peter who is ranked low.

Jacobs (1983: 134) specifies the relevant sentence context for a scalar implication by structuring the sentence material in the scope of a focus adverb into focus and background. The background part represents the scale dimension, and the focus part denotes the focus entity, which is scaled according to the meaning of the adverb in question. (33a) has the following focus-background structure in Jacobs' model:

(35)   selbst'(λX^{NP}[ging_ins_gefängnis'(X)], ^{NP}anna')

(35) can be further abstracted to obtain the following focus-background structure schema:

(36)   selbst' (λX^{α}[A'[X^{α}]], $^{\alpha}$B')

A' and B' are variables for the semantic representation of words or strings of words which are not further analysed here, for example *ging_ins_gefängnis'* and *anna'* in (35). α is a variable for semantic categories, i.e. logical types. Accordingly, X^{α} and $^{\alpha}$B' stand for semantic entities of type α. The background part in the scope of *selbst* is λX^{NP}[ging_ins_gefängnis'(X)], which has the schematic representation λX^{α}[A'[X^{α}]]. The background part contains a lambda bound variable which matches in type the focus part B'.

The scope of a focus adverb is identical with the background part plus the focus part of the structured proposition. The scalar implication of the schema (36) can now be formulated as follows:

(37)   selbst'(λX^{α} [A'[X^{α}]], $^{\alpha}$B') implies that the denotation of $^{\alpha}$B' is ranked lower than every focus alternative of $^{\alpha}$B' on a scale (of likelihood, expectancy etc.) determined by λX^{α} [A'[X^{α}]].

The scalar implication of (33a) can now be paraphrased more precisely: Anna is ranked lower than every focus alternative of Anna on the likelihood scale of going to prison. Besides its scalar implication, *selbst* also has a quantifying implication. (33a) implies that a focus alternative of Anna went to prison, too. I formulate the quantifying implication of *selbst* for schema (36) as follows:

(38) Iff *selbst* is marked with focus theoretical default feature values, selbst'(λX^α [A'[X^α]], $^\alpha$B') implies that there is a focus alternative of $^\alpha$B' which satisfies [A'[X^α]].

We can ignore for the present the feature marking of *selbst*. The occurrences under discussion in this section have unmarked feature values.

Under the assumption that (37) and (38) give a complete description of the meaning contribution of *selbst* in its quantifying use, it can be considered to be a synonym of *sogar* (cf. for the latter Jacobs 1983). That these two scalar adverbs cannot be substituted for each other in every context, can be explained by the peculiarities of *selbst* mentioned in section 2.2 above. Other differences might be due to dialectal or other language variation factors. But there seems to be another difference between *selbst* and *sogar* with respect to the ranking criterion.

Sogar can be easily used with scales that rank quantities. Relative to such scales, *sogar* implies that the quantity in focus is the (or one of the) biggest quantities on the scale. *Selbst*, on the other hand, cannot be used to scale quantities. This difference of use between *sogar* and *selbst* is illustrated in (39):

(39) (a) Sogar/?Selbst ALLE Kinder kamen.
      (b) Er sprang sogar/?selbst DREI Meter hoch.

The oddity of *selbst* in (39) is not explicable by the syntactic or semantic category of the focused element. As soon as a quantity expression is scaled according to another ranking criterion, for example likelihood, *selbst* is acceptable. Consider (40), in which *alle* and *ein* have a low likelihood value for the background predications *x Kinder waren nicht genug* and *x Kind war schon zuviel* respectively.

(40) (a) Selbst ALLE Kinder waren nicht genug.
      (b) Selbst EIN Kind war schon zuviel.

It would be easy to accommodate these observations in our theory. I chose instead to be quite liberal about the ranking criteria in (37). This is suggested by the fact that it is easy to find contexts which cancel even those criteria which have been thought to be specific for *selbst* and *sogar*, namely likelihood or remarkability.[7] Consider the following context, adapted from Kay (1990):

(41) Es scheint, daß jeder mit Marias Arbeit zufrieden ist. Der Abteilungsleiter hat sie gelobt und sogar/selbst der Präsident fand anerkennende Worte.

What König (1990: 157 f.) noted about the ranking criteria used with the emphatic reflexive *selbst*, which will be discussed in the next sections, holds for the quantifying scalar use as well: the appraisal of the president is not necessarily less likely than that of the department manager; the most natural interpretation of (41) is that the president is presented as being more central or important in this situation than the department manager.

The conclusion of the first part of this paper is that *selbst* has one use which fits the description of other scalar adverbs, most closely that of *sogar*. This is an undisputed fact in German linguistics. It is not this particular use of *selbst*, which is in need of an explanation, but rather its other uses, which have been a matter of controversial and rather unsatisfactory proposals. Also unexplained are the peculiarities of the quantifying use of *selbst*, surveyed in section 2.2 above. I claim that these can be explained only within an overall grammatical model for *selbst* which accommodates all of its uses with a minimum of related rules and parameters. We will see that a satisfactory account of the non-quantifying uses of *selbst* leads to a straightforward explanation for the peculiarities of the quantifying use. In order to achieve this explanatory level, we first have to go into the details of the non-quantifying uses of *selbst*.

3   *Selbst* in the non-quantifying scalar reading

Typical examples illustrating the non-quantifying use of *selbst* are the following, taken from various modern written texts:

(42)   Doch erhob sich Gelächter, als die Masse ... erfuhr, was Vigilio zu tun habe, um seine Unschuld zu beweisen - auch der Gefangene selbst lächelte

(43)   Der Tänzer selber wirkte wie ein Kind aus wunderbaren Sphären

(44)   Aus der Manier, in der er dies tat, sprach ein so hoher Respekt von der Literatur als Beruf, daß ich schmerzhaft, ja wie von Reue berührt wurde. Denn mir selbst war dieser Aspekt in meiner Laufbahn völlig abhanden gekommen

(45)   Das Dilemma der Allegorien Klimts liegt aber nicht nur im Inhaltlichen, sondern auch in den Kunstmitteln, im Ästhetischen selbst

(46)   Ich dachte durchaus nicht daran, den Versuchen meines fünfzigjährigen Daseins während meiner kurzen Zusatzfrist noch neue hinzuzufügen. Und am wenigsten kam es mir in den Sinn, über dies Dasein selbst, das ich als wertlos und fruchtlos ansah ... Aufzeichnungen zu hinterlassen

(47)   Ich kannte einmal in Prag ein Mädchen, das schrieb sich selber Briefe, schickte sich Blumen und Pralinen ins Haus, damit man denken sollte, sie hätte einen Freund

The difference between these uses of *selbst* and the quantifying uses are obvious. In the unmarked reading of the above sentences, *selbst* is adjacent to its focus, follows it and is stressed. For the majority of native speakers, it is only in this use that it can commute with *selber* (cf. Edmondson & Plank 1978: 388). As to their semantics, these occurrences lack the quantifying implication presented in section 2.3 above, but share the scalar implication with the quantifying *selbst*.

In past research, these differences sufficed to justify a theoretical separation of the two uses. I am not aware of any proposal that attempted to describe the non-quantifying use by means of the same category and the same set of principles as the quantifying use. In the following sections I will argue against this predominant view and for a uniform treatment of both uses by means of the well established category of focus adverbs and of the same set of principles that were introduced for the quantifying reading in the sections above. The parameters which will be needed to accommodate the non-quantifying use will be shown to be relevant for other particles in German and other languages.

3.1 Syntactic properties of the non-quantifying scalar use

Our categorization of *selbst* as a focus adverb in all contexts, including those in (42) - (47), is supported by the fact that the non-quantifying *selbst* may fill the sentence initial position. This is a diagnostic context for adverbs in German, which sets them apart from other uninflected particles. Consider (48a, b)[8]:

(48) (a) Selbst favorisiert er mehr eine schrittweise Annäherung an die Theorie des Verstehens.
    (b) Prinzessin Anne sieht ihrem Gatten beim Training zu. Selbst darf sie nicht mehr auf's Pferd.

Categorizing the non-quantifying *selbst* as a scalar adverb does not condition a uniform treatment as an adverbial, i.e. as a modifier of different verbal projections. In contexts where *selbst* focuses on an NP (unambiguously for instance in (42), (43) and (44)), it is a co-constituent of that NP and functions as an adnominal modifier (i.e. attribute or apposition). This is indicated by the same type of contexts which proved preposed focus adverbs focusing on NPs to be adverbials. The diagnostic context for postposed focus adverbs is, of course, a postposition[9]:

(49) um des Ästhetischen selbst willen
des Ästhetischen selbst wegen
das Ästhetische selbst betreffend

There is more justification for treating NP focusing occurrences as adnominal modifiers. The separation of an adverbal attribute from its head NP is severely restricted in German. As predicted by our proposal, any occurrence of *selbst* that is not adjacent to the focused NP is highly marked. Reconsider (48b) for instance, which can be hardly interpreted as focusing upon *sie*. This can be easily tested in a context like in (50), which would be appropriate for a NP focusing reading, as shown by (50a).

(50) Ihr GATTE kann jeden Tag reiten, aber
   (a) Sie SELBST darf nicht mehr auf's Pferd.
   (b) ??SELBST darf sie nicht mehr auf's Pferd.
   (c) ??Sie darf SELBST nicht mehr auf's Pferd.

(50b), which repeats (48b), and (50c) are inappropriate as a reaction to the context given in (50) in a reading which is synonymous to (50a).

The distribution of non-quantifying *selbst* can be captured by generalizing the rule schema (11) of section 2.1 so as to include adjunction to NPs:

(51) $X^n \rightarrow ADV, X^n$ X^n - V^n other than S and C^n as default
      [+FOC]   - N^n if [ADV, +FOC, +STRESS]
                                          - C^n or S if [ADV, +FOC, -STRESS]
                                          - DET if lexically specified

(51) allows any focus adverb of German to modify a verbal projection and correctly introduces this syntactic function as the unmarked one. We will see in section 3.5 that non-quantifying *selbst* functions as a verbal modifier too. Adnominal modification is a marked option in German and is only defined for focus adverbs which are also obligatorily marked for stress.

The heavy stress on *selbst* and not on the focused element might be interpreted as evidence against its status as a focus adverb (cf. (7), presented in section 2.1 of this paper). Nevertheless, there is evidence that the stress distribution in focus relations is also a matter of parametric variation, the stress on one element in the focus of a particle being the unmarked, but not the only option for German and other languages. This is captured by (52):

(52) Focus relations must be marked intonationally by a heavy stress on either
   i) one element within the focus (the default option), or
   ii) on the focusing element (the marked option).

Its obligatory intonational marking is the basic formal property of non-quantifying *selbst*. Therefore I will distinguish the quantifying use from the non-quantifying one by using capital letters for the stressed occurrences (e.g. *SELBST* vs. *selbst*).

(51) does not determine the basic order of a focus adverb and its sister constituent. The options for the basic position of the constituents in (51) are given in (53):

(53) For any focus adverb Y in (51):
   i) If X^n is not C^n, Y is generated in the rightmost position for adverbs within its mother constituent which satisfies the c-command restriction on focus, (16'b), and other structural restrictions on constituent placement.
   ii) If X^n is C^n, Y is generated before its sister constituent as a default.

Within VP, a focus adverb is generated so far to the right as possible without violating the c-command requirement for focus and the verb final requirement. Within NP - if this option is available as with stressed *SELBST* - it is generated after the head noun, like any other adverbal attribute (cf. *das Haus dort, der Vortrag gestern*). Within C^n -

if this option is available, as with unstressed focus adverbs - the rightmost condition is blocked by the requirement that the verb and the VP be final. Furthermore, the prohibition of intersecting branching takes care that C^n modifiers are not generated within C^n, but only before it. This explains (53ii). (53i) incorporates and generalizes the rightmost condition, presented earlier in (23) for the unmarked type of focus adverbs in German, and also explains its strong effect by formulating it as a restriction on phrase structures.

Altmann's topological preference principle, presented earlier in (24), also has a more general variant, which is expressed in (54):

(54)   For any focus adverb Y and its focus X:
        Any head of a chain of Y or X is preferably in the c-command domain of Y.

(54) operates on surface orders (remember that, if there is no 'movement', chains have only origins and no heads) and captures the fact that constituents which enter into a focus relation have a more rigid order than constituents insensitive to focusing. (54) incorporates the preference principle for focus binders to precede their focus for all but NP modifying occurrences. This follows from the c-command restriction and the right branching property of V^n projections. This preference was illustrated in (25) above. The focus adverbs which are not marked for stress are not movable in German. This is indicated by their inability to topicalize. Therefore, the requirement that they should not move applies vacuously to them. By contrast, stressed *SELBST* can be topicalized (if it serves as a verbal modifier), and the justification for (54) comes from VP focusing instances like (48a, b). It captures the fact that these topicalizations are more marked than topicalizations of other adverbials or of NPs.

There are cases where *SELBST* seems to focus on a PP. Consider:

(55)   (a) Man kann aus der Uni SELBST telefonieren, nicht nur von zu Hause.
        (b) Er arbeitet des Ästhetischen SELBST wegen, nicht nur für Maria.

The matter is not all that clear though. The syntactic rules for *SELBST* do not provide for co-constituency with the whole PP. From within the immediately preceding NP, *SELBST* does not c-command the PP and thus cannot focus on it. As a verbal modifier, an option available for (55a), *SELBST* does not c-command the PP either. There is also little semantic motivation for assuming PP focusing occurrences. The semantic contribution of the adpositions is not ranked, because they are either semantically too similar, as in (55a), or simply ignored for the ranking, as in (55b). It seems that the focus alternatives in (55b) are not aesthetic cause vs. personal benefactor, but only aesthetics vs. some person x.

An alternative explanation for *SELBST* would be to consider it as a kind of anaphor of its focus (cf. Moravcsik (1972) and implicitly all who have categorized it as an emphatic reflexive). The binding theory of German would then apply to *SELBST* as to any proper reflexive and predict that it will be c-commanded by its focus with respect to the basic position of the constituents. Such a treatment meets with a lot of difficulties. Some of its major shortcomings will be discussed in the next section of this paper. At the present I only want to point out that it fails to explain the NP co-constituency of NP focusing

SELBST, which is not a characteristic property of anaphors with NP antecedents in German or in other languages. It also fails to capture the basic position of VP focusing occurrences, which, contrary to the prediction of the anaphor analysis, do not follow their focus, but rather precede it (because of the c-command requirement and the right branching property of VPs in German).

Other post-focus and/or stressed focus adverbs in German and other languages suggest that (51) - (54), or variants thereof, are better candidates for a general theory of scalar particles than (7), (11) and (24). The selection of the type of co-constituents for focus adverbs may be conditioned by different factors in different languages. This also holds for the selection of the basic order of focus adverbs relative to the modified phrase and for the selection of the stress parameter.

Most similar to German *SELBST* are scalar expressions with a similar or identical semantic function. English *himself* is close to *SELBST* not only in meaning but also formally, in as much as it is obligatorily stressed and is positioned rightmost within its mother constituent. Consider (56a, b) exhibiting NP and VP focus respectively:

(56)   (a) John HIMSELF came to the party.
         (b) John came to the party HIMSELF.

But there are more post-focus particles which carry heavy stress in English, for example *too*, *also* and *as well*:

(57)   I saw Fred TOO/ALSO/as WELL.

In Hungarian, some unstressed particles precede a focused NP, some follow it:

(58)   Csak ÉVA jött   ('only Eve came')
         ÉVA is jött   ('Eve, too, came')

Maga, the counterpart of German *SELBST*, is always stressed, but can either precede or follow a focused NP:

(59)   (a) MAGA János jött   ('John himself came')
         (b) János MAGA jött   ('John himself came' or 'John came himself')

(59b) is ambiguous with the focus options indicated in the translations. (58) - (59) suggest that in Hungarian, there is no tight correlation between the accentual and the structural or topological properties of a focus adverb.

In German, too, there are several other focus adverbs sharing some properties with *SELBST*. One of them is *allein*, which either precedes or follows its NP focus, depending on its intonational property. Consider the following sentences (cf. Altmann 1976: 90):

(60)   (a) Allein AQUIRRE übersteht die Fährnisse im Fieber.
         (b) Aquirre ALLEIN übersteht die Fährnisse im Fieber.

Auch shows a similar behaviour:

(61) (a) Auch ANNA ging ins Gefängnis.
(b) [ANNA]ᵢ ging AUCHᵢ ins Gefängnis.

Auch and *allein* are unlike *SELBST* in that they are not obligatorily stressed.
This concludes the syntactic considerations about the most typical non-quantifying uses of *selbst*. We assume that the same set of principles will explain other non-quantifying uses yet to be discussed in the sections 3.3 - 3.5 of this paper. The syntactic conditions introduced in this section have been shown to be more general principles than those introduced in section 2 for the unmarked type of focus adverbs. These general principles have to be parametrized according to the type of co-constituents of focus adverbs, according to their basic and surface order as well as according to stress placement within focus relations. In German, the selection of the parameters is triggered by the intonation properties of focus adverbs. *Selbst* has a differential intonational marking. The occurrences marked for [+STRESS] select other parameters than those marked for [-STRESS]. The parametrization of the general restrictions on focus relations obviates the need for a different categorization of the different uses of *selbst* and will help to describe their semantic differences as well.

3.2 The semantic properties of the non-quantifying scalar use

A uniform categorization of *selbst* is further supported by its semantic properties. Among the most salient, though not necessary, semantic features of focus adverbs is their scalar implication. The scalar implication schema, presented earlier in (37), is applicable to all uses of *selbst*. It is repeated in (62):

(62) selbst'(λX^α [A'[X^α]], $^\alpha$B') implies that the denotation of $^\alpha$B' is ranked lower than every focus alternative of $^\alpha$B' on a scale (of likelihood, expectancy etc.) determined by λX^α [A'[X^α]].

The scalar implication of a simplified variant of sentence (42), repeated here in (63a) with the semantic representation (63b), can be paraphrased as follows: the denotation of *der Gefangene* is ranked lower than any of its focus alternatives on the likelihood scale determined by the dimension *lächelte*.

(63) (a) der Gefangene SELBST lächelte
(b) SELBST'(λX^{NP}[lächelte'(X)],^{NP}der_gefangene')

The semantic representation (63b) shows that *SELBST* has the whole sentence in its scope and not, as often assumed in the literature, only the adjacent NP (cf. most recently König 1990: 152 f.). This captures the intuitive meaning of the sentence (63a), i.e. that the denotation of *der Gefangene* is ranked low with respect to the background predication *lächelte* in every context. It is important to keep in mind that the background part is always included in the scope of a focus adverb, and that it functions semantically as the scale dimension.

The quantifying implication rule (38) is blocked, if *selbst* has focus theoretical marked features. (52) introduced [+STRESS] as the marked feature in German and accordingly, stressed *SELBST* is never interpreted as a quantifying focus adverb.

I also want to point out that there are no semantic obstacles to the principles introduced for *SELBST*. NP-bound *SELBST* with more than the focused NP in its scope can be treated semantically along the same lines as determiners with wide scope (e.g. *ein, jeder*).

A treatment of *selbst* as an expression with a pure scalar meaning is also offered by Edmondson and Plank (1978: 379), who name the property at issue 'remarkability'. We chose to be more liberal with the scaling criterion, remarkability being, besides likelihood and importance (cf. König 1990: 156 f.), just one of the possible options. Edmondson and Plank note that *SELBST* and its English counterpart *himself* cannot focus on an NP like *wer* or *jemand*. They try to capture this by means of an extra referential meaning component of *selbst* (1978: 396). As the following unacceptable examples show, this property is shared by *sogar, nur* and other particles in German:

(64)   (a) *Wer SELBST entging dem Gefängnis?
        (b) *Sogar WER entging dem Gefängnis?

(65)   (a) *Jemand SELBST zeigte der Polizei ein Bild von Anna.
        (b) *Sogar JEMAND zeigte der Polizei ein Bild von Anna.

We can explain this peculiarity in our model without further modifications, by drawing on the semantic conditions introduced so far. The illustrated particles pick up a denotation value from a set of focus alternatives by quantifying over this set or by ranking its members on a scale. Non-specific NPs without further qualification like *wer* and *jemand* are semantically inappropriate foci, since they have no set of alternatives.

The syntactic and semantic analysis proposed for the non-quantifying uses of *selbst* presented in the last two sections will be shown to be appropriate for other more specific uses, to which we turn now.

3.3   *Sich SELBST*

SELBST retains its function as a scalar non-quantifying adverb in the context of a reflexive pronoun. Reconsider (66), presented earlier in (47):

(66)   Ich kannte einmal in Prag ein Mädchen, das schrieb sich selber Briefe, schickte sich Blumen und Pralinen ins Haus, damit man denken sollte, sie hätte einen Freund.

The meaning contribution of *selber* in *das schrieb sich selber Briefe* can be adequately paraphrased along the lines of the scalar interpretation schema for *SELBST*. The denotation of *sich* is ranked lowest on the likelihood scale of *das schrieb x Briefe*. Since *sich* is coreferent with *das*, the fact that the action of writing letters is reflexive is presented as remarkable.

Scalar adverbs of the same type as *SELBST* are frequently used with pronouns of coreference (e.g. reflexives) not only in German but in very many other languages (cf. Moravcsik 1972). This might be one of the sources for inappropriately analysing *SELBST* and similar expressions in other languages as emphatic anaphors. A further source for such misleading analyses is made explicit by Moravcsik (1972: 271), who restricts her analysis of such expressions (intensifiers in her terminology) to NP focusing contexts. Indeed, one might be tempted to analyse a sequence like *Peter SELBST* as an antecedent followed by its anaphor. Nevertheless, this restriction to NP foci is not justified, as the examples with focus on VPs in section 3.5 below will clearly show. Another important source for the anaphor hypothesis of intensifiers is their formal resemblance or even homonymy with proper reflexives in some languages, as in Dutch (*zichzelf*), English (*himself*), Hungarian (*maga*) and Persian (*xod*). The concentration on particles which resemble reflexives in form is unwarranted, as Moravcsik herself noticed, since there are at least as many languages where intensifiers are etymologically closer related to adverbs. Responsible for the anaphor theory of intensifiers is also the overestimation of some purely formal resemblance to antecedent-anaphor relations and the disregard for the semantic differences. The semantic relation between an antecedent and its anaphor is basically coreference, whereas the semantic relation determined by a scalar adverb is a ranking and/or quantifying relation between alternative denotations[10].

The preference for *SELBST* in the context of true anaphors and the etymological relatedness of this type of scalar adverb to true anaphors in some languages – the only correct observations underlying anaphor analyses for this kind of expressions – can be explained in a straightforward manner in our model. As Plank correctly assumes (1979a: 341), polyvalenced actions involve, in the unmarked case, non-coreferent participants, e.g. they are, in general, non-reflexive. Under this assumption, reflexive polyvalenced actions are less likely or more remarkable than non-reflexive actions. This suffices to explain why an expression with no other meaning contribution than a scalar implication of high improbability is favoured in the context of a pronoun denoting reflexivity. Our example (66) is quite revealing in this respect. Once the first reflexive action has been introduced (*schrieb sich Briefe*) and explicitly presented as remarkable by using *selber*, the following reflexive actions need not be pointed out in the same way (*sich Blumen und Pralinen ins Haus schicken*).

A group of counterexamples to the assumption of Plank that an action is always expected to be non-reflexive confirms our explanation for the use of *SELBST* with reflexive pronouns. Medial verbs in the broad sense of Kemmer (1988) denote self action as a norm, for example manipulations on one's own body like *wash, comb, shave*, movement of one's own body like *sit down, move, bend*. And indeed, in many languages these verbs have a primary reflexive use, as in Rumanian *se spală* (wash), *se piaptănă* (comb), *se rade* (shave) or in German *sich setzen, sich bewegen, sich beugen*. If our theory is correct and the reflexive action in these cases is highly probable, then the use of *SELBST* with medial or near medial verbs should be highly marked. This is indeed the case, as the following extremely marked examples show:

(67) (a) Peter wäscht/kämmt/rasiert [sich]$_i$ SELBST$_i$.
(b) ??Peter setzt [sich]$_i$ SELBST$_i$ auf den Stuhl.[11]

These sentences imply that Peter normally washes, combs, shaves and places someone else on the chair, a very remarkable course of events, if Peter is not a barber. (67b) can even be regarded as ungrammatical, since *sich setzen* is rather an obligatory reflexive verb (cf. the next paragraph). The same line of explanation holds for all reflexive collocations like *bei sich zu Hause* or *zu sich nach Hause*, where SELBST is again highly marked. Note that the analysis of SELBST as a reflexive makes a wrong prediction, namely that SELBST should be favoured with medial actions.

Our analysis of SELBST as a scalar adverb also explains the fact that it cannot be used to focus on the reflexive of an obligatory reflexive verb such as *sich schämen, sich irren*. These verbs denote intransitive actions and the reflexive element is not a proper reflexive pronoun. Proper reflexive pronouns commute with other referential NPs (*Peter sieht nicht sich, sondern Maria im Spiegel*). Since only constituents which allow alternative denotations can be scaled or quantified, these reflexive elements allow neither SELBST nor any other focus adverb (*Peter schämt nicht sich, sondern Maria*).

The second correct observation about scalar expressions is their etymological relatedness or even homophony with reflexive pronouns in many languages. The difference between our explanation for this fact and the anaphor approach of intensifiers can be summarized as follows: the anaphor approach explains a given etymological relatedness by positing a syntactic category identity. The intensifier *himself* looks like the reflexive pronoun *himself*, because it is a reflexive (or reflexive-like) anaphor. Our explanation, on the other hand, draws on the above mentioned fact that intensifiers are favoured in the context of pronouns denoting coreference between two actants of a verb.

But let us look at the historical origin of English *himself* more closely. I am not claiming that the intensifier *himself* should be treated along the same lines as German *selbst*, but I certainly know that it cannot be captured by the reflexivization rules of English. I only want to point out here, that the proponents of the anaphor hypothesis have fewer arguments at their hands as they originally assumed. The formal identity between the scalar particle and the reflexive pronoun in English is shown in (68):

(68) (a) John killed himself.
(b) John himself came.

(68a) shows the reflexive pronoun in object position, (68b) the intensifier with NP focus. Notice that the reflexive pronoun is a complex word, incorporating the personal pronoun *him* and the Old Germanic scalar expression *self*, which is not in use in Modern English any longer. In older English, coreference within the sentence was expressed by personal pronouns, as documented by Curme (1931: 100 and 518), who explains the fusion between the personal pronoun *him* and *self* by the fact that the latter was regularly used in the context of pronouns. This collocation is explicable by Plank's assumption that coreference within a sentence is less likely than disjoint reference and may be presented as such by means of scalar expressions. The fusion of a collocation accompanied by semantic bleaching (i.e. of *self*) is a common morphological process which need not be explained here. This explains the historical origin of the reflexive in English. The meaning of the homophonous scalar adverb is still determined by the incorporated scalar expression *self*. It is the pronominal element *him* that lost its semantic function.

A type of scalar particle has not only one, but several preferred etymological sources (cf. König 1990: chap. 8). Since I postulated a much weaker link between coreference pronouns and intensifiers than anaphor theories, my proposal permits a larger number of historical origins for intensifiers, well in accordance with the observations in Moravcsik (1972). Cf. the non-pronominal origin of German *selbst*, French *même*, Hausa *ni dakaina*, literally 'with-head-my'.

The frequent use of SELBST with reflexives is also determined, in German at least, by the fact that heavy stress on reflexives is avoided[12]. Since SELBST is obligatorily stressed, this would explain why it modifies reflexives in heavy, i.e. nuclear, stress position so often. (69) shows different positions for heavy sentence stress in German, (69a) a marked option, and (69b) the unmarked position. SELBST is highly favoured in these sentences, because the reflexive pronoun shuns heavy stress.

(69) (a) Sich SELBST sah Peter im Spiegel (und nicht den Jungen).
      (b) Ich habe die Kinder sich SELBST überlassen.

There are instances, as in (70), when SELBST does not necessarily indicate a ranking relation between alternatives:

(70) Maria kaufte für die ganze Familie etwas Schönes, für Mutter und Brüderchen Pralinen, für Vater und sich SELBST Schnaps.

In the most natural reading of (70), *sich* (i.e. *Maria*) is contrasted with other members of the family, but buying herself liquor is not necessarily more remarkable than buying liquor for father. Nevertheless, I believe that such occurences do not force us to distinguish between a scaling and a purely identifying reading of SELBST. What they indicate is the well-known fact that implications (i.e. presuppositions in an alternative terminology) are defeasible in certain contexts (cf. Levinson 1983: 186 f.). (70) is a particular good example since it offers a formal reason for using SELBST (*sich* and its alternatives have to be heavily stressed) and also the immediate context which is responsible for the cancellation of the scalar implication. More plausible than assuming a polysemy between a scaling and an identifying reading of SELBST is also another solution suggested by Manfred Krifka (personal communication). This would treat SELBST as a focus adverb which only presupposes a relation between the focus denotation and its alternatives. The scalar implication, which specifies this relation, would be considered a conversational implicature in the sense of Grice (1975). This solution is very tempting because of its simplicity, but nevertheless, common assumptions about conversational implicatures make it unfeasible. Unlike the ranking induced by SELBST, a conversational implicature is not tied to a certain expression and can be calculated from the literal meaning of the utterance by using Grice's maxims. Therefore, I will stick to the initial assumption that the ranking triggered by SELBST is a conventional implicature (i.e. presupposition) in all contexts of use.

Some further facts about German reflexives can be easily explained by our analysis. The unmarked position of a reflexive in German is, as with the other pronominal NPs and certain illocutionary particles, the left periphery of the S domain (e.g. of the 'middle field'). The common property of these elements is that they shun heavy stress and are very short. As soon as they are focused, they favour positions further to the right within the S domain. This is particularly clear in the following sentences:

(71)   (a) ᵘDie Leute wußten nicht, daß sich ein Mädchen Briefe schrieb
        (b) ᵐDie Leute wußten nicht, daß ein Mädchen sich Briefe schrieb

(72)   (a) ᵐDie Leute wußten nicht, daß [sich]ᵢ selbstᵢ ein Mädchen Briefe schrieb
        (b) ᵘDie Leute wußten nicht, daß ein Mädchen [sich]ᵢ selbstᵢ Briefe schrieb

The hyperscripts 'u' and 'm' gloss the (un)markedness of the presented word orders. The examples not only illustrate the well known fact about German word order that focused constituents are placed further to the right than non-focused ones, but also present evidence for our treatment of *SELBST* as a focus device in these contexts. The same kind of evidence is even more clearly manifested in languages where the non-focusable reflexive is formally different from the focusable reflexive. In Rumanian, for instance, the non-focusable accusative reflexive is *se*, the focusable one is *pe sine*, and the scalar particle is *însuși*. See (73) with the indicated focus options:

(73)   (a) El se vede în oglindă   'he sees himself in the mirror'
        (b) *El [se]ᵢ vede însușiᵢ în oglindă
        (c) El se vede pe sine în oglindă   'he sees HIMSELF in the mirror'
        (d) El se vede [pe sine]ᵢ însușiᵢ în oglindă

The manifest pronominal object reduplication (*se - pe sine*) is common in Romance languages and independent of the presence of the scalar particle. Important to note is the fact that *însuși* cannot modify the non-focusable *se*, but only the focusable *pe sine*. This is evidence that in Rumanian, too, the particle in question is a focusing element rather than an anaphor. Further support for our analysis of *SELBST* as a focus adverb comes from its pragmatic properties, to which we turn now.

3.4   The information structure of utterances with *SELBST*: conversational implicatures

As we will see in this and the next section, the anaphor hypothesis is not the only questionable assumption about the function of *SELBST* in German. Yet another questionable function is established by Plank (1979a: 339 f.) for the following sentence:

(74)   Ich selbst war gestern nüchtern

Plank assumes that in a sentence like (74), *SELBST* is ambiguous. One reading is the non-quantifying scalar reading known from the sections 3.1 and 3.2 above. The second reading Plank paraphrases as follows: 'as to me, I was sober yesterday'. In this reading *SELBST* would function as a topic marker, in the sense of 'topic' to be made more precise further below. Further examples allowing this kind of inference are (43) - (44) from above.

It can be easily shown that the reading observed by Plank for (74) is not supplied by SELBST, but by a specific intonation pattern which (74) must have in order to license it. This consists of two tone units and two heavy stresses, indicated in (75) by double slashes and capitalized words respectively. The first tone unit is placed in the sentence initial position and has level tone, while the second unit has a falling tone. The function of this intonation pattern is appropriately characterized by Heidolph et al. (1981: 861) and Jacobs (1983: 105), who observe that, in general, the first unit contains topical material which is contrasted with other material supplied by the context. This intonation pattern occurs independently of SELBST in any sentence with a contrastive topic. Consider (75) with the given intonation pattern:

(75) (a) // ich SELBST // war NÜCHTERN //
      (b) // ICH // war NÜCHTERN //
      (c) // ICH // habe Peter NICHT gesehen //

The constituents in topic position have, in an appropriate context for the sentences (75), the interpretation 'as to me' or 'as far as I am concerned', registered by Plank for (74). In addition to its topicality, which is tied to the structural position of the constituent involved, there is a contrastive conversational implicature. This is formulated for (75a) in (76):

(76)   There is a focus alternative of the denotation of *ich* who is not sober.

This interpretation is partially determined by the heavy stress on *ich* or SELBST in the above sentences. The fact that *ich* is both topic and focus in these sentences in the discussed readings poses a problem only for models in which the concept pairs topic-predication and focus-background are not discriminated. The reading 'as for X' or 'as far as X is concerned' are the defined paraphrases for topics in the sense of Chafe (1976) and Reinhart (1981). This topic concept coincides with what the predication is about. Focus and background, on the other hand, refer to new vs. given information. Reinhart convincingly argues that background and topic do not necessarily coincide, though they often do. They typically do not coincide in answers to wh-questions. The most natural foregoing context for (75a) can indeed be paraphrased by *who was not sober (i.e. drunk)?*.

Note that the wording in (74) can be uttered within one tone unit, as in (77),

(77)   // ich SELBST war nüchtern //

in which case the contrastive conversational implicature negates all focus alternatives of *ich* (e.g. *ich selbst und kein anderer*)[13]. This general property of foci to trigger conversational implicatures of this kind is the source for further questionable assumptions about the meaning of the non-quantifying SELBST, which I have found in the literature. They all have in common that contrastive implicatures are described as part of the meaning or, in a weaker version, as part of the implication of SELBST. DUDEN, a standard grammar book of German, describes the meaning of *SELBST* in its non-quantifying uses as follows: "mit ihnen wird ausgedrückt, daß kein anderes Wesen oder Ding gemeint ist als das mit dem Bezugswort genannte; ein anderes wird mit ihnen ausdrücklich ausgeschlossen" (1984: § 557). A similar though much weaker hypothesis about the non-quantifying *SELBST* is found in Bartsch (1979: 370), where *der König selbst öffnete die Tür* is supposed to imply that "Der Sprecher nimmt an, daß man/der Hörer erwartet, daß jemand anders als der König die Tür öffnet". Note the difference to our scalar implication in (62) above, where it is only assumed that the focus entity is unlikely to satisfy the background predication.

These observations about the general contrastive conversational implicatures of foci may be used to devise an, admittedly not always reliable, focus test for *SELBST*. The test draws on the fact that an explicit mention of the negated focus alternatives must match the focused element in syntactic category and function. Consider the acceptability asymmetry in the following sentence pairs:

(78) (a) [der Tänzer]$_i$ SELBST$_i$ wirkte wie ein Kind und kein geringerer/anderer
 (b) ??[der Tänzer]$_i$ SELBST$_i$ wirkte wie ein Kind und wie nichts geringereres/anderes.

(79) (a) Denn [mir]$_i$ SELBST$_i$ war dieser Aspekt abhanden gekommen und keinem geringereren/anderen.
 (b) ??Denn [mir]$_i$ SELBST$_i$ war dieser Aspekt abhanden gekommen und nichts geringereres/anderes.

The formula *kein geringerer* hints at the scalar implication of the non-quantifying use of *SELBST*. The test is less reliable than the focus test for the quantifying *SELBST*, because it draws on a conversational implicature which is by definition cancellable (cf. Grice (1975)).

In summarizing the discussion of the different uses of *SELBST* presented so far, I want to point out that they have all been reduced to a common syntactic category (i.e. focus adverb) and a core semantic contribution (i.e. its scalar implication). A formally well restricted class of uses has in addition a specific quantifying implication. The syntactic distinction between the pure scalar and the scalar-quantifying uses was captured by introducing appropriate parameters for the general syntactic conditions on focus adverbs in German. But there is still another use of *selbst* which has never been considered as belonging to the class of scalar particles (focus adverbs in our terminology) in the literature. Let us look therefore more closely at the relevant data in the following section.

3.5 Verb phrases in focus

According to common opinion, *SELBST* can be used as a manner adverb with a meaning which was roughly paraphrased as 'personally' or 'alone'. The following instances of *SELBST* exhibit, in their most natural interpretation, the use under discussion:

(80)   Mir fiel damals gerade wieder mal gar nichts ein, so daß ich froh sein mußte, wenn mir jemand eine Geschichte schenkte. Man wird sich fragen, warum der wandernde Rhapsode sie nicht selber zu Papier brachte

(81)   Ähnlich wurde mit beschädigten Zeichnungen verfahren, die Rubens zu einem späteren Zeitpunkt selbst wiederherstellte

(82)   Der Richter erschien selbst am nächsten Tage dort, wo Urbini niedergelegt wurde

I will argue against this predominant opinion by showing that this use, too, fits the description of *selbst* as a non-quantifying focus adverb.
Many sentences allow several focus assignments, as in the following:

(83)   nachdem er endlich dem Verhafteten selbst die Fesseln abgenommen hatte

Selbst may have the quantifying reading with focus on *die Fesseln*, or the non-quantifying reading with focus on *dem Verhafteten*. It may also be read along the paraphrase proposed in the literature: 'nachdem er dem Verhafteten persönlich die Fesseln abgenommen hatte'. The different readings are marked intonationally. The quantifying reading is marked by stressing *Fesseln*. The non-quantifying readings are distinguished by stressing *selbst*. There is also an intonational option that discriminates the two non-quantifying readings. The NP focus on *dem Verhafteten* can be marked by using a phrasal stress on *Verhafteten* with rising tone (cf. '/' as opposed to '\'), additionally to the heavy stress on *selbst*. The VP focus is signalled by the absence of the rising tone on *dem Verhafteten*. Compare the three readings in their order of presentation:

(84)   (a)   nachdem er endlich dem Verhafteten selbst die FESSELN\ abgenommen hatte (variant: /SELBST die FESSELN\)
       (b)   nachdem er endlich dem /VERHAFTETEN SELBST\ die Fesseln abgenommen hatte
       (c)   nachdem er endlich dem Verhafteten SELBST\ die Fesseln abgenommen hatte

The basic position as well as the preferred surface position of VP focusing occurrences are captured by the parameters in (53) and (54) from above. In conclusion, VP focusing *SELBST* can be captured by the same parameters and principles that were introduced for NP focusing *SELBST* in section 3.1 above.
But let us look closer at alternative proposals and discuss some possible objections to our treatment. One major argument for differentiating two categories for *SELBST* (and *himself* in English) is for Edmondson and Plank (1978: 378) the fact that they freely co-occur with one another, as in the following sentence:

(85)   Der Präsident SELBST reparierte seinen Wagen SELBST.

In the light of our analysis of *SELBST* presented so far, the sentence only reveals the simple fact that instances of the same particle may freely co-occur as long as their foci do not overlap. This also holds for other focus adverbs, whose status as scalar particles has never been disputed. See (86):

(86)   Nur der Präsident repariert nur seinen Wagen.

In (85) and (86), we have non-intersecting foci, one outside the VP and the other within the VP. In case there are overlapping foci, there are some restrictions, discussed by Jacobs in more detail (1983: 81 f.). The restrictions do not hold for completely overlapping foci, as in the following example by König (1990: 155):

(87)   Sogar das Unfallopfer SELBST ist mit der Regelung zufrieden.

(87) offers no reason to treat *sogar* and *SELBST* as belonging to different categories. Co-occurrences of different focus adverbs with joint focus are quite common (i.e. *nicht nur PETER, schon allein das KLEINSTE Geräusch*). In (87), *sogar* has *selbst* in its scope and provides an additional quantifying implication. One can of course object that, in our analysis, *SELBST* is superfluous and that some unacceptability would be expected. The sentence is acceptable, though, and this is explicable by the generalization that expressions with a pure scalar meaning can be iterated (cf. *very very nice*).
Another possible argument against a uniform treatment of *SELBST* is also offered by Edmondson and Plank (1978: 378) based on English examples. The argument is directly applicable to German *SELBST* and is based on the observation that (88a) and (88b) are semantically not equivalent:

(88)   (a) Hans reparierte seinen Wagen selbst, aber Peter nicht.
         (b) Hans selbst reparierte seinen Wagen, aber Peter nicht.

(88a) is assumed to imply that someone else (than Peter) repaired Peter's car, and (88b) that Peter's car is still unrepaired. Such differences do not have to be explained by a different semantic categorization of *SELBST*, but rather by the different focus-background structures of the sentences. More explicit variants of (88a) and (88b) make this point clear:

(89)   (a) HANS reparierte seinen Wagen SELBST, aber PETER reparierte seinen Wagen NICHT SELBST
         (b) Hans SELBST reparierte seinen Wagen, aber PETER reparierte seinen Wagen NICHT

In both sentences, the VP denotations are negated. (89a) has a VP focusing *SELBST* which is in the scope of negation, while (89b) a VP external *SELBST* which is outside the scope of negation. The reading offered by Edmondson and Plank for (88a) further suggests that the negation was interpreted with focus on *SELBST*. This is legitimate, as long as there is no other heavy-stressed constituent in the clause. But consider the changed implicature for (90):

(90)   Hans reparierte SEINEN Wagen SELBST, aber PETER NICHT (er repariert nicht SEINEN Wagen SELBST, sondern einen anderen)

Another important reason to treat VP focusing occurrences as belonging to a separate category is what has been considered to be their meaning. Edmondson and Plank (1978: 383) and Plank (1979a: 337) assume that in this use, both English *himself* and German *SELBST* denote 'self action rather than action carried out by delegates', and not 'remarkability'. The authors also try to capture some affinity between the NP focusing and the VP focusing meaning by reconstructing 'self action' on a scale of direct involvement in an action. If these assumptions were correct, they would justify different categories for *SELBST*.

I will show that these common assumptions are incorrect and that VP focusing *SELBST* has the same scalar semantic contribution as the NP focusing occurrences. The two readings are only distinguished by a different focus-background structure. A slightly simplified version of sentence (82) has the syntactic structure (91a) and the semantic representation (91b):

(91) (a) [S der Richter [VP SELBST [VP dort erschien]]]
      (b) SELBST'[λX^{VP} [X(der_Richter')],^{VP} dort_erschien']

(91b) shows the focus adverb having widest possible scope, this being the most natural reading of VP focusing occurrences. The open proposition λX^{VP} [X(der_Richter')] serves as the scale dimension. The semantic contribution of *SELBST* can be paraphrased as follows: the denotation of *dort erschien* is ranked lowest on the scale of VP denotations, determined by *der Richter tat etwas*. *SELBST* presents this action as the least likely one a judge might undertake in the given situation. This interpretation is supported by some plausible focus alternatives. Plausible alternatives are other actions of the judge which are relevant in the given situation (cf.(92a, b)), but which do not necessarily involve a delegate (cf. the inappropriate (92c)):

(92) Der Richter erschien selbst dort,
      (a) er verließ sich nicht (nur) auf Berichte
      (b) er schickte nicht (nur) seinen Assistenten vorbei
      (c) ?nicht (nur) sein Assistent (erschien dort)

(92c) invalidates another incorrect common opinion on VP modifying *SELBST*, namely that it may focus on a VP external NP. (92c) shows that (92) lacks the reading which would be synonymous to *der Richter selbst erschien dort*. This is true even if *Richter* is heavily stressed and is the focus of assertion. In this case, a continuation with *nicht sein Assistent* would be conditioned by the focus of assertion and would indeed be acceptable. Therefore I suggested a scalar *nur* to make clear that focus of *SELBST* is intended.

Consider some more plausible alternatives for the VP focusing occurrences presented earlier in (80) and (81):

(93) Der wandernde Rhapsode brachte sie nicht selber zu Papier, er erzählte sie nur.

(94) Rubens stellte beschädigte Zeichnungen selbst wieder her, er fertigte sie nicht nur an.

These focus alternatives clearly show that the scale criterion of direct involvement in an action is not a necessary one. But let us try to explain why it is sometimes associated with VP focusing *SELBST*. The first reason is that NP denotations serve as background information and are rather underspecified scale dimensions which favour different additional contextually implied ranking dimensions or criteria[14]. Another reason is that VP denotations are quite difficult to rank[15]. These insufficiencies crop up whenever a sentence is used without a context, like (88a, b). It is much easier to supply focus alternatives for the corpus examples (80) - (84). But unlike direct involvement, likelihood can be shown to be the basic ranking criterion in every context of use. An activity (or state) of some entity X is least likely, if X, in the normal course of events, does not carry out this activity (or have this state). Such likelihood evaluations are applicable to all occurrences of VP focusing *SELBST*. Consider the sentences (80) - (83). They all draw on the common assumptions that, in the normal course of events, poets do not fail to put a story on paper, painters do not repair their own paintings, judges do not leave the court to collect evidence against the accused. Similarly, (88a) takes for granted, that Hans normally does not repair cars.

We conclude that the arguments for a different semantic or syntactic categorization of *SELBST* are by no means compelling. Furthermore, we can show that analyses like Edmondson's and Plank's meet with serious difficulties.

When analysed as a manner adverb, comparable to *allein* or any other expression with a delimitable lexical meaning, the meaning contribution of VP focusing *SELBST* would be expected to be truth conditional. This is not the case however. What is negated in (89a) is not the low likelihood of Peter's repairing the car, but simply the fact that Peter repaired the car. The further implicatures of the negation can be shown to be conversational in nature (cf. section 3.4 above).

Another false prediction of alternative proposals is that *SELBST* is only acceptable with actions. Counterexamples to this prediction are easy to find, some are supplied by Edmondson and Plank themselves (cf. 1978: 384 f.):

(95)   Sie ist selbst eine Hexe.

(96)   (a)   ??The Pope died himself.
       (b)   How could the Pope speak of immortality when he knew he would die himself.

(97)   (a)   ??John is taller than Mary himself.
       (b)   John knows what it means to be taller than Mary, for he is taller than Mary himself.

Let us look at how strenuous the explanation for such occurrences has to be, if one sticks to the assumption that VP modifying *SELBST* does not denote remarkability but direct involvement: "At first sight, it does not seem to make sense to speak of more or less direct involvement; one dies or one doesn't. Yet just as one can become acquainted with witchcraft without being one, there is also a certain body of experience or common knowledge associated with death, and this can be acquired with varying degrees of directness" (Edmondson & Plank 1978: 385). Our explanation for (95) - (97) is very simple and straightforward. The first sentence is appropriate, since being a witch is, under common assumptions, not a likely property anyway. The sentences (96a) and (97a) are odd, because, without further stipulations, it is not unlikely to die or to be taller than somebody else. (96b) and (97b) give specific reasons for the remarkability of the respective VP denotations and are accordingly acceptable.

The traditional analysis cannot explain the similarity between VP and NP focusing occurrences with respect to direct involvement. For example, both *ich SELBST komme vorbei* and *ich komme SELBST vorbei* imply that the speaker will come personally. The direct involvement of an agent in an action is the defining property of agents and not the meaning contribution of some lexical element in the sentence. This is the simple reason why it is lacking with VPs denoting processes or states.

Finally, there is also an intonation argument against treating VP focusing *SELBST* as a manner adverb. Manner adverbs like *alleine, gerne, heimlich, plötzlich* do not necessarily carry heavy stress in German. By contrast, *SELBST* always has to be accented.

4   Explaining the peculiarities

We are now in a position to give a principled account of the peculiarities of *selbst* presented earlier in section 2.2. The first peculiarity mentioned in that section was the fact, that *selbst* changes its meaning and stress properties, depending on its position relative to its focus. Reconsider (98) - (100), presented earlier in (27) - (29):

(98)   Selbst$_i$ [ANNA]$_i$ ging ins Gefängnis.

(99)   (a) *[ANNA]$_i$ selbst$_i$ ging ins Gefängnis
         (b) *[ANNA]$_i$ ging selbst$_i$ ins Gefängnis.

(100)   [Anna]$_i$ SELBST$_i$ ging ins Gefängnis.

This acceptability distribution has a simple explanation. When it precedes the focused NP, as in (98), *selbst* can never be interpreted as a co-constituent of that NP. Furthermore, it has to be interpreted as a co-constituent of CP and according to (51), it cannot be stressed. This stress property triggers the quantifying implication. By contrast, an occurrence following the focused NP as in (100) can only be interpreted as a co-constituent of that NP, in which case it must be stressed and cannot trigger the quantifying implication. This complementary distribution of stress, basic position and semantic function of *selbst* and *SELBST* with NP focus and their correlation explain why (99a, b) are unacceptable. In (99a, b) we have a wrong correlation: NP focus - preposed focus - unstressed *selbst*. The peculiarities of *selbst* are matched by similar peculiarities of *SELBST*. Consider (101):

(101)   (a) *Anna hat heute SELBST$_i$ [den Präsidenten]$_i$ gesehen
         (b) Anna hat heute [den Präsidenten]$_i$ SELBST$_i$ gesehen

Note that there is no syntactic principle for *SELBST* blocking (101a). It modifies and c-commands the whole VP and is accordingly allowed to focus on the following NP. But here again we have a wrong correlation: NP focus - postposed focus - stressed *SELBST*. What makes the correlations in (99a, b) and (101a) unacceptable is the fact that there are better structural and topological options for the focus adverbs in the unacceptable sentences. Note that the focus adverbs exhibit a marked position in the sentences in question: (99a) according to (53ii), (99b) according to (54), and (101a) according to (53i), i.e. according to the availability of NP co-constituency. These observations suggest the following principle:

(102) Avoid marked or ambiguous positions for *selbst* or *SELBST* in the reading X and with focus on Y and block them, if there is an unmarked or unambiguous alternative position for it in the reading X and with focus on Y.

(102) has such a strong effect on NP focusing occurrences, because there are indeed both unmarked and unambiguous alternatives to the positions exhibited in (99a, b) and (101a), namely (98) for (99a, b) and (101b) for (101a).

We noted similar peculiarities with VP focusing occurrences. Reconsider (103) and (104), presented earlier in (30) and (31):

(103) (a) Anna hat auf einen Polizisten sogar/$^{??}$ selbst GESCHOSSEN.
       (b) Anna will sogar/$^{??}$ selbst AGENTIN werden.

(104) (a) Selbst GESCHOSSEN hat sie.
       (b) Selbst AGENTIN will sie werden.

With VP focusing occurrences, stress usually suffices to distinguish the intended reading of the particle. But the low acceptability of (103a, b) is certainly motivated by (102), since there are alternative positionally unambiguous options, namely (104a, b).

We also noted in section 2.2 that *selbst* is avoided with a distant NP focus. See (105):

(105) Anna zeigte der Polizei sogar$_i$/$^?$ selbst$_i$ ein Bild von [PETER]$_i$

Remember that there is no other positional option for *selbst* in (105) and this explains the weaker effect of (102).

In this section I have proposed an explanation for the peculiarities of *selbst* and *SELBST* which is based on a principled account of their formal and semantic properties and on a clearer discrimination between common properties and differences of use.

5   *Selbst* in word formation

I will conclude the examination of the different uses of *selbst* with some remarks on complex words. Typical examples are the following:

(106) (a) Selbstkritik, Selbstbedienung, Selbstverteidigung, Selbstauskunft
(b) Selbstfahrer, Selbstfinanzierung, selbstgemacht
(c) selbstklebend, selbstverschuldet

Edmondson and Plank (1978: 392 f.) and Plank (1979a) included complex words containing *selbst* in their studies and claimed that they are, in principle, ambiguous between an emphatic reflexive and a VP modifying reading. They illustrate this on *Selbststudium*, which correlates semantically either with *studierte [sich]$_i$ selbst$_i$* or with *[studierte]$_i$ selbst$_i$*. The examples in (106) are ordered accordingly. (106a) exhibits cases where the reflexive reading is preferred, (106b) cases with a preferred VP modifying reading, and (106c) can be reconstructed either way. The cited authors are forced to assume an ambiguity by their basic assumption that *selbst* is lexically polysemous. In our analysis, *selbst* is interpretable by the rule of scalar implication (62) in complex words too. The difference between NP and VP focus is neutralized in compounds. This is explicable by the fact that the focus-background structure of phrases containing *selbst* is reduced to one word in compounds. Accordingly, the adequate paraphrase for *Selbststudium* is that something about *Studium* is unlikely. Whether the reflexivity of the action or the action itself is unlikely, remains unspecified. The stress difference delimiting the quantifying from the non-quantifying uses is also neutralized for *selbst* in complex words. More specifically, since *selbst*, as all first elements in determinative compounds, has to be stressed, the quantifying reading is blocked.

6 Final remarks

In the previous sections of this paper, two implicational semantic functions of *selbst* have been subsumed under the same syntactic category of focus adverb. The semantic functions are distinguished by the presence or absence of a quantifying implication and linked by the same scalar implication. Common to all of its uses are various focus options: verbs and nouns and their projections. They also have the common syntactic function of serving as modifiers of different verbal projections.

There is a strong correlation between the two semantic functions, certain syntactic properties and the intonational behaviour of *selbst*. The semantic contrast (the quantifying vs. non-quantifying reading) is matched by an intonational contrast. The focus relation has a quantifying reading only if the focus relation is marked on one element in the focus of *selbst*, this being the unmarked intonational option for German and other languages. This reading is blocked if *selbst* is stressed. By contrast, the scalar interpretation of *selbst* is insensitive to its accentual property and accordingly, available for all occurrences. Stressed focus adverbs were presented as an intonational marked option of focus theory, but stressed *selbst* is by no means an idiosyncrasy of German. I presented some evidence that there are several other stressed focus adverbs in German and in other languages.

The semantic and intonational properties of *selbst* also correlate with syntactic properties. The option of modifying an NP is only available for the stressed occurrences. Conversely, the option of modifying sentence projections (e.g. CP) is only available for unstressed focus adverbs. Shared by all focus adverbs modifying NPs or verbal projections other than CP is their property of being base generated as far to the right within their mother constituents as possible without violating the c-command restriction on focus and other basic order requirements (e.g. verb final basic position). Since right peripheral position is, on independent grounds, not available within CP, the basic position of focus adverbs within this domain is left peripheral.

In conclusion, the basic focus theoretical parameter introduced in this paper is the stress parameter. Different options for co-constituency in German are dependent on this. Other central principles of focus theory, particularly the core rule for the basic position of focus adverbs in German and the c-command restriction, proved to be adequate for all types of focus adverbs.

Notes

1   For their valuable comments on the first draft of this paper, I am most grateful to Hans Altmann, Joachim Jacobs, Ekkehard König, Manfred Krifka, and Theo Vennemann.
2   (18a) violates, in addition to c-command, a locality condition on scope, since the sentential node dominating the focus adverb does not dominate its focus (cf. Jacobs 1986: 118).
3   For the basic order of major constituents in German cf. Lenerz (1977.)
4   This analysis follows proposals by Thiersch (1978) and Olsen (1982).
5   This is a common property of topicalized focus constituents in German and not an idiosyncratic property of *selbst*. Thus, for example, *MARIA arbeitet heute*, in which *Maria* is the intonation nucleus of the utterance, can only be interpreted with *Maria* as assertion focus and *arbeitet heute* as background information.
6   There are different types of non-truth-conditional inferences, for instance presuppositions, conventional implicatures and conversational implicatures. Our term 'implication' covers the presuppositional and conventional type. Whether presuppositions have to be distinguished from conventional implicatures is still a matter of debate (cf. Levinson 1983: chap. 4).
7   Ekkehard König helped me clarify this point.
8   (48a) is taken from Edmondson & Plank (1978: 375), (48b) from Altmann (1979: 363). Altmann judges (48b) as deviant. Inquiries among native speakers and my own intuition prove (48a, b) highly marked, but still acceptable. The principle explaining their marked status will be introduced later (cf. (54)).
9   I am grateful to Joachim Jacobs for clarification of this point.
10 Note that I have also established a formal similarity between focusing and reflexivization in so much as they share the c-command restriction. But in my analysis, the scalar adverb is the binder and the focused NP is the bound element. In terms of the anaphor hypothesis of *selbst*, it is just the other way round.
11 In more natural readings for (67a, b), *SELBST* focuses on the VP. In this case they imply that Peter normally does not wash himself, comb his own hair or place himself on the chair, more specifically, that these actions are carried out by somebody else (cf. section 3.5 of this paper). The two readings can be marked intonationally (cf. (84b, c) in section 3.5 of this paper).
12 I am grateful to Hans Altmann for drawing my attention to this fact. The example (70) I owe to Theo Vennemann.
13 An explanation for the contrastive implicatures of constituents which are the focus of assertion is Grice's maxim of quantity. This explanation can be extended to cover the focus of scalar

adverbs which lack a quantifying implication (the quantifying implication would override the conversational implicature, cf. *selbst* in the quantifying reading). The observations in this section suggest that assertion focus and particle focus are best viewed as variants of the same concept (cf. Jacobs 1984).

14 Jacobs (1983: 189) presents different examples in which syntactically licensed background constituents are inappropriate as scale dimensions.

15 Cf. for similar observations Bartsch (1972: 197) and Van Os (1989: 35).

References

Altmann, H. (1976): Die Gradpartikeln im Deutschen. Untersuchungen zu ihrer Syntax, Semantik und Pragmatik. Tübingen: Niemeyer.

Altmann, H. (1978): Gradpartikel-Probleme. Zur Beschreibung von *gerade, genau, eben, ausgerechnet, vor allem, insbesondere, zumindest, wenigstens*. Tübingen: Narr.

Altmann, H. (1979): "Funktionsambiguitäten und disambiguierende Faktoren bei polyfunktionalen Partikeln". In: H. Weydt, Hrsg. (1979), 351 - 364.

Bartsch, R. (1972): Adverbialsemantik. Frankfurt a.M.: Athenäum.

Bartsch, R. (1979): "Die Unterscheidung zwischen Wahrheitsbedingungen und anderen Gebrauchsbedingungen in einer Bedeutungstheorie für Partikeln". In: H. Weydt, Hrsg. (1979), 365 - 377.

Chafe, W.L. (1976): "Giveness, Contrastiveness, Definiteness, Subjects, Topics, and Point of View". In: Subject and Topic. ed. by Ch.N. Li. New York: Academic Press, 25 - 56.

Chomsky, N. (1981): Lectures on Government and Binding. The Pisa Lectures. Dordrecht: Foris.

Curme, G.O. (1931): Syntax, vol II. Boston.

DUDEN, (1984): Grammatik der deutschen Gegenwartssprache. 4. Aufl. hrsg. und bearb. von G. Drosdowski. Mannheim: Dudenverlag.

Edmondson, J.A. & F. Plank (1978): "Great Expectations: An Intensive Self Analysis". Linguistics and Philosophy 2, 373 - 413.

Engel, U. (1988): Deutsche Grammatik. Heidelberg: Groos.

Gazdar, G., E. Klein, G. Pullum & I. Sag (1985): Generalized Phrase Structure Grammar. Oxford: Blackwell.

Grice, H.P. (1975): "Logic and Conversation". In: Speech Acts. Syntax and Semantics 3. ed. by P. Cole & J.L. Morgan. New York: Academic Press, 41 - 58.

Heidolph, K.E., W. Flämig & W. Motsch (1981): Grundzüge einer deutschen Grammatik. Berlin: Akademie-Verlag.

Jackendoff, R.S. (1972): Semantic Interpretation in Generative Grammar. Cambridge, Mass.: MIT Press.

Jacobs, J. (1983): Fokus und Skalen. Zur Syntax und Semantik der Gradpartikeln im Deutschen. Tübingen: Niemeyer.

Jacobs, J. (1984): "Funktionale Satzperspektive und Illokutionssemantik". Linguistische Berichte 91, 25 - 58.

Jacobs, J. (1986): "The Syntax of Focus and Adverbials in German". In: Topic, Focus and Configurationality. ed. by W. Abraham & S. de Meij. Papers from the 6th Groningen Grammar Talks, Groningen (1984). Amsterdam: John Benjamins, 103 - 127.

Karttunen, L. & S. Peters (1979): "Conventional Implicatures". In: Presupposition. Syntax and Semantics 11. ed. by C. Oh & D. Dinneen. New York: Academic Press, 1 - 56.

Kay, P. (1990): "Even". Linguistics and Philosophy 13, 59 - 111.

Kemmer, S.E. (1988): The Middle Voice: A Typological and Diachronic Study. Unpubl. Diss. Stanford.

König, E. (1989): "On the Historical Development of Focus Particles". In: Sprechen mit Partikeln. Hrsg. v. H. Weydt. Berlin: de Gruyter, 318 - 329.

König, E. (1990): The Meaning of Focus Particles: A Comparative Perspective. MS. (in print). London: Routledge.

Lenerz, J. (1977): Zur Abfolge nominaler Satzglieder im Deutschen. Tübingen: Narr.

Lerner, J.-Y. & E. Zimmermann (1981): Mehrdimensionale Semantik: Die Präsuppositionen und die Kontextabhängigkeit von *nur*. Arbeitspapier 50 des SFB 99. Universität Konstanz.

Levinson, S.C. (1983): Pragmatics. Cambridge: University Press.

Leys, O. (1973): "Bemerkungen zum Reflexivpronomen". Sprache der Gegenwart 24 (Schriften des IDS, Mannheim), 152 - 157.

Lühr, R. (1985): "Sonderfälle der Vorfeldbesetzung im heutigen Deutsch". Deutsche Sprache 13, 1 - 23.

Moravcsik, E.A. (1972): "Some Crosslinguistic Generalizations about Intensifier Constructions". Proceedings of the 8th Regional Meeting of the Chicago Linguistic Society, 271 - 277.

Olsen, S. (1982): "On the Syntactic Description of German: Topological Fields vs X'-Theory." In: Sprachtheorie und angewandte Linguistik. Hrsg. v. W. Welte. Tübingen: Narr, 29 - 45.

Plank, F. (1979a): "Exklusivierung, Reflexivierung, Identifizierung, Relationale Auszeichnung. Variationen zu einem semantisch-pragmatischen Thema". In: Sprache und Pragmatik. Hrsg. v. I. Rosengren. Lundner Symposium (1978). Malmö: Gleerup, 330 - 354.

Plank, F. (1979b): "Zur Affinität von *selbst* und *auch*". In: H. Weydt, Hrsg., 269 - 284.

Primus, B. (1989): "Parameter der Herrschaft: Reflexivpronomina im Deutschen". Zeitschrift für Sprachwissenschaft 8, 53 - 88.

Quirk, R., S. Greenbaum, G. Leech & J. Svartvik (1972): A Grammar of Contemporary English. London: Longman.

Reinhart, T. (1981): "Pragmatics and Linguistics: An Analysis of Sentence Topics". Philosophica 27, 53 - 94.

Thiersch, C. (1978): Topics in German Syntax. Unpubl. Diss. Cambridge, Mass.: MIT Press.

Van Os, Ch. (1989): Aspekte der Intensivierung. Tübingen: Narr.

Weydt, H., Hrsg. (1979): Die Partikeln der deutschen Sprache. Berlin: de Gruyter.

The Semantics of Focus as a Dialogue Function

Joachim Machate, Stuttgart
Jaap Hoepelman, Heidelberg

Introduction

In this paper we will present a dialogical approach to the description of the use and interpretation of intonational means to focus on certain parts of an utterance.[1] That focusing of parts of utterances should be studied in connection with the communicative function of language is by no means a new observation. This view has e.g. been advocated for a long time by the Prague School (cf. Mathesius 1929, Firbas 1958, Beneš 1967). More recently, Hajičová (1984) and Sgall (1986) described an approach to the introduction of topic-focus articulation into a formal description of syntax and the meaning of the sentence. Gabbay and Moravcsik (1978) in their seminal paper on the focus of the negation operator write:

> "...what constituent negation enables us to do is to indicate which part of a sentence needs to be revised in order for that sentence to convey correct information. Constituent negation is an efficient way of doing this within a natural language; i.e. one that is primarily spoken, not written and is used to convey information, criticism, etc. between language users"
>
> (Gabbay/Moravcsik op.c. p: 255)

To give an example: depending on where we put intonational stress (indicated by capitals), each of the following sentences serves a different dialogue function:

(1)   a) WOODY doesn't love Hannah's sisters
      b) Woody DOESN'T love Hannah's sisters
      c) Woody doesn't LOVE Hannah's sisters
      d) Woody doesn't love HANNAH'S sisters
      e) Woody doesn't love Hannah's SISTERS

It is important to notice, that none of the examples (1a) - (1e) can be properly imagined as occurring in isolation. Each sentence should rather be seen as a reaction to an earlier statement in a dialogue between at least two parties. In each of (1a) - (1e) the speaker indicates which part of that earlier statement should be revised in order to obtain agreement (of some kind) between the opinions of the dialogue parties. In Hoepelman (1979) it is pointed out that operators can have multiple focus as well, indicated by a corresponding intonational pattern, like e.g. for negation in:

(1)   f) WOODY doesn't love Hannah's SISTERS

One can obtain the connection between sentence and constituent negation by assuming that in the former case all sentence constituents fall under the scope of the negation operator.

Whereas in (Hoepelman op.c.) the semantics of focused negation is still defined model-theoretically in the tradition of Montague, in our present approach we refrain completely from giving a model-theoretic definition of the semantics of focusing. All semantics will be given in the form of precisely defined dialogue rules.

To reach this aim we will present two technical devices: a semantic representation language which is used to formally represent the statements uttered during a dialogue. In this language intonational focus is treated as an operator on a par with any of the other operators which need to be represented. These representations are used as a basis to formulate dialogue rules which determine the behaviour of the parties in the dialogue. The dialogue rules can be considered as the counterparts for natural language of the dialogue sequents introduced by Barth and Krabbe in their description of logic in the form of critical dialogues (Barth/Krabbe 1982).

Towards An Operator Driven Semantic Representation Language

In his theoretical work on focus-background structures (FBS), Jacobs (1988, 1991) argues, that both the syntactic and the semantic level of representation are needed to formulate stress rules. Jacobs tries to generate an intonational pattern from a given semantic representation which already takes into account a focus-background structuring. To obtain this pattern and to achieve well formed stress rules a syntactic level which reflects the scope relations of the focusing operators is necessary.

In the approach which we chose for the MAFID project, we start from the opposite end, i.e. we start from an intonational pattern. As a prerequisite, we assume that we have some focus recognition device which serves us with appropriate intonational information.[2] Based on this information and on a syntactical analysis we construct a formal representation which enables us to assign a dialogically interpretable meaning, i.e. a rule of use in dialogue, to the analyzed utterance. We have developed the semantic representation language SEMRED (SEMANTICAL REPRESENTATION IN DIALOGUE) with the special aim of giving a formal treatment to the operators which are dialogically defined, i.e. which are connected with patterns of action and reaction in a dialogue. SEMRED is used by the German parser KONTUR (cf. Machate 1990). The parser supplies a computer-interpretable representation of an utterance made by the user. One advantage of the language is, that it can be used directly during the parsing process to produce the dialogue-semantic representation of a sentence. No intermediate structures like syntax trees are needed and hence no transformation procedures have to be invoked to get from one representation to another. The main constructs of SEMRED describe focus operators, determiners, quantifiers, and pronouns. Focus operators of any kind receive a uniform representation. SEMRED can therefore be easily extended to include operators not handled in its current version.

The paradigms which have served as the basis for the development of SEMRED are valency theory (cf. Helbig & Schenkel 1975) and dependency grammars (cf. Hays 1964, Schank 1975, Hellwig 1986, McCord 1989) The main verb of a clause is used to drive the parsing process and to supply the information to get the so-called core statement of a sentence. As an example take (2):

(2)   Klaus arbeitet im ersten Stock.
        (Claus is working on the first floor.)

```
(SR2)   proper( X, [klaus])
        ref( Y, [erst(stock(Y))])
        adjunct( P, in(Y))
        phrase( P, arbeitet, X)
```

The representation shown above can be read as follows: The core statement called "phrase" states that somebody called "X" is working. For reference purposes an identifier "P" is associated with the phrase. In addition, our sentence contains an adjunct which is specified in a related structure named "adjunct" with a reference to something called "Y". The definite description referring to "Y" can be found in a structure called "ref". Finally, as in Game Theoretical Semantics (Hintikka 1979, 1985) or Discourse Representation Theory (cf. Kamp 1981), a proper name is introduced with an associated identifier named "X".[3] Since every term of a representation can be uniquely identified, the order in which the terms occur in the representation is free. The representation, therefore, should be considered as a set rather than as a list or a stack. This characteristic has turned out to be quite useful in specifying dialogue rules which handle only certain parts of a natural language expression.

The parser whose main task it is to construct a semantic representation of an utterance has been developed with an emphasis on the free word order in German. Apart from intonation, another functional means of presenting the relative importance of structural parts of the sentence to the hearer, is by word order, or constituent order as we prefer to call it in the case of German. This functional structuring has been discussed under several headings, e.g. theme/rheme (Daneš 1974), topic/comment (Hajičová 1984), presupposition/focus (Chomsky 1971). But as Jacobs (1984)[4] objects, one should make a clear distinction between syntactical structuring and dialogue semantical structuring and avoid a confusion of the terms.

In an early paper, Drach (1934) claimed that it is the main verb of a sentence which is responsible for a syntactical structuring in what he calls "Vorfeld" and "Nachfeld". This position has also been stressed by the advocates of dependency and valency theory, and was adopted as a guideline in the design of our parser. Basing on this idea, we did not define any grammar rules on the clause level. Instead, we implemented constituent rules and a search strategy which starts from the verb and tries to complete its obligatory functional slots. For each of these slots, which are specified in a kind of frame structure, a constituent rule is used to try to find a matching constituent. If values can be assigned to all obligatory slots of a verb frame, the remaining set of words is treated either as belonging to facultative adjuncts of the verb or of the clause. In this way, ambiguous sentence readings can be supplied. The semantic representation of the sentence is built up from lexical information. It is completed by a resolution module which takes into account the dialogue history, and has access to a referent base which contains referential objects which have been introduced in the course of the current dialogue. Stressed words are marked with a label when they have been recognized as emphasized by the focus recognition module. In a first step this is reflected in the semantic representation by assigning such words to the intonational focus operator. Before the final semantic representation is supplied to the dialogue module, a set of focus assignment rules is considered which describe the interrelation between intonation and syntactical focus operators, like negation or gradual particles.

Introducing Focus Operators

Before discussing the set of actually implemented focus operators, we want to point out that the definition of focus operators is multilayered. Given e.g. a simple clause without any quantifiers, particles, etc., with stress on any constituent, this constituent will be in the focus of the interpretation. But, as Jacobs (1991) has pointed out, one has to take into account that certain ambiguities can occur in the evaluation of the scope of the focus operator. Even in the simple sentence (3) taken from Jacobs (op.c.) two interpretations of the scope are possible.

(3)   Peter schlägt ERICH.
        (Peter beats ERICH.)

Without going into too much detail of the semantic representation, it is possible to assign just *Erich* to the scope of the intonational focusing operator, or to take the whole verb phrase *schlägt Erich*. Although it is not this kind of ambiguity we want to discuss here, it should be kept in mind that these ambiguities must somehow be resolved before a semantic representation can be supplied. This resolution will depend on the history of the dialogue at hand.
The first thing we want to include in our defined set of focus operators is intonational stress itself, which will be indicated by "int". Certain particles, e.g. gradual particles get a syntactical scope by default. This default is overruled if some constituent receives intonational focus. In this case it is the intonation which determines the scope of the particle. The negation particle *not* in this respect is no different from the gradual particles and we will treat all focus operators on the formal level of the semantic representation language in the same way. The following operators have been included in the set of focus operators:

    int   -   stress by itself (intonation)
    neg   -   negation
    nur   -   only
    auch   -   also
    sogar   -   even

As a separate, illocutionary, operator we will use the "quest" operator, which marks an utterance as a question. On the dialogue semantical level, its interpretation strongly depends on the scope of the focus operators at hand.

In this paper we will mainly concentrate on the focus operators "int" and "neg" and their relation to the "quest" operator.

Each focus operator receives a structure of the form

```
focus(<Clause-Id>,<Focus-Id>,<Focus-Op>,<Scope>)
```

In the structure shown above <Clause-Id> refers to the identifier of a clause or subclause in which the focus operator has been found. The focus identifier <Focus-Id> has been introduced to offer the possibility of letting focus operators overlap in sentences featuring multiple focus. The third place holder is for the intended meaning. It specifies which kind of operator is meant. As a last argument of our structure an identifier is used to refer to the scope of the focus operator.

If we take example (2), insert the focus operator *nur* and put stress on the verb *arbeitet* we will get the structure shown below.

(4)   Klaus ARBEITET nur im ersten Stock.
        (Claus only WORKS on the first floor.)

```
(SR4)  proper(X,[klaus])
       ref(Y,[erst(stock(Y))])
       focus(P,F,nur,P)
       adjunct(P,in(Y))
       phrase(P,arbeitet,X)
```

Our structure expresses the fact that the focus operator has scope over the verb, and since the core interpretation of a sentence is determined by the verb, the operator has scope over the whole phrase "P".

If we had put stress on the ordinal number *ersten* the focus operator would have received a form like

```
(SR4') focus(P,F,nur,erst(Y))
```

A structure of this form expresses that the focus operator has scope over something called "Y", and some characteristic of "Y" is the main point of interest. The result of interpreting our example as a whole would then be, that it is the first floor which is in focus.

If we construct a simplified representation along the lines of Jacobs' relational approach, involving lambda expressions as the semantic representation level, we would obtain something like the following two formulas.

(M4a) NUR(#λX_V[klaus(X im ersten stock)],λx[arbeitet(x)]#)

(M4b) NUR(#λX_{PP}[klaus arbeitet X],im ersten stock]#)

The representation (SR4) is flatter than the lambda expressions presented above, but it suffices to express the focus relation. However, it is not the form of the representation by itself, but rather its dialogue interpretation which determines its intended meaning. An advantage of our semantic representation format is the possibility of easily handling utterances which bear multiple focus. As an example, take the following sentence:

(5)   JOHANN liebt MARIE nicht.
        (JOHN doesn't love MARY) or, (MARY doesn't love JOHN)

(SR5)   proper(X,[johann])
        proper(Y,[marie])
        focus(P,F1,int,X)
        focus(P,F2,neg,Y)
        phrase(P,liebt,X,Y)

To find an appropriate representation of an utterance like (5), one has to take into account its dialogue environment. If we treat e.g. (5) as an answer to (6), representation (SR5) is correct, but not as an answer to (7).

(6)   WER liebt MARIE nicht?
        (WHO doesn't love MARY?)

(7)   WEN liebt MARIE nicht?
        (WHOM doesn't MARY love?)

The scope of the focus operators of a representation which suits (7) should rather be set up like in (SR5').

(SR5') focus(P,F1,neg,X)
        focus(P,F2,int,Y)

A third interpretation of (5) is possible if we interpret both referents as being in the scope of a negation operator, like in (8):

(8)   JOHANN liebt MARIE nicht, aber KLAUS EVA.
        (JOHN doesn't love MARY, but CLAUS loves EVE)

In the semantic representation formalism presented above we have defined certain operators, like the focus operator or the question operator. Given these operators it is possible to specify related dialogue rules which define their meaning. In this sense, the semantic representation language can be said to be operator driven: the semantics is determined by the dialogue rules which are given for the operators.

Definition of Dialogue Rules

A dialogue can be described as a series of symbolic actions and reactions, which are to a certain extent fixed by rules. What the admissible moves in a dialogue are, can itself be a matter of agreement between the partners in the dialogue. It can also be a matter of linguistic convention. The more explicit the agreements regimenting allowed actions and reactions are, the more formal (in the sense of Barth/Krabbe's "formal$_3$" (op.c.: 19)) the dialogue will be. Actions and reactions in a dialogue will in general be verbal, but not exclusively so. Certainly under most circumstances non-verbal actions, like pointing, demonstrating, showing, testing etc. will belong to the admissible repertoire of the interaction. Dialogues come in a range of variants, depending on the purposes of the interacting parties. At opposite ends we will find completely critical dialogues and completely cooperative ones. Verbal interaction in daily life is of course much less regimented than the kind of critical logic games which are described in classical dialogue tableau theory. But, as David Lewis would say- not anything goes. Certain expressions of natural language give rise to more or less standard patterns of interaction and, not by accident, it is these expressions (or rather a quite restricted subset of them) in which formal logic is interested most. E.g. if you put up a conjunction of the form "p and q" for discussion, you will not be considered to have successfully defended your case unless you have successfully defended both "p" and "q". Generally speaking, the occurrence of certain operators in linguistic expressions determine the possible forms of attack on these expressions, and operator *cum* form of attack determine the form of the possible direct defense moves.[5] Before we can start with the definition of dialogue rules, we have to look for appropriate means to formally describe the states of a dialogue. In this respect the description of the progress of a dialogue by means of so-called *dialogue sequents* has proved to be quite efficient. Sequents have been frequently used in the description of tableau based methods, like those of Gentzen (1934), Barth & Krabbe (1982), Lorenz & Lorenzen (1978). These methods use formal languages to describe the content of logic statements made during the course of a dialogue, and we must find a formalism suitable to represent the content of natural language expressions in dialogue sequents.
So far, we have introduced a semantic representation language which enables us to describe the contents of utterances made by any dialogue partner. For the development of rules on how to behave at an arbitrary dialogue stage we have to define sequents which bear all the information needed to decide which steps can be taken next. The dialogue sequents which we will use for this purpose are an extension of the Carlson sequents (cf. Carlson 1984). In Hoepelman (1991) we have given a detailed description of the development of dialogue games. In order to give a feeling for the kind of tableaux used by Carlson (1984), we will briefly repeat his description:
A dialogue can be represented as a tableau of the following form (where we restrict a discussion to the two parties "Black" and "White"):

	B				W	
AL_B					AL_W	
INF_B	$INF_{B(W)}$	ED_B	ED_W	INF_W	$INF_{W(B)}$

The variables used in the definition of the dialogue tableau should be interpreted as follows:

AL_X — Assumption List of X
INF_X — Information, held by X
$INF_{X(Y)}$ — Information, which X thinks is held by Y
ED_X — Explicit Dialogue Move of X

Since any state of the tableau can be given by an appropriate sequent we can define a dialogue state as follows:

D_X def= $<<AL_B>,<ED_B,ED_W>,<AL_W>>$
with AL_P def= $<INF_P, INF_P(\bar{P})>$.
P being one party, and $\bar{P}$ its dialogue partner.

So far, we have a blackboard in the middle of the tableau which holds the explicit dialogue moves of Black and White. In addition, there exists an assumption list for each party which can be seen as a private list to which the opposite party has no access.
The sequent which we will use (and which, of course, still is an extreme oversimplification) contains two extensions of the Carlson sequent. It is defined as follows:

D_n def= $<AL_B, R_B, T, AL_W, R_W>$

The quintuplet shown above gives a description of a dialogue D at stage n. It contains an assumption list (AL) and a set of protective defense rights (R) for the parties Black (B) and White (W). The variable T contains the tableau which holds the explicit dialogue moves $<ED_B, ED_W>$ made by Black and White. The assumption lists themselves are represented by a triple.

AL_P def= $<INF_P, INF_P(\bar{P}), SSK_P>$

The triple contains the information which P holds (INF_P), the information which P believes that $\bar{P}$ holds ($INF_{P(\bar{P})}$) and the so called stock of shared objects of knowledge (SSK_P). SSK_P contains the entities which, in P's view, both parties are able to talk about

- the agreed common domain of discussion, comprising also actions, states, properties etc.

To compress the dialogue rules into a more compact format we introduce a few additional symbols which are simply placeholders for certain phrases which will be used more often during a dialogue.

+	confirmation of a statement with "yes,..."
−	declinature of a statement with "no,..."
Δ	"You said that ..."
∇	"I think that ..."
◊	"We agreed that ..."
⁇	used for presuppositional rejection with "What do you mean by ..."
⓪	used to indicate an unknown fact with "I don't know"

The first set of rules we want to present describes the treatment of intonational focus in the context of questions. What should be mentioned here is that all dialogue rules presented in this paper underly the principle of duality: if a rule is specified for a statement made by one party and the related reaction of the other, a dual rule exists which handles the same situation but with opposite roles.

The first rule, (RF-1), has been specified to deal with what Culicover and Rochemont (1983) call informative focus, and hence is adapted to the answering of *wh*-questions. The rule is simplified in the sense that it is designed for questions containing only one question operator. If we want to extend it to the treatment of multiple *wh*-questions, like *who knows whom?*, a kind of recursive search should be used which computes a matrix of the desired relation.

The party Black would receive the right to answer a multiple question only in case all open question variables are bound.

(RF-1) Response to Wh-Questions

Suppose there is a dialogue stage D_n which is defined as follows:

D_n = <AL_B, R_B, <ED_B, [α|ED_W]> , AL_W, R_W>,

where [α|EDW] is a list with α as its first element, indicating W's latest explicit dialogue move and
α = S[quest(X,δ)]

The following case distinction holds.

(i) positive response
$\forall F, S'$ if (F satisfies $\delta, S' = S_{X/F}$ & $S' \in INF_B$), then
$D(F)_{n+1} = \langle AL_B, [S'[focus(int,F)] | R_B], \langle ED_B, [\alpha | ED_W] \rangle,$
$\quad AL_W, R_W \rangle$
where $D(F)_{n+1}$ is the next dialogue stage dependent on F.

(ii) mismatch of presupposed entities
$\forall F$ if $(F \in \{X : X \in constituent(S)\}$ & $F \notin SSK_B)$ then
$D(F)_{n+1} = \langle AL_B, [?F | R_B], \langle ED_B, [\alpha | ED_W] \rangle, AL_W, R_W \rangle$

(iii) negative response
If $(\forall F, S'$ such that (F satisfies $\delta, F \in SSK_B$ &
$S' = S_{X/F}): \neg S' \in INF_B)$,
then $D(F)_{n+1} = \langle AL_B, [S_{X/N}[nex(N,\delta), focus(int,N)] | R_B],$
$\quad \langle ED_B, [\alpha | ED_W] \rangle, AL_W, R_W \rangle$

(iv) unknown
else
$D_{n+1} = \langle AL_B, [© | R_B], \langle ED_B, [\alpha | ED_W] \rangle, AL_W, R_W \rangle$

What (RF-1) describes is a situation in which the party called White has put forward a *wh*-question with a certain questioned element in it, called X. Furthermore, a description δ is associated with X. As we have pointed out earlier, there is no fixed order of the terms of the representation language. This feature allows us to select those terms of a sentence which are of special interest in a certain context. The rest of the representation is just put into the variable S.

The first case illustrates the situation in which Black knows about a fact S' which can be gained from S by substitution of X by (a) new constituent(s) F which serve(s) the description(s) δ of X. In all such cases Black incurs the right to state fact S' by putting the intonational stress on F (for any such F). It is important to notice that in order to serve the description δ the selection of F underlies certain semantical and contextual restrictions. E.g., if at a certain dialogue stage the dialogue topic is "hardware" a different answer is relevant to the question *what is on the first floor?* than in case the dialogue topic is "plants".

The second case copes with mismatches of presupposed entities. This means that Black can find (a) constituent(s) F of S which is (are) not contained in the stock of shared entities as Black conceives of it. Therefore, he receives the right to point out which F constitutes an obstacle for him to continue the dialogue with a definite answer.

The concern of the third case is with definite negative answers to *wh*-questions. If Black possesses definite negative information about any F satisfying δ (and belonging to Blacks version of the set of entities both parties are able to talk about at all), in the sense that S is false of it, he receives the right to deny the question by substituting stressed *no* δ. This is indicated by the nex-operator which handles negation articles like the German *kein*.

The last case allows Black to indicate that he is willing to answer the question but is not able to do so.

Tableau (T1) shows an example of explicit dialogue moves of Black and White with a case distinction for Black's possible reactions if he is obliged to behave according to (RF-1).

(T1)

B	W
	which colleague is working on the first floor?
(i) CLAUS is working on the first floor.	
(ii) What do you mean by first floor.	
(iii) No colleague is working on the first floor.	
(iv) I don't know.	

In (T1) we have refrained from showing the contents of the assumption lists AL_B and AL_W because this would have taken too much space. For the illustration of what can happen if rule (RF-1) is applied it is sufficient to show only the explicit dialogue moves and to drop the representation of the assumption lists.

If we put the clauses used in (T1) into our semantic representation language we obtain the following tableau (TR1).

(TR1)

B	W
	$\begin{bmatrix} \text{quest (X, [colleague(X)])} \\ \text{ref (Y, [first(floor(Y))])} \\ \text{adjunct (P,on(Y))} \\ \text{phrase (P,work,X)} \end{bmatrix}$
(i) $\begin{bmatrix} \text{proper (A,claus)} \\ \text{ref (Y, [first(floor(Y))])} \\ \text{focus (P,F,int,A)} \\ \text{adjunct (P,on(Y))} \\ \text{phrase (P,work,A)} \end{bmatrix}$	
(ii) ↑ref (Y, [first(floor(Y))])	
(iii) $\begin{bmatrix} \text{ref (Y, [first(floor(Y))])} \\ \text{nex (N, [colleague(N)])} \\ \text{focus (P,F,int,N)} \\ \text{adjunct (P,on(Y))} \\ \text{phrase (P,work,N)} \end{bmatrix}$	
(iv) ⓟ	

(RF-1) has been designed as a rule on the use of focus intonation in the construction of an answer to a wh-question. Compare this to the case of somebody uttering a yes/no-question. In that case, one normally focuses ones point (or points) of interest by applying intonational stress. One could say that we have to interpret the intonation in case of a yes/no-question, whereas we just use it in the case of an answer to a wh-question. The interpretation of intonational focus in yes/no-questions is dealt with in our second rule, (RF-2).

(RF-2) Focus Intonation in Yes/No Questions

Given a state of discourse D_n, which is defined as follows

D_n = $\langle AL_B, R_B, \langle ED_B, [\alpha | ED_W] \rangle, AL_W, R_W \rangle$
α = S[quest(X,[ ]),focus(int,F)]

The following case distinction holds.

(i) positive response
if S $\in$ INF_B
D_{n+1} = $\langle AL_B, [+(S) | R_B], \langle ED_B, [\alpha | ED_W] \rangle, AL_W, R_W \rangle$

(ii) negative response with supply of an alternative
$\forall G, S'$ if (F$\neq$G, $S' = S_{F/G}$, $S' \in INF_B$ & $S \notin INF_B$) then
$D(G)_{n+1}$ = $\langle AL_B, [-(S'[focus(int,G)]) | R_B],$
 $\langle ED_B, [\alpha | ED_W] \rangle, AL_W, R \rangle$

(iii) mismatch of presupposed entities
$\forall G$ if (G$\neq$F, G$\in$ {X:X$\in$constituent(S)}, G$\notin SSK_B$) then
$D(G)_{n+1}$ = $\langle AL_B, [?G | R_B], \langle ED_B, [\alpha | ED_W] \rangle, AL_W, R_W \rangle$

(iv) unknown
else
D_{n+1} = $\langle AL_B, [⓪ | R_B], \langle ED_B, [\alpha | ED_W] \rangle, AL_W, R_W \rangle$

Four cases have to be distinguished in (RF-2). The first case is simply the one, in which the yes/no-question can be positively answered. This fact is indicated by the +, which gives Black the possibility to confirm the sentence which was asked by White as a whole. If we want to investigate the case of a positive response in more detail, we can add a subcase of (i) in which Black takes over the intonation used by White. This kind of behaviour will be reserved for situations in which White has already uttered a question similar to α, but has received a negative answer to this question. In such a case Black can use the intonation to positively confirm that White is now on the right track. The second case of (RF-2) has been designed to cope with situations in which Black cannot confirm White's question. Instead, he has to search for an appropriate alternative in his private list of information. If Black succeeds in finding any such appropriate statement S' by substituting the affected constituent(s) in S he receives the right to negate White's question, at the same time supplying the information which he thinks is correct. Notice that the negation of S is not just "no" but rather "no,S'", where S' is the correction of S. Similarly we don't consider "yes" as a complete confirmation, but rather "yes,S". Assuming that we want to give Black the chance to act in a less cooperative way than the one designed under (ii), we can modify this case in such a way that the existence of the alternative remains as a requirement, but that Black is allowed to hold back its utterance until he will be explicitly asked for it by White.
Cases (iii) and (iv) correspond to cases (ii) and (iii) of (RF-1) and need no further

explanation here. However, one should notice that (ii) as well as (iii) are very much oversimplified in the condition F≠G. The point is not, that F and G should not be formally identical, but rather, that, as far as Black can judge, for White they do not refer to the same entity. This means, that for a more adequate treatment of answering with referring expressions, (and for referring in general) one should also introduce lists, which, for both dialogue parties, contain information about which expression refers to what and also which expression each party THINKS refers to what FOR THE OTHER PARTY.

In tableau (T2) we show an application of rule (RF-2).

(T2)

B	W
	is Claus working on the first floor?
(i) yes, CLAUS is working on the first floor.	
(ii) no, PETER is working on the first floor.	
(iii) I don't know about a first floor.	
(iv) I don't know.	

Again, in order to illustrate what the example looks like if we take the semantic representation format, the next tableau shows the related forms (see TR2 on the following page).

What we have described so far, is the use of focus intonation in typical question-answer situations. It is common to all of these, that either the party raising the question puts stress on the expressions which constitute its main point(s) of interest or that the answering party puts stress on those expressions which fit the question. In addition, our rules provide patterns giving the possibility to cope with situations in which something in the conversation goes wrong. This means that if one party (P) assumes that the other ($\bar{P}$) knows about a certain object mentioned in its sentence and this assumption turns out to be wrong, the other ($\bar{P}$) receives the right to point out which objects are, in his opinion, not yet sufficiently established as common reference ground. It is this treatment of pragmatic presuppositions which quite often occurs in everyday situations.

A quite similar dialogue situation arises if the party $\bar{P}$ objects against an entity mentioned by P and introduces an alternative. The difference to the mismatch of presuppositions lies in the fact that in the former situation $\bar{P}$ did not know about certain parts of the sentence uttered by P, whereas in the latter P̄ knows about some part(s) of the sentence uttered by P which is (are) wrong according to P̄'s opinion. Therefore, a rather natural way to solve this situation is that P̄ supplies an appropriate alternative. The normal way to indicate which part(s) is (are) corrected is to put stress onto the affected expressions. In this sense our next rule is a generalization of case (ii) of (RF-2), which allows the answering party a declinature by offering an alternative in case the other party has asked a question. However, the starting point of (RF-3) is a non-question statement α uttered by some party (let us take White) with a special property affecting some constituent of α.

(TR2)

B	W
	$\begin{bmatrix} \text{quest (X, [ ])} \\ \text{proper (A, claus)} \\ \text{ref (Y, [first(floor(Y))])} \\ \text{focus (P, F, int, A)} \\ \text{adjunct (P, on(Y))} \\ \text{phrase (P, work, A)} \end{bmatrix}$
(i) $\begin{bmatrix} + \\ \text{proper (A, claus)} \\ \text{ref (Y, [first(floor(Y))])} \\ \text{focus (P, F, int, A)} \\ \text{adjunct (P, on(Y))} \\ \text{phrase (P, work, A)} \end{bmatrix}$	
(ii) $\begin{bmatrix} - \\ \text{proper (B, peter)} \\ \text{ref (Y, [first(floor(Y))])} \\ \text{focus (P, F, int, B)} \\ \text{adjunct (P, on(Y))} \\ \text{phrase (P, work, B)} \end{bmatrix}$	
(iii) ɤref (Y, [first(floor(Y))])	
(iv) ⓞ	

Before we give the definition of the rule, we have to expand the notion of <u>assumption list</u>: For each partner P and each constituent F we introduce a <u>range of incompatibles</u> F^*_P, following Gabbay/Moravcsik (op.c.). Let INC_P be the function assigning to each constituent F the range of incompatibles F^*_P according to P. The assumption list for P, AL_P, is now defined as follows:

$$AL_P \ def= \ \langle INF_P, INF_P(\bar{P}), SSK_P, INC_P \rangle$$

Notice, that for a more refined treatment it will be necessary to introduce in addition a function $INC_P(\bar{P})$ giving for each F the range of incompatibles for $\bar{P}$, as P conceives of it.

The rule will now be:

(RF-3) Corrective Focus Intonation

Suppose there is a state of discourse called D_n which is defined as follows.

$D_n \ = \ \langle AL_B, R_B, \langle ED_B, [\alpha|ED_W] \rangle, AL_W, R_W \rangle$
with any α not containing a question operator
and the following property (I):
(I) $\alpha \notin INF_B$ &
$\exists F, G, \alpha' \ (F \in \{X : X \in \text{constituent}(\alpha)\} \ \& \ G \in F^*_B \ \& \ \alpha' = \alpha_{F/G})$

The following case distinction holds:

(i) own information
if $\alpha' \in INF_B$
$D_{n+1} \ = \ \langle AL_B, [\nabla(\alpha'[\text{focus}(\text{int},G)])|R_B],$
$\langle ED_B, [\alpha|ED_W] \rangle, AL_W, R_W \rangle$

(ii) P knows that $\bar{P}$ knows
if $\alpha' \in INF_{B(W)}$
$D_{n+1} \ = \ \langle AL_B, [\Delta(\alpha'[\text{focus}(\text{int},G)])|R_B],$
$\langle ED_B, [\alpha|ED_W] \rangle, AL_W, R_W \rangle$

(iii) already agreed
if $\alpha' \in SSK_B$
$D_{n+1} \ = \ \langle AL_B, [\Diamond(\alpha'[\text{focus}(\text{int},G)])|R_B],$
$\langle ED_B, [\alpha|ED_W] \rangle, AL_W, R_W \rangle$

A few words of explanation are in order. Let us first have a look at property (I). We have an α which is not contained in B's information. However, B can construct an α' by substituting some constituent(s) F in α by (an) element(s) G which belong(s) to the range of incompatibles of F, as far as B is concerned: $G \in F^*_B$. It is a far from trivial task to determine what the range of incompatibles is for a given constituent in a given dialogue situation for a given dialogue partner. In Gabbay/Moravscik (op.c.) we find a tentative proposal concerning incompatibles which belong to the same lexical category. However, incompatibility can also be conveyed by expressions not belonging to the same category:

(9) a) (White) Pavarotti sings beautifully.
     b) (Black) I don't like that howler.

We do not claim to have a general solution for this problem. On the other hand - for a practical (and implementable) approximation - it may suffice to take resort to lexical information, giving a predefined range of incompatibles for each lexical item.
At any rate, in our rule (RF-3) it is only required that we can construct a well formed α' by substitution of F (or of F's) by an incompatible G (or G's) in α. Three cases have been distinguished. If Black can find such an α' in his own information he receives the right (for any such G) to point out that he knows about some G which is incompatible with F. And in order to indicate which part of his utterance is most important, any such G receives special emphasis by intonational focus. The second and the third case are similar to the first one but just differ in the place where the information can be found. To illustrate how a dialogue might proceed we present tableau (T3) which shows the explicit dialogue moves of an application of (RF-3).

(T3)

B	W
	Peter is working on the first floor.
(i) I think that CLAUS is working on the first floor.	
(ii) You said that CLAUS is working on the first floor.	
(iii) We agreed that CLAUS is working on the first floor.	

In rule (RF-3) we gave a description of how one can apply corrective focusing.[6] The assumption concerning the behaviour of Black is, that Black is willing to give White the information which he needs to correct his own information. Under certain circumstances there might evolve a situation in which Black does not want to supply this information but rather, for strategic or other reasons, just wants to negate White's statement. With rule (RF-4) we enable Black to make use of such a possibility.[7]

(RF-4) Constituent Negation

Suppose there is a state of discourse called D_n defined as follows:

$D_n = \langle AL_B, R_B, \langle ED_B, [\alpha | ED_W] \rangle, AL_W, R_W \rangle$
with any α not containing a question operator
and the following property (I):
(I) $\alpha \notin INF_B$ &
$\exists F, G \ (F \in \{X : X \in \text{constituent}(\alpha)\} \ \& \ G \in F^*_B \ \& \ \alpha' = \alpha_{F/G}$

The following case distinction holds.

(i) own information, already agreed
if $\alpha' \in (INF_B \cup SSK_B)$
$D_{n+1} = \langle AL_B, [-(\alpha[\text{focus}(neg, F)])] | R_B], \langle ED_B, [\alpha | ED_W] \rangle,$
$AL_W, R_W \rangle$

(ii) P knows that $\overline{P}$ knows
if $\alpha' \in INF_{B(W)}$
$D_{n+1} = \langle AL_B, [\Delta(\alpha[\text{focus}(neg, F)])] | R_B], \langle ED_B, [\alpha | ED_W] \rangle,$
$AL_W, R_W \rangle$

Only two case distinctions have been made in (RF-4). With the same starting point as defined in (RF-3) we distinguish between a situation in which Black knows about a contrary fact and a situation in which Black knows that White contradicts himself. The reason why we leave it open whether α' is contained in either Black's private information list or the stock of shared entities is that with this weak condition Black is enabled to delay the moment in which he is forced to supply the contrary information. Case (i) of (RF-4) provides a nice explanation of utterances of the form "no,...not..." which are not meant as being doubly negated. This kind of sentences causes a problem if one uses a purely logical approach for their treatment. As a short form of this sentence a reaction of Black just stating "no" would be possible, too. In (T4) a direct application of (RF-4) is shown.

(T4)

B	W
	Peter is working on the first floor.
(i) No, not PETER is working on the first floor. (ii) You said that not PETER is working on the first floor.	

In rules (RF-3) and (RF-4) we started our definition of the use of corrective focus intonation from the assumption that one particular property of the last utterance of one party is in contrast with some information that the other has, i.e. it belongs to the point of view of the range of incompatibles related to this property. But we cannot always take a range of incompatibles as the condition for the usage of corrective focusing. Consider, e.g. the next sentence[8]:

(10)   He was no German, but a Bavarian.

If we try to reduce (10) to its main statements, we can develop the following excerpt from a dialogue.

(T5)

B		W
		Franz-Josef was a great German.
No, he was no great GERMAN.	He was a great BAVARIAN.	
		What, then, was he?
He was a great BAVARIAN.		

At first sight, the two subtableaux on Black's column represent an application of (RF-4), (RF-3) respectively. From a dialogue semantic point of view they seem to be okay. But, on the other hand, we cannot treat the relation "to be a German" as incompatible to the relation "to be a Bavarian". Hence, the precondition of (RF-3) and (RF-4) fails. Instead, we could rather interpret "to be a Bavarian" as a more precise formulation of the relation under discussion. From these considerations we can develop two special cases of (RF-3) and (RF-4) named (RF-3') and (RF-4') which differ in two points from property (I). The first point is that we no longer demand that the sentence α uttered by White should not be contained in the information that Black has. The second is that if we erase the part which says that there exists some G which belongs to the range of incompatibles of F, as they are known to Black, and substitute it by a new property which gives access to some scale of estimation of B concerning F and G, we can define the following property (K) as the new precondition, and keep the rest of the rules.

(K)
$\exists F, G, \alpha'$ ($F \in \{X : X \in \text{constituent}(\alpha)\}$ & $\text{Scal}_B(G) > \text{Scal}_B(F)$
& $\alpha' = \alpha_{F/G}$)

If we postpone the explanation of what is meant by the expression $\text{Scal}_B(G) > \text{Scal}_B(F)$ and treat it for the moment in an intuitive way stating that, as far as Black is concerned, G receives a higher estimation than F, we can design rule (RF-5) as a cooperative version of (RF-4').

(RF-5) Precisive Focus Intonation

Suppose there is a state of discourse called D_n which is defined as follows.

$D_n = \langle AL_B, R_B, \langle ED_B, [\alpha | ED_W] \rangle, AL_W, R_W \rangle$
with any α not containing a question operator
and the following property (K):
$\exists F, G, \alpha'$ ($F \in \{X : X \in \text{constituent}(\alpha)\}$ & $\text{Scal}_B(G) > \text{Scal}_B(F)$
& $\alpha' = \alpha_{F/G}$)

if $\alpha' \in INF_B$ construe a sentence β to be defined as:
$\beta = \alpha[\text{focus}(\text{neg}, F)]$ <u>but</u> $\alpha'[\text{focus}(\text{int}, G)]$

$D_{n+1} = \langle AL_B, [\beta | R_B], \langle ED_B, [\alpha | ED_W] \rangle, AL_W, R_W \rangle$

The construction of β in rule (RF-5) is a straight forward concatenation of the two sentences α and α' by means of the particle *but*. Of course, the resulting sentence β will not apply directly in a dialogue. Rather, a transformation of β which makes use of pronominalization and ellipsis will be more suitable and natural. Now, if we consider dialogue (T5) again and apply (RF-5), we obtain tableau (T6).

(T6)

B	W
	Franz-Josef was a great German.
Franz-Josef was not a great GERMAN, but Franz-Josef was a great BAVARIAN. (He was no GERMAN, but a BAVARIAN.)	

Furthermore, (RF-5) is not applicable to noun phrases or adjectives alone, but also to verbs as shown in (T7).

(T7)

B	W
	Susan likes Mike.
She does not LIKE him, but she LOVES him.	

So far, we have reached a tentative explanation of what we call "Precisive Focus Intonation". In rule (RF-5) we gave a rule of use in which the objects in question are put in contrast to each other using negation and the particle *but*. Being in contrast in this context is not seen as being opposite. Rather, it is considered as an intonational means which - as in the example above - expresses two items as two distinct private estimations on the basis of a scale of private estimation. The scale itself can be seen as being related to a certain super concept, e.g. being a Bavarian includes being a German and a European. It depends on the private estimation of the speaker which relation is more valuable to him/her than another. On the other hand, precisive focus intonation may also be used in statements which are taken from common ground. An example of the first attitude was shown in (T6), (T7) may serve as an example of the second. An open question is, how one can express whether a statement is based on private estimation or taken as commonly agreed. In our approach, we can distinguish between the sources of information which serve each dialogue partner as a knowledge base. Depending on whether the scale of estimation is taken from the private information list, the stock of shared knowledge, or from the information list about the dialogue partner, it is possible to model corresponding cases for rule (RF-5). Notice that if we omit the prefix clauses *I think...*, *You said...*, etc., it is no longer obvious to the partner which source the statement stems from. In a cooperative dialogue, both parties should therefore indicate which information list is used. In a less cooperative mode it will be clarified during the discussion. The construction of a common scale of estimation related to the stock of shared knowledge will be the result of intermediate meta dialogues in which the dialogue partners try to reach an agreement about their attitudes. It is this kind of scale which Jacobs (1983) recommended as a base for the use of gradual particles.

If we investigate example (10) again and insert the particles *only*, *even*, *as well*, we gain the following variations of (10).

	(10)	He was no German but a Bavarian.
(*)	(10.1)	He was no German but a Bavarian as well.
(*)	(10.2)	He was no German but even a Bavarian.
	(11)	He was not only a German but a Bavarian.
	(11.1)	He was not only a German but a Bavarian as well.
	(11.2)	He was not only a German but even a Bavarian.

The difference between (10) and (11) is that the speaker of sentence (10) expresses an excluding proposition against which the speaker of (11) expresses an including one. A problem which arises from this consideration is that if we use only the scale of estimation, we cannot build a decision ground which enables us to favour either (10) or (11). On the other hand, if we take a look at (10.1), (10.2), and (11.1), (11.2) respectively, both sentences (10.1) and (10.2) seem to be strange. Surely, (11.1) and (11.2) are more acceptable since in both of them the including character of (11) is strenghened by the inserted particles. The difficulty in using (10) is that even though an excluding proposition is expressed by the choice of the words, it still preserves an including nature. This feature is taken into account in our rule (RF-5). In case we want to design a rule which enables us to decide in favour of (10) or (11), some additional information is needed which should be based on the speaker's personal attitude. Concerning the straightforward interpretation of gradual particles as it is indicated above, we have developed rules which are based on the estimation scale and serve as a basis for the implementation of the MAFID system. It is obvious that such a bundle of rules cannot cover all the finenesses of gradual particles as they have been outlined for German in Altmann (1976) and Jacobs (1983).

Notes

1. The research described in this paper has been done in the project MAFID (Modellbildung für die Auswertung der Fokusintonation im gesprochenen Dialog), sponsored by the German Research Foundation. The aim of the project is the implementation of a dialogue module able to recognize spoken utterances and to interpret and exploit their intonational focusing as a dialogue device (cf. Bannert, Hoepelman, Machate (1989)). In a wider sense, our research falls in the tradition which tries to establish the semantics of natural language as a function of its dynamics as a means of communication. This effort has perhaps been most succinctly summarized by Wittgenstein's dictum "Don't look for the meaning, look for the use".
2. Such a focus recognizer and related interpreter have been developed in the course of the MAFID project.
3. With the important difference, that in game theoretical semantics and in dialogue theory it is possible to indicate BY WHOM proper name and referent have been introduced.
4. Along the lines of Halliday (1967), Jacobs distinguishes between topic/comment as a syntactical means of topicalization and focus/back-ground structuring as the intonational means of accentuation.
5. Such direct defense moves are called *protective defense* moves by Barth and Krabbe (Barth/Krabbe op.c.: 60 ff.).
6. Corrective focusing can also be applied on the levels of morphology and even phonetics.
7. Pure denial of the other parties statements, without an obligation to supply an alternative is characteristic for the kind of critical dialogues games which lead to classical, constructive and other well-known variants of formal logic.
8. This example stems from a proposal made by J. Jacobs (personal communication).

References

Altmann, H. (1976): Die Gradpartikeln im Deutschen. Tübingen.
Bannert, R., Hoepelman, J. & Machate, J. (1989): "Auswertung der Fokusintonation im gesprochenen Dialog". In: Mustererkennung 1989 (Proceedings of the 11th DAGM-Symposium). ed. by H. Burkhardt, K. H. Höhne & B. Neumann. Hamburg, 536 - 542.
Barth, E. M. & E. C. W. Krabbe (1982): From Axiom to Dialogue. A Philosophical Study of Logics and Argumentation. Berlin.
Beneš, E. (1967): Die funktionale Satzperspektive (Thema-Rhema-Gliederung) im Deutschen. Deutsch als Fremdsprache 1. Leipzig.
Carlson, L. (1984): "Focus and Dialogue Games". In: Cognitive Constraints on Communication. ed. by L. Vaina & J. Hintikka. Dordrecht.
Chomsky, N. (1971): "Deep Structure, Surface Structure and Semantic Interpretation". In: Semantics - An Interdisciplinary Reader. ed. by D. Steinberg & L. Jakobovits. Cambridge, 183 - 216.

Culicover, P. W & M. Rochemont (1983): "Stress and Focus in English". Language 59, 1.

Daneš, F. (1974): "Functional Sentence Perspective and the Organization of the Text". In: Papers on FSP. ed. by F. Daneš. Prag, 106 - 128.

Drach, E. (1937/1963): Grundgedanken der deutschen Satzlehre. Darmstadt.

Firbas, J. (1958): Bemerkungen über einen deutschen Beitrag zum Problem der Satzperspektive. Philologica Pragensia 1. Prag.

Gabbay, D. M. & J. M. Moravcsik (1978): "Negation and Denial". In: Studies in Formal Semantics. Intensionality, Temporality, Negation. ed. by. F. Guenthner & Ch. Rohrer, Amsterdam.

Gentzen, G. (1934): "Untersuchungen über das logische Schließen". Mathematische Zeitschrift 39, 176 - 210 und 405 - 431.

Hajičová, E. (1984): "Topic And Focus". In: Contributions to Functional Syntax, Semantics and Language Comprehension. ed. by. P. Sgall. Amsterdam, Prag, 189 - 202.

Halliday, M. A. K. (1967): "Notes on Transitivity and Theme in English: Part II". Journal of Linguistics 3, 199 - 244.

Hays, D. G. (1964): "Dependency Theory: A Formalism And Some Observations". Language 40, 4, 511 - 524.

Helbig, G. & W. Schenkel (1975): Wörterbuch zur Valenz und Distribution deutscher Verben. Leipzig.

Hellwig, P. (1986): "Dependency Unification Grammar". In: Proceedings of the International Conference on Computational Linguistics (COLING-86). Bonn, 195 - 198.

Hintikka, J. & L. Carlson (1979): "Conditionals, Generic Quantifiers and other Applications of Subgames". In: Formal Semantics and Pragmatics for Natural Languages. ed. by F. Guenthner & S. J. Schmidt. Dordrecht: Reidel, 1 - 37.

Hintikka, J. & J. Kulas (1985): Anaphora and Definite Descriptions. Dordrecht: Reidel.

Hoepelman, J. (1979): "Negation and Denial in Montague Grammar". Theoretical Linguistics 6, 2/3, 191 - 209.

Hoepelman, J., Machate, J. & R. Schnitzer (1991): "Intonational Focusing and Dialogue Games". Journal of Semantics 8, 3, 253 - 275.

Jacobs, J. (1983): Fokus und Skalen - Zur Syntax and Semantik der Gradpartikeln im Deutschen. Tübingen: Niemeyer.

Jacobs, J. (1984): "Funktionale Satzperspektive und Illokutionssemantik". Linguistische Berichte 91, 25 - 58.

Jacobs, J. (1988): "Fokus-Hintergrund-Gliederung und Grammatik". In: Intonationsforschungen. ed. by H. Altmann. Tübingen, 89 - 134.

Jacobs, J. (1991): "Focus Ambiguities". Journal of Semantics 8, 1/2, 1 - 36.

Kamp, H. (1981): "A Theory of Truth and Semantic Representation". In: Formal Methods in the Study of Language, part 1. ed. by. Groenendijk, Janssen & Stokhof. 277 - 321.

Lorenzen, P. & K. Lorenz (1978): Dialogische Logik. Wissenschaftliche Buchgesellschaft. Darmstadt.

Machate, J. & D. Nitsche (1990): KONTUR - Ein Parser für die freie Wortstellung im Deutschen. FhG/IAO - internes Arbeitspapier.

Mathesius, V. (1929): Zur Satzperspektive im modernen Englisch. Archiv für das Studium der neueren Sprachen und Literaturen 155, 202 - 210.

McCord, M. (1989): A New Version of Slot Grammar. Research Report RC 14506, IBM Research Division, Yorktownheights, NY 10598.

Schank, R. C. (1975): Conceptual Information Processing. Amsterdam.

Sgall, P., E. Hajičova & J. Panevova (1986): The Meaning of the Sentence in its Semantic and Pragmatic Aspects. Dordrecht.

Über Verum-Fokus im Deutschen

Tilman N. Höhle, Tübingen

1 Verum-Fokus*

Nehmen wir an, daß sich der Sprecher A an den Sprecher B wendet, indem er den Satz (1a) äußert. Sprecher B kann darauf mit (1b) antworten:

(1) (a) ich habe Hanna gefragt, was Karl grade macht, und sie hat die alberne Behauptung aufgestellt, daß er ein **Dreh**buch schreibt
 (b) (das stimmt) Karl schreibt ein **Dreh**buch

(Fettdruck steht für Betonung.) Hier antwortet B in genau der Form (mit der Konstituentenbetonung), in der A den Gedanken, daß Karl ein Drehbuch schreibt, als neuen Beitrag in den Diskurs eingebracht hat. Insofern ist (1b) eigenartig. Aber solche Erwiderungen, die einen bereits bekannten Gedanken wie einen neuen präsentieren, sind eine durchaus übliche Redestrategie.
Auf die gleiche Äußerung (2a) könnte B auch mit (2b) reagieren:

(2) (a) ich habe Hanna gefragt, was Karl grade macht, und sie hat die alberne Behauptung aufgestellt, daß er ein **Dreh**buch schreibt
 (b) (das stimmt) Karl **schreibt** ein Drehbuch

Obwohl hier *schreibt* betont ist, soll in diesem Kontext offensichtlich nicht der lexikalische Inhalt des Verbs *schreib-* oder ein Inhaltsbestandteil der Flexionsform (etwa das Präsens) hervorgehoben werden. Was man hier intuitiv als hervorgehoben versteht, ist vielmehr die Bekundung, daß B den Gedanken, daß Karl ein Drehbuch schreibt, für wahr hält. Man kann den Effekt von (2b) etwa mit (3) umschreiben:

(3)   es *trifft zu* / ist *wahr*, daß Karl ein Drehbuch schreibt

Dabei ist der inhaltlich hervorgehobene Teil kursiv ausgezeichnet. Eine Erwiderung mit einer solchen Fokus-Hintergrund-Struktur ist genau das, was man im Kontext (2a) erwartet; aber es ist eigenartig, daß die Betonung in (2b) diesen Effekt haben kann.

---

* Dieser Beitrag beruht auf Vorträgen im Anschluß an Höhle (1988) vor Mitgliedern des von der schwedischen Reichsbank unterstützten Forschungsprogramms 'Sprache und Pragmatik', denen ich für ihre kritische Anteilnahme danke. Besonderen Dank schulde ich Sven-Gunnar Andersson, Josef Bayer, Jorunn Hetland, Joachim Jacobs, Marga Reis und Inger Rosengren. Im Norwegischen und Schwedischen gibt es Beobachtungen zum Verum-Fokus, die aus der Sicht der hier besprochenen deutschen Daten überraschend sind. Vgl. dazu Hetland 1991.

Noch auffälliger tritt dieser Effekt zutage, wenn das betonte finite Verb keinen lexikalischen Inhalt hat, sondern nur temporale Funktion hat wie in (4a) oder Bestandteil eines idiomatischen Komplexes ist wie in (5a) und (6a). Dabei ist in (b) jeweils ein geeigneter Kontext und in (c) eine Umschreibung des Effekts von (a) im Kontext (b) gegeben.

(4)   (a) (nein) Karl **hat** nicht gelogen
        (b) Karl hat **bestimmt** nicht gelogen
        (c) es ist *wahr*, daß Karl nicht gelogen hat

(5)   (a) (doch) ich **höre** mal auf
        (b) hörst du denn **nie** auf?
        (c) es ist *sicher*, daß ich mal aufhöre

(6)   (a) (aber ja) sie **macht** ihm den Garaus
        (b) ich kann mir nicht vorstellen, daß sie ihn wirklich umbringen will
        (c) es ist *wirklich so*, daß sie ihm den Garaus macht

Um den Inhalt der idiomatischen Verbindung *auf-hör-* hervorzuheben, müßte man den Verbzusatz *auf* betonen; um den Inhalt von *d- Garaus mach-* hervorzuheben, müßte man das Substantiv *Garaus* innerhalb des Objekts betonen.

Einen ähnlichen Effekt findet man bei uneingebetteten Interrogativsätzen, und zwar sowohl bei Entscheidungs-Interrogativen wie (7) – (9) als auch bei W-Interrogativen wie (10) – (12):

(7)   (a) **hört** sie denn damit auf?
        (b) ich habe Hanna gebeten, damit **auf**zuhören
        (c) ist es den *wahr*, daß sie damit aufhört?

(8)   (a) **hat** er den Hund denn getreten?
        (b) es heißt, daß Karl den **Hund** getreten hat
        (c) ist es denn *wahr*, daß er den Hund getreten hat?

(9)   (a) (und?) **lesen** Sie ihm die Leviten?
        (b) ich habe Karl gedroht, daß ich ihm die **Leviten** lesen werde
        (c) ist es *wahr*, daß Sie ihm die Leviten lesen?

(10)   (a) wann **hört** sie denn damit auf?
       (b) ich habe Hanna gebeten, damit **auf**zuhören
       (c) für welche x ist es denn *zutreffend*, daß sie zum Zeitpunkt x damit aufhört?

(11)   (a) wer **hat** den Hund denn getreten?
       (b) ich habe den Hund nicht getreten, und Karl hat es auch nicht getan
       (c) für welches x ist es denn *zutreffend*, daß die Person x den Hund getreten hat?

(12)   (a) warum **nimmt** er denn nicht teil?
       (b) daß Karl nicht teilnimmt, hat nichts mit seiner Kurzsichtigkeit zu tun
       (c) für welches x ist es denn *zutreffend*, daß er wegen x nicht teilnimmt?

Genau wie bei den Deklarativen in (2b) und (4a) – (6a) ist der in (7a) – (9a) ausgedrückte Gedanke aus dem Kontext bekannt; hervorgehoben ist die Bekundung, daß der Sprecher über die Wahrheit dieses Gedankens Auskunft verlangt. In (10a) – (12a) ist der ausgedrückte Gedanke bis auf die Belegung der Variablen x bekannt, und hervorgehoben ist, daß die korrekte Belegung dieser Variablen gesucht ist.

In allen diesen Fällen kann man den Effekt, den die Betonung des Verbs hat, einigermaßen plausibel umschreiben, indem man ein Prädikat 'wahr' (oder ein Synonym) einführt und als inhaltlich hervorgehoben betrachtet. Ich nenne diesen hervorgehobenen Bedeutungsanteil VERUM und bezeichne solche Fälle als Verum-Fokus.[1]

2 Semantischer und nicht-semantischer Fokus

2.0 In den später folgenden Abschnitten gehe ich davon aus, daß es sich beim Verum-Fokus um einen 'semantischen Fokus' i.S. von Expl. (= Höhle 1982): 87f. handelt. Ich will also die Annahme (13) machen:

(13)   In den betrachteten Fällen ist dem Verb ein Bedeutungselement VERUM zugeordnet, so daß dieses Element durch die Betonung des Verbs hervorgehoben wird.

Diese Annahme ist nicht selbstverständlich. Zweifellos ist es häufig so, daß ein betontes Wort als semantischer Fokus fungiert. Es gibt jedoch mehrere Falltypen, bei denen das nicht so ist.

2.1 *W*-Fokus

Es gibt Fälle, in denen die Betonung eines Worts die phonetische Gestalt des Worts hervorheben soll und nicht irgendeinen Bedeutungsbestandteil, der mit dem Wort assoziiert ist. Wenn A und B gemeinsam ein Fahrrad betrachten, kann A (14) äußern, auch dann, wenn A weiß, daß B den Gegenstand als Fahrrad identifiziert:

(14)   das ist ein **Velo**

So kann man die Bedeutung der Lautgestalt *Velo* klarmachen. Die Funktion der Betonung, die Lautgestalt des betonten Ausdrucks hervorzuheben, ist ein Fall von '*W*-Fokus' i.S. von Expl.: 87f.

2.2 Fokusprojektion

Ein interessanterer Falltyp ist in (15a) zu sehen:

(15)   (a) ich habe meinen **Chef** geohrfeigt
        (b) du siehst so fröhlich aus; was ist denn los?

Wenn der Satz als Erwiderung zu (15b) geäußert wird, soll mit großer Wahrscheinlichkeit nicht hervorgehoben werden, daß es der Chef war, der geohrfeigt wurde, sondern daß der Chef vom Sprecher einer Züchtigung unterworfen wurde. Das heißt, daß mindestens der Inhalt von *habe meinen Chef geohrfeigt* hervorgehoben ist, also wesentlich mehr, als dem Inhalt des betonten Worts entspricht. In (15a) liegt ein nicht-minimaler Fokus vor, der auf 'Fokusprojektion' zurückgeht, indem der 'Fokusexponent' betont ist; vgl. Expl.: 98f.

Seit Beginn aller Beschäftigung mit den Funktionen der Betonung ist es offensichtlich, daß mit einer Hervorhebung normalerweise eine implizite Gegensatzbildung - d.h. ein Bezug zu möglichen Alternativen - verbunden ist. Bei einem Fall wie (16) haben wir jedoch keinen minimalen Fokus, der einen Alternativenbezug zuließe:

(16)   er hat nur die **Nase** gerümpft

Das Verb *rümpf-* ist obligatorisch mit *Nase* verbunden; bei (16) kann also nicht die Nase im Gegensatz zu irgendwelchen anderen Dingen stehen. Tatsächlich wird man (16) normalerweise als einen Fall von Fokusprojektion verstehen, mit dem Objekt *die Nase* als Fokusexponent.

Ähnliche Beobachtungen kann man bei idiomatischen Komplexen machen. Bei transitiven Verben fungiert i.a. ein Objekt als Fokusexponent, wie z.B. in (15a) und (16). Genau das gleiche gilt in (17):

(17)   (a) sie will uns den **Garaus** machen
        (b) sie will uns die **Leviten** lesen

Die Wörter *Garaus* und *Leviten* haben keine aufweisbare Bedeutung; durch ihre Betonung kann kein minimaler semantischer Fokus etabliert werden. Der kleinste mögliche semantische Fokus ist hier die Verbindung von Objekt und Verb. Ebenso ist es bei Verbindungen von Verb mit Verbzusatz. In Fällen wie (18) fungiert der Verbzusatz als Fokusexponent für die ganze Verbindung:

(18)   (a) ich will das mal **ein**tüten
        (b) ich will das mal **auf**klappen

Die bedeutungsleeren Verbzusätze *ein* und *auf* in (19) fungieren genauso:

(19)   (a) du mußt die (Vorschriften) **ein**halten
        (b) du mußt damit **auf**hören

Aufgrund der Fokusprojektion gibt es hier einen möglichen semantischen Fokus, der aus Verb und Verbzusatz besteht; dabei kommt es offensichtlich nicht darauf an, ob der betonte Fokusexponent selber einen (minimalen) semantischen Fokus bilden kann.[2]

2.3   Differenz-Fokus

Einen bemerkenswerten anderen Falltyp von nicht-semantischem Fokus stellen Beispiele wie (20a) und (21a) dar:

(20)   (a) (nein) er hat Schnupfen **gehabt**
        (b) Karl hat Schnupfen
(21)   (a) (nein) er ist krank **gewesen**
        (b) Karl ist vermutlich krank

Wenn (a) als Erwiderung zu (b) gebraucht wird, soll inhaltlich offensichtlich das Vergangenheitstempus hervorgehoben werden. Das Tempus (Perfekt) ist in erster Linie durch das Perfekthilfsverb (in (20a): *hab-*; in (21a): *sei-*) ausgedrückt; in (a) ist aber jeweils nicht das (finite) Perfekthilfsverb, sondern das infinite 'Hauptverb' betont. Wie ist es möglich, daß durch diese Betonung das Perfekt hervorgehoben wird?

Man könnte mutmaßen, daß das Perfekt doch in erster Linie durch das Partizip ausgedrückt wird. Diese Annahme ist aber ganz unplausibel, denn das Partizip ist z.B. auch an der Bildung des Passivs beteiligt, und dort hat es keinerlei Vergangenheitswert. Zudem gibt es beim Perfekt unter bestimmten Bedingungen den sog. Ersatzinfinitiv, wie in (22):

(22)   Karl hat mich schnarchen hören

Statt des erwarteten Partizips *gehört* ist hier der Infinitiv *hören* möglich. Also kann es nicht sein, daß das Perfekt wesentlich durch das Partizip zum Ausdruck kommt.[3] Vermutlich muß man (20a) und (21a) so deuten, daß dort das Wort betont wird, in dessen Anwesenheit sich der wesentliche lautliche Unterschied zum Kontext (20b) bzw. (21b) manifestiert.

Diese Vermutung bestätigt sich in Beispielen wie (23a), die nichts mit dem Perfekt zu tun haben:

(23)   (a) (nein) er wird (erst noch) gefoltert **werden**
        (b) Karl wird wohl grade gefoltert

Durch die Betonung von (23a) wird im Kontext (23b) das Futur hervorgehoben, obwohl das betonte *werden* ein Passivhilfsverb ist und nicht das 'Futur-Hilfsverb'. Ein Beispieltyp, der gar nichts mit Tempus zu tun hat, ist in (24a) zu sehen:

(24)   (a) ein Soldat hat Mut **zu haben**
        (b) ein Soldat hat Mut

In (a) ist wiederum dasselbe 'Hauptverb' *hab-* betont, das schon in (b) vorkommt, aber hervorgehoben ist das 'modale' *hab-*, das sich mit einem *zu*-Infinitiv verbindet – offensichtlich, weil die Anwesenheit dieses *zu haben* den wesentlichen lautlichen Unterschied zum Kontext ausmacht. Daß der semantische Unterschied zum Kontext gar nicht in diesem lautlichen Unterschied lokalisiert ist, spielt in diesen Fällen offensichtlich keine Rolle.

Ich will das hier illustrierte Phänomen als Differenz-Fokus bezeichnen. Beim Differenz-Fokus wird also in einem Satz α ein Ausdruck *m* betont, durch den α sich lautlich von einem Vorgängersatz β unterscheidet (der Wortbestand von α ohne *m* ist also gleich dem Bestand von β), unabhängig davon, ob der betonte Ausdruck eine inhaltliche Entsprechung in β hat. Inhaltlich ist in α auf jeden Fall der logische Unterschied zwischen α und β (der durch die Anwesenheit von *m* in α erkennbar ist) hervorgehoben. Es ist auffällig, daß Beispiele wie (20a) usw. in ihrem Kontext unangemessen wirken, wenn man den Differenz-Fokus durch die eigentlich erwartete Betonung mit semantischem Fokus ersetzt, wie in (25):

(25)   (a) (nein) er **hat** Schnupfen gehabt   (# im Kontext (20b))
        (b) (nein) er **ist** krank gewesen   (# im Kontext (21b))
        (c) (nein) er **wird** gefoltert werden   (# im Kontext (23b))
        (d) ein Soldat **hat** Mut zu haben   (# im Kontext (24b))

(Dabei weist das Doppelkreuz # auf kontextuelle Unangemessenheit unter der intendierten Lesart hin; von der Möglichkeit, (25) evtl. als Verum-Fokus zu interpretieren, sehe ich hier ab.) In solchen Fällen, wo semantischer Fokus und Differenz-Fokus die gleichen Hervorhebungseffekte haben, aber zu verschiedenen Konstituentenbetonungen führen, hat offenbar der Differenz-Fokus Vorrang.

2.4 Exklamativ-Fokus

Bei uneingebetteten exklamativen Äußerungen kann man Betonungen wie in (26) finden:

(26) (a) bist **du** aber braun!
     (b) hat **der** aber große Füße!

Wie zuerst Hans Altmann bemerkt hat, scheint es nicht möglich zu sein, den Effekt dieser Betonung auf einen der bekannten Fokustypen zurückzuführen (vgl. Expl.: 145, Anm. 12b). In den Kontexten, in denen Sätze wie (26) typischerweise geäußert werden, geht es schwerlich darum, den Inhalt des Worts *du* bzw. *der* besonders hervorzuheben (viel eher wird der Inhalt von *braun* bzw. *große Füße* als hervorgehoben empfunden). Es ist auch nicht zu sehen, welches Bedeutungselement etwa mit der Subjektfunktion von *du* und *der* oder mit der Position dieser Subjekte verbunden sein könnte, so daß die Betonung des Subjekts dieses Inhaltselement hervorheben würde. Es hat tatsächlich den Anschein, daß in exklamativen Äußerungstypen z.T. völlig eigene Regeln für die Lage und den Effekt von Betonungen gelten. Zu den speziellen Exklamativphänomenen rechne ich auch Fälle wie (27):

(27) (a) (mein Gott!) **hat** dieser Kerl sich angestrengt!
     (b) der **hat** aber große Füße!

Vom Verum-Fokus unterscheiden sich solche Fälle (abgesehen von ihrem emphatisch-exklamativen Charakter) besonders dadurch, daß der in ihnen enthaltene Gedanke (daß dieser Kerl sich angestrengt hat bzw. große Füße hat) durchaus nicht als bekannt vorausgesetzt wird; dies scheint aber ein Kennzeichen des Verum-Fokus zu sein.

2.5 Verum-Fokus als semantischer Fokus

Wenn man auf die Beispiele mit Verum-Fokus in Abschnitt 1 zurückblickt, sieht man leicht, daß der Verum-Fokus auf keinen Fall als *W*-Fokus oder Differenz-Fokus gedeutet werden kann, denn beim Verum-Fokus ist die Lautgestalt des betonten Ausdrucks häufig aus dem Kontext bekannt. Mit Fokusprojektionen hat der Verum-Fokus anscheinend nichts Wesentliches zu tun. Wenn man den Verum-Fokus als Sonderfall des Exklamativ-Fokus deuten wollte, könnte man diese Deutung allenfalls dadurch stützen, daß der Exklamativ-Fokus theoretisch völlig unverstanden ist; also kann man nicht mit Sicherheit ausschließen, daß die Verum-Fokus-Phänomene aus einer adäquaten Theorie des Exklamativ-Fokus deduktiv folgen würden. Es gibt auch über den Exklamativ-Fokus hinaus unverstandene Fokusphänomene, unter die der Verum-Fokus als ein Sonderfall gehören könnte. Das Verständnis des Verum-Fokus wird aber wenig gefördert, solange man nichts anderes tut, als ihn dem Bereich des Rätselhaften zuzuordnen. Die folgenden Abschnitte machen einige Konsequenzen deutlich, die sich aus der Annahme (13) ergeben.

3   IT-Deutung von VERUM

3.1   VERUM als Illokutionstyp-Operator

Es stellt sich die Frage, was für ein Bedeutungselement VERUM ist und ob es unabhängige Gründe gibt, ein solches Element zu postulieren. Da im allgemeinen gilt, daß p ⇔ WAHR (p), ist die Einführung eines abstrakten VERUM-Elements völlig ad hoc, solange es einzig durch die Verum-Fokus-Phänomene begründet ist. In Expl.: 89f. und 145, Anm. 12b ist der Vorschlag gemacht, daß das finite Verb in Konstruktionen wie (1) - (12) - nämlich in nicht-eingebetteten Sätzen mit Anfangsstellung des finiten Verbs - einem Operator *T* (in Aussagesätzen, entsprechend Freges Urteilsstrich) bzw. *?* (in Fragesätzen) zugeordnet ist, der durch die Betonung des Verbs inhaltlich hervorgehoben werden kann. Nach diesem Vorschlag ist VERUM also (nicht ein Wahrheitsprädikat, sondern) ein Illokutionstyp-Operator (genauer: eine Variable über solche Operatoren). Diese Idee trägt den Intuitionen über den Effekt des Verum-Fokus plausibel Rechnung und hat den Vorzug, daß derartige Bedeutungselemente durch völlig unabhängige Erwägungen begründet sind. Ich will sie als die IT-Deutung von VERUM bezeichnen.

3.2   Direkte W-Interrogative

Im Zusammenhang mit einer weiteren Annahme ergibt sich aus der IT-Deutung jedoch eine empirische Unstimmigkeit. Nach Expl.: 144, Anm. 12a sind einem Interrogativpronomen im Vorfeld wie dem *wer* in (28) (= (11a)) jeweils zwei formale Elemente zugeordnet: eine freie Variable und der Operator *?*:

(28)   wer **hat** den Hund denn getreten?

Demnach ist *?* sowohl dem *wer* als auch dem *hat* zugeordnet. Die Betonung von *wer* sollte deshalb den gleichen Effekt haben können wie die Betonung in (28). Aber (29) hat völlig andere Effekte als (28):

(29)   **wer** hat den Hund denn getreten?

(Bei dieser Betonung scheint außerdem das *denn* zu stören: Das Beispiel ist gar nicht voll akzeptabel.)

Es ist schwer zu beurteilen, ob diese falsche Prädiktion zu vermeiden ist, ohne daß zugleich die IT-Deutung aufgegeben wird. Die Annahme, daß bei uneingebetteten W-Interrogativsätzen sowohl das finite Verb in Anfangsposition als auch das W-Pronomen dem Operator *?* zugeordnet ist, ist insofern naheliegend, als nur beide zusammen einen direkten W-Interrogativsatz ausmachen. Wenn das Verb die Endposition innehat, wie in

(30a), erhalten wir keinen Interrogativsatz mit den Eigenschaften einer W-Frage; und wenn das W-Pronomen nicht im Vorfeld steht, wie in (30b), erhalten wir zwar eine W-Frage, aber keinen Interrogativsatz.

(30) (a) wer (*denn) den Hund getreten hat(?)
(b) es hat **wer** (*denn) den Hund getreten?

(Wie 'Echofragen' wie (30b) formal zu behandeln sind und wie insbesondere ihre Differenz zu direkten W-Interrogativen darzustellen ist, ist nur in Ansätzen klar. Zur Diskussion der Unterschiede vgl. Reis 1991 und dort genannte Literatur.) Fälle wie (29) müssen als potentiell ernstes Problem angesehen werden. Ich möchte diese Frage aber vorläufig beiseite stellen und einige andere Beispieltypen mit betontem finiten Verb betrachten.

4 Weitere Beispieltypen

4.1 Imperative

In Imperativsätzen wirken i.a. dieselben Fokusregeln wie in anderen Sätzen. So findet man z.B. ganz so, wie man es erwartet, bei Imperativen die Konstituentenbetonungen von (31):

(31) (a) nimm dir endlich einen **Stuhl**
(b) nun hör doch damit **auf**
(c) lies ihm mal die **Leviten**

Man findet jedoch auch das Verb betont:

(32) (a) **nimm** dir endlich einen Stuhl
(b) nun **hör** doch damit auf
(c) **lies** ihm mal die Leviten

Im Vergleich zu (31) wirken diese Beispiele emphatischer und nachdrücklicher. Insofern haben sie Ähnlichkeit mit dem Exklamativ-Fokus. Zugleich scheinen sie aber den Charakter der ungeduldigen Ermahnung zu haben, als ob die gleiche Aufforderung schon mehrfach ausgesprochen worden wäre, als ob ihr Inhalt also als bekannt vorausgesetzt würde. Insofern kann man sie wie in (33) umschreiben, wobei der inhaltlich hervorgehobene Bestandteil kursiviert ist:

(33) (a) mach es endlich *wahr*, daß du dir einen Stuhl nimmst
(b) nun mach es doch *wahr*, daß du damit aufhörst
(c) mach es mal *wahr*, daß du ihm die Leviten liest

Es ist insofern naheliegend, Fälle wie (32) zum Verum-Fokus zu rechnen. Wenn man für Imperative plausiblerweise einen eigenen Operator *!* annimmt, dem das finite Verb zugeordnet ist, sind solche Fälle von Verum-Fokus nach der IT-Deutung von VERUM auch zu erwarten.

4.2 Wunschsätze

Es gibt einen Typ von Wunschsätzen im Konjunktiv Präteritum, bei dem Verberststellung wie auch Einleitung mit *wenn* möglich ist:

(34) (a) wenn sie doch damit **auf**hörte!
 (b) hörte sie doch damit **auf**!

Bei Verberststellung kann auch das Verb betont sein:

(35) (a) **hörte** sie doch damit auf!
 (b) **nähme** sie sich doch einen Stuhl!
 (c) **läse** sie ihm doch die Leviten!

Der Effekt scheint ähnlich wie bei den Imperativen in (32) zu sein, indem der Inhalt der Sätze als bekannt vorausgesetzt wird. Die Umschreibungen in (36) scheinen insofern angemessen zu sein:

(36) (a) wenn es doch *wahr* wäre, daß sie damit aufhört!
 (b) wenn es doch *wahr* wäre, daß sie sich einen Stuhl nimmt!
 (c) wenn es doch *wahr* wäre, daß sie ihm die Leviten liest!

Es liegt deshalb nahe, auch die Betonung in (35) als Verum-Fokus aufzufassen. Und wenn man für diesen Satztyp einen Illokutionstyp-Operator *KPW* annimmt, dem das Verb bei Erststellung zugeordnet ist, ist das nach der IT-Deutung wiederum zu erwarten.

Man mag erwägen, daß es vermutlich eine relevante Beziehung zwischen dem Verb in Erststellung und dem *wenn* von (34a) gibt. Da (34a) und (34b) ungefähr die gleiche Bedeutung haben, sollte dieses *wenn* ebenfalls dem Operator *KPW* zugeordnet sein (jedenfalls ist das kein konditionales *wenn*), und dann sollte die Betonung von *wenn* wie in (37) die gleichen Effekte wie (35) haben:

(37) (a) ?**wenn** sie doch damit aufhörte!
 (b) ?**wenn** sie sich doch einen Stuhl nähme!
 (c) ?**wenn** sie ihm doch die Leviten läse!

Mir erscheinen diese Beispiele bestenfalls zweifelhaft; jedenfalls deutlich schlechter als (35). Unter der IT-Deutung ist das unerwartet. Allerdings sehe ich auch bei alternativen Deutungen von VERUM keine offensichtliche Erklärung für die mindere Akzeptabilität von (37).

4.3 Konditionalsätze

Auch bei gewissen Konditionalsätzen gibt es Verberststellung, und auch dort findet man die gleichen Betonungsmöglichkeiten wie bei (31) und (32):

(38) (a) nimmt sie sich einen **Stuhl**, (so) können wir endlich fortfahren
 (b) hört sie damit **auf**, (so) können wir endlich fortfahren
 (c) liest sie ihm die **Leviten**, (so) können wir endlich fortfahren

(39) (a) **nimmt** sie sich einen Stuhl, (so) können wir endlich fortfahren
    (b) **hört** sie damit auf, (so) können wir endlich fortfahren
    (c) **liest** sie ihm die Leviten, (so) können wir endlich fortfahren

Es scheint zunächst, daß man die Effekte von (39) auf zweifache Weise umschreiben kann, nämlich durch Paraphrase mit einem hervorgehobenen VERUM-Prädikat und durch Paraphrase mit einem hervorgehobenen *wenn*:

(40) (a) wenn es *wahr* ist, daß sie sich einen Stuhl nimmt, (so) können wir ...
    (b) wenn es *wahr* ist, daß sie damit aufhört, (so) ...
    (c) wenn es *wahr* ist, daß sie ihm die Leviten liest, (so) ...
(41) (a) *wenn* (es wahr ist, daß) sie sich einen Stuhl nimmt, (so) ...
    (b) *wenn* (es wahr ist, daß) sie damit aufhört, (so) ...
    (c) *wenn* (es wahr ist, daß) sie ihm die Leviten liest, (so) ...

Wenn die IT-Deutung von VERUM richtig ist, kann (40) jedoch nicht wirklich angemessen sein, denn ein Illokutionstyp-Operator sollte nicht in irgendeiner Weise eingebettet sein, insbesondere nicht in einen Konditionalsatz.[4] Umgekehrt ist (41) unmittelbar plausibel: Da die Verberststellung in (38) und (39) einen Konditionalsatz kennzeichnet, könnte das finite Verb dort ebenso wie das *wenn* in (42) einem Bedeutungselement WENN zugeordnet sein, durch das sich Konditionalsätze auszeichnen. Dann sollte sowohl die Betonung des Verbs in (39) als auch die Betonung des *wenn* in (42) zur inhaltlichen Hervorhebung von WENN führen, wie sie in (41) angedeutet ist.

(42) (a) **wenn** sie sich einen Stuhl nimmt, (so) können wir endlich fortfahren
    (b) **wenn** sie damit aufhört, (so) können wir endlich fortfahren
    (c) **wenn** sie ihm die Leviten liest, (so) können wir endlich fortfahren

Beziehen wir Konditionalsätze mit konzessivem Charakter wie in (43) in die Betrachtung ein:

(43) (a) wenn sie auch damit **aufhört**, so können wir doch trotzdem noch nicht fortfahren
    (b) **hört** sie auch damit **auf**, so können wir ...

Bis auf den konzessiven Charakter, der (auf irgendeine Weise) von dem *auch* im Mittelfeld induziert wird, scheinen hier die gleichen Verhältnisse wie bei den nicht-konzessiven Konditionalen vorzuliegen. Allerdings ist hier die Betonung des Verbs in Anfangsstellung wie auch die des *wenn* ausgesprochen schlecht:

(44) (a) ***wenn** sie auch damit aufhört, so können wir ...
    (b) ***hört** sie auch damit auf, so können wir ...

Es ist völlig unklar, woran das liegen könnte. Aber die Parallelität zwischen (a) und (b) spricht dafür, daß in (44) sowohl *wenn* als auch *hört* einem WENN zugeordnet ist, und dieses WENN kann hier nicht hervorgehoben werden. Da in (39) und (42) vermutlich die gleichen strukturellen Verhältnisse vorliegen, dürfte auch in (39) das Verb einem (durch semantischen Fokus hervorgehobenen) WENN zugeordnet sein.

Soweit erscheint die Deutung von (39) befriedigend. Trotzdem gibt es eine Schwierigkeit. Es scheint, daß Sätze wie (42) nur dann kontextuell angemessen geäußert werden können, wenn ihr gesamter Inhalt aus dem Kontext bekannt ist; d.h., das konditionale Bedeutungselement WENN ist das einzige, was bei diesem Typ hervorgehoben sein kann. Diese Beschränkung gilt für Sätze wie (39) nicht. Es ist bei diesem Typ nicht nur möglich, sondern völlig typisch, daß die Apodosis einen neuen Gedanken enthält. Wenn man (40) als angemessene Umschreibung von (39) betrachtet, ist das auch leicht verständlich. Dann hat man innerhalb des eingebetteten (Konditional-)Satzes eine Hervorhebung, und nichts spricht dagegen, im Matrixsatz eine weitere Hervorhebung zu haben. Bei (41) dagegen ist das Element hervorgehoben, das den Gedanken des Konditionalsatzes (die Protasis) und den Gedanken des Matrixsatzes (die Apodosis) miteinander verknüpft, und es ist naheliegend, daß diese völlig andere Fokus-Hintergrund-Struktur die Möglichkeiten für zusätzliche Hervorhebungen scharf begrenzt.

Wenn diese Beobachtungen und Deutungsversuche korrekt sind, muß die IT-Deutung von VERUM unkorrekt sein, da (39) einen eingebetteten Verum-Fokus enthält. Allerdings ist es so, daß die konditionalen Verberstsätze schon rein syntaktisch einige Rätsel aufgeben;[5] man kann daher zögern, sie als Basis für theoretische Neuerungen bei der Deutung des Verum-Fokus zu benutzen. Im folgenden Abschnitt betrachten wir zweifelsfreie Fälle von eingebettetem Verum-Fokus.

5 Einbettung

5.1 Verbzweitsätze

Zu Beginn haben wir Fälle von Verum-Fokus bei uneingebetteten Verbzweitsätzen betrachtet. Solche Sätze kommen auch eingebettet vor:

(45) (a) wenn Hanna meint, Karl schreibt ein **Drehbuch**, (dann sollte sie sich schon mal um einen Produzenten kümmern)
     (b) wenn Hanna meint, Karl **schreibt** ein Drehbuch, (dann ...)

Die Gebrauchsbedingungen für (45b) entsprechen denen bei Nicht-Einbettung; man kann das durch (46) umschreiben:

(46) wenn Hanna meint, daß es *wahr* ist, daß Karl ein Drehbuch schreibt, (dann ...)

Ganz entsprechend in (47):

(47) (a) daß Karl behauptet, sie **hört** damit auf, wundert mich überhaupt nicht
     (b) jemand, der denkt, sie **liest** uns die Leviten, kann sie nicht sehr gut kennen

Ohne Zweifel enthalten die eingebetteten Verbzweitsätze einen Verum-Fokus. Wenn man die IT-Deutung aufrecht erhalten will, muß man annehmen, daß diese eingebetteten Sätze jeweils einen Illokutionstyp-Operator enthalten. Das wäre plausibel, wenn es sich um Zitate ('wörtliche Rede') handeln würde; dem ist aber nicht so. Wenn diese eingebetteten Sätze einen (für die Deutung vom VERUM relevanten) Operator enthalten, kann das kein Illokutionstyp-Operator im üblichen Sinne sein, denn im üblichen Verständnis kommt nur solchen syntaktischen Einheiten ein Illokutionstyp-Operator zu, denen (bei gegebener syntaktischer Gesamtstruktur) ein Äußerungsakt entsprechen kann.

Damit ist aber zugleich der wesentliche Vorzug der IT-Deutung verloren: daß VERUM als ein unabhängig begründetes Bedeutungselement identifiziert ist.

5.2   C-Verum-Fokus

Bisher haben wir Fälle betrachtet, in denen ein Verum-Fokus bei betontem finiten Verb vorlag. Diese Fälle seien unter der Bezeichnung „F-Verum-Fokus" zusammengefaßt. Es ist seit langem bekannt (wenn auch anscheinend kaum in publizierter Literatur diskutiert), daß es ähnliche Erscheinungen bei subordinierenden Partikeln wie *daß* und *ob* gibt:

(48)   (a)   ich bin sicher, **daß** sie mal in Rom war (aber ob das **kürzlich** war, weiß ich nicht)
      (b)   ich weiß nicht, **ob** sie in Rom war (aber **wenn** das der Fall ist, muß es vor kurzer **Zeit** gewesen sein)
      (c)   weißt du, ob Hanna kürzlich in **Rom** war?

Wenn (a) oder (b) als Antwort auf (c) geäußert wird, kann die betonte Partikel nicht im Kontrast zu einer anderen Satzeinleitung stehen. Der Effekt dieser Betonung kann ähnlich wie beim F-Verum-Fokus umschrieben werden:

(49)   (a)   ich bin sicher, daß es *der Fall* ist, daß sie mal in Rom war
      (b)   ich weiß nicht, ob es *der Fall* ist, daß sie in Rom war

Fälle wie (48a,b) will ich als C-Verum-Fokus bezeichnen. Die enge Verwandtschaft zum F-Verum-Fokus wird in (50) besonders deutlich:

(50)   (a)   (ja) ich denke, er **hört** damit auf
      (b)   (ja) ich denke, **daß** er damit aufhört
      (c)   vielleicht hört Karl damit **auf**

Als Erwiderung zu (c) haben (a) und (b) etwa gleiche Effekte; insbesondere ist in beiden Fällen hervorgehoben, daß (der Sprecher denkt, daß) der Gedanke, daß Karl damit aufhört, wahr ist. Die gleichen Verhältnisse liegen in (51) vor:

(51)   (a)   aber Hanna meint, **daß** er gelogen hat
      (b)   aber Hanna meint, er **hat** gelogen
      (c)   Karl hat **bestimmt** nicht gelogen

Auch zu (48a) gibt es eine Variante mit Verbzweitstellung:

(52)   (a)   ich bin sicher, sie **war** mal in Rom (aber ob das **kürzlich** war, weiß ich nicht)
      (b)   weißt du, ob Hanna kürzlich in **Rom** war?

In (48a) wie in (52a) ist es im angegebenen Kontext kaum möglich, die in Klammern stehende Fortsetzung (*aber ob das kürzlich war ...*) wegzulassen. Das kann man aufgrund konversationeller Prinzipien verstehen. Mit der Äußerung (a) nimmt der Sprecher zunächst zu einem echten Teil der Frage seines Gesprächspartners Stellung: Er drückt aus,

daß er es für wahr hält, daß Hanna (irgendwann) in Rom war. Gefragt war aber, ob Hanna kürzlich in Rom war. Wenn der Sprecher sich nicht auch ausdrücklich zum Zeitpunkt des Romaufenthalts äußern würde, wäre seine Antwort nicht im erwartbaren Maße vollständig.
Gelegentlich hat es den Anschein, daß bei einem C-Verum-Fokus eine solche Fortsetzung erwartet wird, obwohl sie beim entsprechenden F-Verum-Fokus nicht erwartet wird. Bei der Frage (53c) z.B. ist die Antwort (53a) vollständig. Die Antwort (53b) dagegen scheint nicht völlig befriedigend; sie scheint nach einer Vervollständigung wie (53d) zu verlangen:

(53) (a) ich denke, er **hört** ihr zu
 (b) ich denke, **daß** er ihr zuhört
 (c) hört er ihr denn überhaupt **zu**?
 (d) aber ob er sie versteht, ist eine andere Frage

Falls dieser Eindruck korrekt ist, ist es ganz unklar, worauf dieses Fortsetzungsbedürfnis beim C-Verum-Fokus zurückzuführen ist. Sehr stark ausgeprägt ist es nicht. In dem nur geringfügig variierten Fall (54) empfinde ich (b) als ebenso vollständig wie (a):

(54) (a) sie denkt, er **hört** ihr zu
 (b) sie denkt (jedenfalls), **daß** er ihr zuhört
 (c) hört er ihr denn überhaupt **zu**?

Wenn man unterstellt, daß die – nicht sehr deutlich etablierte – unterschiedliche Fortsetzungsbedürftigkeit keinen wesentlichen Unterschied konstituiert, spricht nichts dagegen, beim C-Verum-Fokus wie beim F-Verum-Fokus zu verfahren, d.h. die Partikeln *daß* und *ob* einem Inhaltsbestandteil VERUM zuzuordnen, der durch die Betonung der Partikel hervorgehoben wird. Dieses VERUM kann natürlich nicht gemäß der IT-Deutung verstanden werden, aus denselben Gründen wie in Abschnitt 5.1.

6 Skopus

6.1 F-Verum-Fokus

An (55) zeigt sich ein auffälliger Unterschied zwischen F- und C-Verum-Fokus:

(55) (a) aber Hanna denkt, er **hört** ihr nicht zu
 (b) #aber Hanna denkt, **daß** er ihr nicht zuhört
 (c) ich hoffe, daß Karl ihr **zuhört**

Als Erwiderung zu (c) ist (b) unangemessen, weil der im *daß*-Satz ausgedrückte Gedanke nicht aus (c) bekannt ist. Die Erwiderung (a) ist dagegen kontextuell angemessen. Das heißt, daß in (a) die Negation nicht als Teil des kontextuell gegebenen Gedankens interpretiert werden muß; sie gehört hier zum hervorgehobenen Teil, wie aus den Umschreibungen in (56) deutlich wird:

(56) (a) Hanna denkt, daß es *nicht zutrifft*, daß er ihr zuhört
(b) Hanna denkt, daß es *zutrifft*, daß er ihr nicht zuhört
Beim F-Verum-Fokus in (a) liegt das VERUM-Element also im Skopus der Negation; beim C-Verum-Fokus in (b) ist das nicht möglich.
Weitere Beispiele mit VERUM im Skopus der Negation finden sich in (57a) - (59a):

(57) (a) aber Karl **hat** kein Drehbuch geschrieben
(b) es heißt, daß Karl ein **Drehbuch** geschrieben hat
(c) aber es *trifft nicht zu*, daß Karl ein Drehbuch geschrieben hat
(58) (a) (aber nein) sie **macht** mir nicht den Garaus
(b) Hanna macht dir bestimmt den **Garaus**
(c) es ist *nicht der Fall*, daß sie mir den Garaus macht
(59) (a) (wieso lächerlich?) **hört** sie denn nicht damit auf?
(b) Karl hat die lächerliche Behauptung aufgestellt, daß sie damit **auf**hört
(c) *trifft* es denn *nicht* zu, daß sie damit aufhört?

Daß VERUM im Skopus eines logisch relevanten Satzbestandteils liegt, ist natürlich nicht mit der IT-Deutung von VERUM vereinbar, denn ein Illokutionstyp-Operator hat seinem Begriff nach immer Skopus über sämtliche Satzbestandteile. VERUM muß formal offenbar wie ein Wahrheitsprädikat dargestellt werden. Unter dieser Voraussetzung ergibt sich der Skopusunterschied zwischen F-Verum-Fokus wie in (55a) sowie (57a) - (59a) und C-Verum-Fokus wie in (55b) deduktiv aus unabhängig begründeten Annahmen.

Für unsere Zwecke kann man den Zusammenhang zwischen der syntaktischen Form eines Ausdrucks α und möglichen Skopusverhältnissen in α abstrakt wie in (60) formulieren; der dabei gebrauchte Ausdruck „$B(K_i)$" ist in (61) erläutert:

(60) *Skopusregel*
In α kann ein Bedeutungselement $B(K_1)$ im Skopus eines Bedeutungselements $B(K_2)$ liegen g.d.w. in α die Konstituente K_1 in der formalen Beziehung SR zur Konstituente K_2 steht.
(61) *Zuordnung*
In einem Ausdruck α ist ein Bedeutungselement *BE* einer Konstituente *K* 'zugeordnet' g.d.w. *BE* die Übersetzung von *K* ist.
In diesem Fall hat *BE* den Namen *B (K)*.

Bei der in (60) genannten Beziehung SR kann man an K-Herrschaft innerhalb eines bestimmten Bereichs oder an eine beliebige geeignete Verfeinerung denken. Die Skopusregel ist in dem Sinn fakultativ,[6] daß $B(K_1)$ nicht generell im Skopus von $B(K_2)$ liegen muß, wenn K_1 in der Beziehung SR zu K_2 steht.
Es ist aus allgemeinen Gründen anzunehmen, daß in Sätzen wie (55b) die subordinierende Partikel *daß* nicht in der Beziehung SR zur Negationspartikel *nicht* steht. Also kann das Bedeutungselement VERUM, das dem *daß* zugeordnet ist, nicht im Skopus der Negation liegen. Andererseits ist wohlbekannt, daß ein finites Verb in Anfangsstellung wie das *hört* in (55a) im Skopus von Elementen des Mittelfelds - in (55a) also im Skopus von *nicht* - liegt.[7] Da wir annehmen, daß dieses finite Verb dem VERUM-Element zugeordnet ist, kann VERUM deshalb in (55a) im Skopus der Negation liegen. Ebenso in (57a) -

(59a). Diese Skopusbeziehung zu VERUM ist erwartungsgemäß fakultativ, wie man bei (4) und (12) sieht.[8]

6.2 Verhältnis zu anderen Fokus-Typen

Es ist bemerkenswert, daß es Daten wie den 'negierten' F-Verum-Fokus überhaupt gibt. Unter naheliegenden Annahmen über die Gebrauchsbedingungen von semantischem Fokus könnte man vermuten, daß in allen besprochenen Fällen der Negationsträger betont sein müßte. Anstelle von (55a) usw. sollten in den gegebenen Kontexten dann nur die Betonungen von (62) möglich sein:

(62) (a) aber Hanna denkt, er hört ihr **nicht** zu
　　　(b) aber Karl hat **kein** Drehbuch geschrieben
　　　(c) sie macht mir **nicht** den Garaus
　　　(d) hört sie denn **nicht** damit auf?

In der Tat wären auch diese Betonungen kontextuell angemessen, aber sie sind nicht die einzig möglichen, und ihr Effekt ist nicht derselbe: Bei ihnen ist (nur) die Negation hervorgehoben, nicht das (negierte) Wahrheitsprädikat. Unter der Voraussetzung, daß unabhängig existierende Gesetzmäßigkeiten den negierten Verum-Fokus verfügbar machen und sein Hervorhebungseffekt verschieden von (62) ist, ist es natürlich, daß er nicht vom reinen Negationsfokus (62) verdrängt wird.

Die gleiche Frage stellt sich hinsichtlich des Differenz-Fokus. Wir haben in Abschnitt 2.3 gesehen, daß dann, wenn semantischer Fokus und Differenz-Fokus in Konkurrenz zueinander stehen – d.h., wenn beide mit gleichen Hervorhebungseffekten anwendbar sind und zu verschiedenen Konstituentenbetonungen führen –, der Differenz-Fokus bevorzugt wird. Der Ausdruck *m*, durch den sich z.B. (63a) (= (59a)) von dem relevanten Teil von (63b) (= (59b)) unterscheidet, ist das *nicht*:

(63) (a) **hört** sie denn nicht damit auf?
　　　(b) ... daß sie damit **auf**hört
　　　(c) hört sie denn **nicht** damit auf?

Man könnte also erwarten, daß die Regeln für den Gebrauch des Differenz-Fokus wieder dazu führen, daß (63c) (= (62d)) bevorzugt wird. Daß dies nicht der Fall ist, kann man sich vermutlich so erklären: Der Differenz-Fokus würde in diesen Fällen unvermeidbar mit einem reinen Negationsfokus zusammenfallen. Aber der hat, wie besprochen, einen anderen Effekt als der negierte Verum-Fokus. Das heißt: Der negierte Verum-Fokus ist nicht ein semantischer Fokus, der in Konkurrenz zum Differenz-Fokus steht, denn der Differenz-Fokus hat nicht denselben Hervorhebungseffekt. Da keine Konkurrenzbeziehung besteht, wird der Differenz-Fokus nicht bevorzugt.

6.3 Alternativenbezug

Wenn die IT-Deutung von VERUM falsch ist, gibt es keine unabhängige Motivation dafür, einen solchen Bedeutungsbestandteil überhaupt anzunehmen. Seine Funktion erschöpft sich darin, daß er dazu beiträgt, die Intuition der Hervorgehobenheit zu explizieren. Wäre diese Intuition nicht in ganz eigenartiger Weise an die Betonung ganz spezifischer Ausdrücke - finite Verben und Konjunktionen wie *daß* - gebunden, würde man dem Phänomen schwerlich ein grammatisches Interesse zusprechen.

Zu den verdächtigen Eigenschaften von VERUM gehört, daß nicht klar ist, ob der Verum-Fokus einen Bezug zu paradigmatischen Alternativen impliziert. Ein solcher (u.U. impliziter) Bezug zu alternativen Bedeutungselementen in gleicher Funktion ist sonst die Regel, und einige Autoren (z.B. Jacobs 1988) betrachten ihn als notwendige Bedingung für jeden semantischen Fokus. Zunächst läge es nahe, VERUM mit der Negation und Ausdrücken wie *vielleicht, wahrscheinlich* u.ä. als Element einer Klasse WF von Bedeutungselementen aufzufassen, die ein Sprecher dazu benutzt, um seine Meinung über den Wahrheitsgehalt eines Gedankens p zur Kenntnis zu bringen. (Ein solcher Vorschlag findet sich z.B. bei Jacobs 1986.) Insofern haben diese Elemente gleiche Funktion: Ein Element E_i aus WF tritt immer in der semantischen Struktur $E_i(p)$ auf. Es ist aber bekannt, daß diese Elemente - im Unterschied zu den meisten anderen Typen von Bedeutungselementen - rekursive Einbettung erlauben, so daß innerhalb einer semantischen Struktur mehrere dieser Elemente verknüpft sein können, etwa $E_i(E_j(p))$, $E_i(E_j(E_k(p)))$ usw. In diesem Sinn sind sie nicht alternativ zueinander. Wenn z.B. VERUM und Negation einander ausschließende Alternativen wären, dann könnte es als Erwiderung zu (64d) (≈ (55c)) nur (64a) oder (64b) (= (62a)) geben:

(64)   (a) (ja) er **hört** ihr zu
       (b) (nein) er hört ihr **nicht** zu
       (c) (nein) er **hört** ihr nicht zu
       (d) ich hoffe, er hört ihr **zu**

Wir haben aber gesehen, daß es in diesem Kontext auch (64c) (= (55a)) gibt, wo VERUM und Negation in genau derselben Weise gemeinsam hervorgehoben sind, wie sie es in (65) als Erwiderung zu (64d) sind:

(65)   es ist nicht der **Fall**, daß er ihr zuhört

Entsprechende Überlegungen kann man für *nicht* anstellen. In (64b) bildet es einen minimalen Fokus. Zu welchen Alternativen steht es in Bezug? Man kann z.B. an *vielleicht* und *bestimmt* wie in (66) denken:

(66)   (a) **vielleicht** hört er ihr zu
       (b) er hört ihr **bestimmt** zu

Aber genau wie in (64c) schließen diese Elemente das *nicht* nicht aus; auch (67a,b) wären angemessene Erwiderungen zu (64d):

(67)   (a) vielleicht hört er ihr **nicht** zu
      (b) er hört ihr **bestimmt** nicht zu

Daraus möchte man nicht schließen, daß in (64b) kein semantischer Fokus vorliegt. Zugleich möchte man nicht gern darauf verzichten, den Alternativenbezug als eine fundamentale Eigenschaft des semantischen Fokus zu betrachten, denn diese Annahme erlaubt es, den Fokus bei den verschiedenen Gradpartikeln (einschließlich Negation) und den pragmatischen Fokus ('Assertionsfokus' usw.) als fundamental gleich zu verstehen.

Die Lösung des Problems dürfte einfach darin liegen, daß die Vorstellung der einander ausschließenden Alternativen zu eng am Normalfall orientiert ist. Da 'normale' Bedeutungselemente eines Funktionstyps nicht rekursiv einbettbar sind, schließen sie einander aus. Bei der Klasse WF ist das nicht so. Als die Menge der möglichen Alternativen muß man deshalb nicht die Menge WF selbst auffassen, sondern die Menge der möglichen Verknüpfungen der Elemente von WF.

7 Endstellung

Rekapitulieren wir kurz einige Überlegungen. Unter der Annahme, daß der F-Verum-Fokus ein semantischer Fokus ist, muß dem finiten Verb ein Element VERUM zugeordnet sein. Unter der IT-Deutung scheint es zunächst naheliegend, diese Zuordnung auf Verben in Anfangsstellung zu beschränken, denn i.a. wird der Illokutionstyp eines Satzes durch den morphologischen Modus und die relative Position des finiten Verbs in Anfangsstellung (mit)bestimmt. Allerdings ist dieser Zusammenhang mit der Anfangsstellung schon unter der IT-Deutung nicht unproblematisch, wie wir in Abschnitt 3.2 gesehen haben. Darüber hinaus ist die IT-Deutung aus zwei voneinander unabhängigen Gründen nicht haltbar: wegen der eingebetteten Fälle von Abschnitt 5 (und evtl. 4.3) und wegen der Skopusdaten von Abschnitt 6.

Da die Skopusdaten auf allgemeine Skopuseigenschaften finiter Verben zurückgehen, legt sich nun die Vermutung nahe, daß finite Verben ganz allgemein – also nicht nur bei Anfangsstellung – dem VERUM-Element zugeordnet sind. Wenn dem so ist, müßte es einen Verum-Fokus geben bei Endstellung des finiten Verbs. Hier sind Beispiele wie (68) relevant:

(68)   (a) ich hoffe, sie **hört** damit auf
       (b) ich hoffe, daß sie damit auf**hört**
       (c) ich hoffe, daß sie damit **auf**hört

Bei Verbzweitstellung in (a) ergibt sich ein normaler Verum-Fokus. Bei Verbendstellung in (b) und (c) ergeben sich völlig andere Effekte. Wenn nur das finite Verb *hört* betont ist, wie in (b), kann man das möglicherweise als einen *W*-Fokus deuten, der etwa als Erwiderung zu (69) möglich wäre:

(69)   du hoffst wohl, daß sie damit **auf**hören

Aber andere Deutungen sind kaum möglich; insbesondere kann (b) nicht als Verum-Fokus verstanden werden. Wenn man die (sehr problematische) Annahme machen möchte, daß in (b) und (c) das Verb *hört* mit dem Verbzusatz *auf* ein Wort (ein Kompositum) bildet, könnte man erwarten, daß (c) die systematische Entsprechung zu (a) ist. Aber das ist

nicht der Fall. Diese Betonung kann unter Fokusprojektion als Hervorhebung der Bedeutung des Komplexes *auf-hör-* verstanden werden, aber auf keinen Fall als Verum-Fokus. Verbindungen von Verb und Verbzusatz verhalten sich generell nach dem Muster (68).
Idiomatische Komplexe wie in (70) folgen demselben Muster:

(70)   (a) Hanna fürchtet, er **liest** ihr die Leviten
        (b) #Hanna fürchtet, daß er ihr die Leviten **liest**
        (c) ich kann mir nicht vorstellen, daß er Hanna die **Leviten** liest

Als Erwiderung zu (c) ist (a) ein normaler Verum-Fokus. Die entsprechende Form mit Endstellung (b) hat nicht denselben Effekt. In einem anderen Kontext könnte (b) als Hervorhebung des Präsens (im Gegensatz zu *las*) gedeutet werden. Aber im Kontext (c) ist (b) offenbar überhaupt unangemessen.
Ganz anders ist es bei der Kopula:

(71)   (a) Karl meint, sie **ist** in Rom
        (b) Karl meint, daß sie in Rom **ist**
        (c) ich möchte wissen, ob sie in **Rom** ist

Ein großer Teil der Sprecher empfindet zwischen (a) und (b) als Erwiderung zu (c) keinen nennenswerten Unterschied. Normale Vollverben verhalten sich wieder anders:

(72)   (a) Hanna meint, er **schreibt** ein Drehbuch
        (b) Hanna meint, daß er ein Drehbuch **schreibt**
        (c) ich möchte wissen, ob Karl ein **Drehbuch** schreibt

Alle Sprecher empfinden zwischen (a) und (b) als Erwiderung zu (c) einen Unterschied. Jeder findet (a) unproblematisch. Viele schätzen (b) als kontextuell unangemessen ein, d.h., sie halten es nicht für möglich, (b) als Verum-Fokus zu interpretieren. Andere halten das – mit individuell stark variierender Zuversicht – für halbwegs möglich.[9]
Den Unterschied zwischen der Kopula und normalen Vollverben muß man offensichtlich auf lexikalische Eigenschaften der Kopula zurückführen. Möglicherweise ist sie nicht (wie häufig vermutet) semantisch völlig leer, sondern hat einen Gehalt, den man als 'Bestehen einer Prädikationsbeziehung zwischen x und y' umschreiben kann. Wenn das richtig ist, ist die Hervorhebung dieser Bedeutung intuitiv vermutlich kaum vom Verum-Fokus zu unterscheiden.
Wie man die Verhältnisse bei den Vollverben wie in (72) adäquat zu deuten hat, ist schwer zu beurteilen. Man kann nicht annehmen, daß bei Endstellung schlechthin ein F-Verum-Fokus möglich ist. Dazu divergieren die Urteile über (72b) zu stark, und Fälle wie (68) und (70) sowie der auffällige Unterschied zur Kopula sind damit nicht verträglich. Aber wenn man den Verum-Fokus bei (72b) als ungrammatisch betrachtet, bleibt die Aufgabe, zu erklären, wieso ihn etliche Sprecher doch für möglich halten. Ich will diese wichtige Frage hier unbeantwortet lassen und verfolge im weiteren die Konsequenzen der Annahme, daß es keinen F-Verum-Fokus bei Endstellung des finiten Verbs gibt.

8   Segmentale Lokalisierung von VERUM

Wenn es einen Verum-Fokus dann und nur dann gibt, wenn (i) *daß* usw. oder (ii) ein finites Verb in Anfangsstellung betont ist, stellt sich die Frage, aufgrund welcher Gesetzmäßigkeiten grade diese Ausdrücke einem VERUM-Element zugeordnet sind.
Bei den lexikalischen C-Wörtern (subordinierenden satzeinleitenden Partikeln) wie *daß* kann man sich vorstellen, daß die Zuordnung zu VERUM dadurch ausgelöst wird, daß (a) sie eine lexikalisch gegebene Eigenschaft - sagen wir: eine Merkmalspezifikation [+VER] - haben oder (b) ganz allgemein die syntaktische Position C, in der sich diese Partikeln befinden, eine solche Eigenschaft hat und daß [+VER] als λP (VERUM P) übersetzt wird. Bei den finiten Verben kann die Zuordnung nicht durch eine Eigenschaft der Verben selbst ausgelöst werden, sondern nur durch eine Eigenschaft der Position, in der sie sich bei Anfangsstellung befinden. Ich will diese syntaktische Position als F-Position bezeichnen. Die F-Position könnte allgemein [+VER] haben. Das vorangestellte finite Verb könnte mit (den Merkmalspezifikationen) der F-Position unifiziert sein, so daß die Übersetzung des Verbs in F-Position wieder den Ausdruck λP (VERUM P) enthält.
Wenn man einem Vorschlag von den Besten (1977/78: Appendix II) über die Natur der F-Position folgt, ergibt sich ein bestechend einfaches Bild. Danach befindet sich das vorangestellte finite Verb in einer Position, die mit der C-Position von *daß* usw. identisch ist. Nach den Besten ist die F-Position die C-Position.
Unglücklicherweise ist die Parallelität von F- und C-Verum-Fokus die stärkste direkte Stütze für den Bestens Idee. Ansonsten ist die Idee empirisch eher problematisch. Ursprünglich schien sie erklärenden Charakter zu haben, da aus ihr (in Verbindung mit einigen weiteren Annahmen) deduktiv folgen sollte, daß die Verbanfangsstellung nicht zusammen mit einem C-Wort vorkommt:

(73)   (a)   (Heinz glaubt) Maria hat nicht geschlafen
       (b)   (Heinz glaubt) daß Maria nicht geschlafen hat
       (c)   *(Heinz glaubt) daß Maria hat nicht geschlafen
       (d)   *(Heinz glaubt) daß hat Maria nicht geschlafen
       (e)   *(Heinz glaubt) hat daß Maria nicht geschlafen

Diese 'komplementäre Verteilung' von C-Wörtern und Verbanfangsstellung gilt in dieser Form aber nur für das Deutsche und das Niederländische. In sämtlichen anderen germanischen Sprachen, die das Verbvoranstellungsphänomen aufweisen, existieren Äquivalente von (73c), teils als stark beschränkt vorkommende Varianten der Äquivalente von (73b), teils als völlig unauffällige Alternativen mit geringen Vorkommensbeschränkungen. Und in keltischen Sprachen, die generell das finite Verb voranstellen, sind die Äquivalente von (73d) obligatorisch. Es kann also nicht sein, daß aus Prinzipien der Universalen Grammatik deduktiv folgt, daß die Voranstellung eines finiten Verbs wie in (c) und (d) unmöglich ist. Natürlich kann man den Bestens Idee so modifizieren, daß sie mit diesen Beobachtungen kompatibel ist;[10] dabei verliert sie aber ihren erklärenden Charakter und nimmt vorwiegend deskriptiven Charakter an. Und als deskriptive Theorie ist sie nur eine unter vielen, die mit den Daten verträglich sind.

Selbst bei geeigneter Abschwächung und Modifikation führt diese Idee dazu, daß Verbanfangsstellungssätze und durch ein C-Wort eingeleitete Sätze derselben Kategorie angehören. Dabei ist es evident, daß diese Satztypen ganz verschiedene Eigenschaften haben und verschieden distribuiert sind. Dazu gehört nicht nur die offensichtliche Tatsache, daß normale Deklarativsätze Verbzweitstellung und niemals eine Einleitung durch ein C-Wort aufweisen. Neben diversen anderen Unterschieden bestehen z.B. auch die zwischen (74) und (75):

(74) (a) wenn [man nach Hause kommt] und [da steht der Gerichtsvollzieher vor der Tür], ...

(b) kommt [man nach Hause e] und [da steht der Gerichtsvollzieher vor der Tür], ...

(75) (a) *wenn [man nach Hause kommt] und [daß da der Gerichtsvollzieher vor der Tür steht], ...

(b) *kommt [man nach Hause e] und [daß da der Gerichtsvollzieher vor der Tür steht], ...

In (74) ist ein Verbzweitstellungssatz innerhalb eines Konditionalsatzes mit einer Verbendstellungsstruktur koordiniert; dabei ist in (74b) die Verbendposition durch eine Spur e gefüllt, die von dem vorangestellten finiten Verb gebunden wird. In (75) ist der Verbzweitstellungssatz durch einen *daß*-Satz ersetzt; das Resultat ist Wortsalat. Es ist niemals ein Vorschlag gemacht worden, wie man diese und andere Unterschiede deskriptiv erfassen oder gar theoretisch deuten könnte, wenn kein kategorialer Unterschied zwischen Verbzweitstellungssätzen und durch C eingeleiteten Sätzen besteht.[11]

Gelegentlich trifft man auf die Vorstellung, daß die angedeuteten Probleme durch einen Vorschlag von Kayne (1982) gelöst sind. Kayne hat die Idee geäußert, daß (a) C-Wörter nominalen Charakter haben und die von ihnen eingeleiteten Sätze demzufolge nominal sind, und (b) ein in der C-Position befindliches Verb dem Satz verbalen Charakter verleiht. Nach meiner Kenntnis gibt es jedoch keine Ausarbeitung dieser Idee, aus der hervorgeht, wie diese Mechanismen im Detail funktionieren, aus welchen allgemeinen Prinzipien sich ihre Wirkungsweise ergibt und wie diese mit den Spurbindungsgesetzen und deren Funktionen interagieren. Natürlich ist auch nicht demonstriert, wie sich die spezifischen empirischen Eigenschaften der Satztypen im Detail aus diesen Annahmen ergeben.[12]

Trotz aller offenen Fragen möchte ich für die Diskussion in den folgenden Abschnitten Annahmen benutzen, die man als Variante der Ideen von den Besten und Kayne verstehen kann:

(76) *[+VER] in* Φ

(i) An der Peripherie deutscher Sätze befindet sich eine funktionale Kategorie Φ. Φ nimmt immer eine Konstituente Π zu sich und baut eine X-Bar-Projektion auf.

(ii) Φ kann mit (den Merkmalspezifikationen von) C-Wörtern unifiziert werden.

(iii) Φ kann mit (den Merkmalspezifikationen von) finiten Verben, die eine Spur binden, unifiziert werden.

(iv) Die Head-Merkmale aller Projektionsstufen von Φ sind durch die freien Head-Merkmale der Unifikation von Φ mit der Belegung von Φ (C-Wort, finites Verb) determiniert.

(v) Ein Merkmal M eines Ausdrucks α ist 'frei' i.S. von (iv) g.d.w. α nicht eine Spur mit dem Merkmal M bindet.

(vi) Φ kann die Merkmalspezifikation [+VER] tragen.

Die Konstituente Π soll das Mittelfeld, den Verbalkomplex und das Nachfeld umfassen (also das, was ich an anderem Ort als S-Feld bezeichnet habe). Man kann Φ wahrscheinlich als eine maximale Projektion des Verbs auffassen, in der das Subjekt enthalten ist. C-Wörter befinden sich in der Φ-Position. Da sie keine Spur binden, tragen alle ihre Head-Merkmale zur Determination der Kategorie des Satzes bei. In Sätzen mit Verbanfangsstellung befindet sich (statt dessen) ein finites Verb in der Φ-Position. Sofern irgendwelche Head-Merkmale des Verbs nicht an der vom Verb gebundenen Spur auftreten, sind sie 'frei' und tragen zur Determination der Kategorie des Satzes bei. (Wenn die Spur z.B. verbale Merkmale hat, sind diese Merkmale am Verb in Φ nicht 'frei'; der Satz hat dann also keinen verbalen Charakter.) Da die Generierung von VERUM durch [+VER] ausgelöst wird und diese Merkmalspezifikation Bestandteil einer syntaktischen Kategorie - also eines Segments der syntaktischen Struktur - ist, kann man sagen, daß VERUM nach (76vi) segmental lokalisiert ist.

9   Verum-Fokus in R-/W-Sätzen

9.1   C-Verum-Fokus in R-/W-Sätzen

Wir haben in Abschnitt 5.2 den Verum-Fokus bei Betonung von C-Wörtern wie *daß* und *ob* betrachtet. In Dialekten, die in Relativsätzen und/oder W-Interrogativsätzen eine C-Partikel zulassen, resultiert aus der Betonung der Partikel eine Hervorhebung, die offenbar identisch ist mit dem C-Verum-Fokus.[13]

Zunächst Relativsätze:

(77) (a) aber jeder, der **wo** das Buch gelesen hat, ist davon begeistert
      (b) ich kenne nur wenige Leute, die (wo) dieses Buch gelesen haben
      (c) jeder *x* für den gilt, daß es *zutrifft*, daß *x* das Buch gelesen hat

Wenn (77a) als Fortsetzung von (77b) geäußert wird, ist der Inhalt des Relativsatzes bekannt, und es geht darum, hervorzuheben, daß die durch den Relativsatz ausgedrückte Restriktion in gewissen Fällen erfüllt ist; der Effekt kann etwa wie in (77c) umschrieben werden. Ähnlich in W-Interrogativen:

(78) (a) jetzt möchte ich wissen, mit wem **daß** du getanzt hast
      (b) du hast mir erzählt, mit wem (daß) du **nicht** getanzt hast
      (c) ... wissen, für welches *x* es *zutrifft*, daß du mit der Person *x* getanzt hast

(79) (a) jetzt möchte ich wissen, wen **daß** du reingelegt hast
      (b) du hast mir erzählt, wen (daß) du **nicht** reingelegt hast
      (c) ... wissen, für welches *x* es *zutrifft*, daß du die Person *x* reingelegt hast

Wenn (a) als Fortsetzung von (b) geäußert wird, hat das den Hervorhebungseffekt, der in (c) umschrieben ist.

Diese Fälle stehen in voller Übereinstimmung mit den Annahmen von (76). Aus (76) geht auch korrekt hervor, daß die Betonung des Relativ- bzw. Interrogativpronomens bei vorhandener C-Partikel, wie in (80), ganz andere (keine Verum-Fokus-) Effekte hat (sofern die Beispiele überhaupt grammatisch möglich erscheinen), so daß die Betonungen von (80) in den Kontexten von (77b) - (79b) vermutlich gar nicht angemessen sein können:

(80) (a) jeder, **der** wo das Buch gelesen hat, ist davon begeistert
 (b) jetzt möchte ich wissen, mit **wem** daß du getanzt hast
 (c) jetzt möchte ich wissen, **wen** daß du reingelegt hast

In derselben Weise trägt (76) dem Fall (81) (= (29)) mit Verbzweitstellung Rechnung, wo ebenfalls kein Verum-Fokus möglich ist:

(81) **wer** hat den Hund (denn) getreten?

9.2 RW-Verum-Fokus

In den Varianten des Deutschen, die in Relativsätzen und W-Interrogativsätzen keine C-Partikel zulassen, ergibt sich eine interessante Beobachtung. Das standarddeutsche Pendant zu (77) ist (82):[14]

(82) (a) aber jeder, **der** das Buch gelesen hat, ist davon begeistert
 (b) ich kenne nur wenige Leute, die dieses Buch gelesen haben
 (c) jeder x für den gilt, daß es *zutrifft*, daß x das Buch gelesen hat

Die Hervorhebungseffekte sind in (82) exakt dieselben wie in (77), nur werden sie hier durch die Betonung des Relativpronomens ausgelöst. Bei W-Interrogativsätzen ist es ganz entsprechend. Das Pendant zu (79) ist (83):

(83) (a) jetzt möchte ich wissen, **wen** du reingelegt hast
 (b) du hast mir erzählt, wen du **nicht** reingelegt hast
 (c) ... wissen, für welches x es *zutrifft*, daß du die Person x reingelegt hast

In dem durch (b) gegebenen Kontext ist bekannt, daß zur Debatte steht, daß der Angesprochene eine Person x reingelegt hat, und es ist mindestens eine unkorrekte Belegung der Variablen x bekannt. Hervorgehoben ist, daß der Sprecher die korrekte Belegung dieser Variablen erfahren möchte, ganz so wie in (79) und ähnlich wie in (11).

Fälle wie (82a) und (83a), bei denen ein Verum-Fokus durch die Betonung eines Relativbzw. Interrogativausdrucks ausgelöst wird, will ich RW-Verum-Fokus nennen. Ein RW-Verum-Fokus ist, wie man erwarten kann, auch bei komplexen R- bzw. W-Phrasen möglich:[15]

(84) (a) aber die paar Leute, mit **denen** sie getanzt hat, sind völlig hingerissen
 (b) Hanna tanzt nur ganz selten
 (c) die paar Leute x für die gilt, daß es *zutrifft*, daß sie mit x getanzt hat

(85) (a) jetzt möchte ich wissen, mit **wem** du getanzt hast
 (b) du hast mir erzählt, mit wem du **nicht** getanzt hast
 (c) ... wissen, für welches *x* es *zutrifft*, daß du mit der Person *x* getanzt hast
(86) (a) aber ein Autor, **dessen** Werk ich gelesen habe, ist Chr. Morgenstern
 (b) ich habe von den meisten Schriftstellern so gut wie nichts gelesen
 (c) ein Autor *x* für den gilt, daß es *der Fall* ist, daß ich das Werk von *x* gelesen habe
(87) (a) nun sag doch mal, **wessen** Aufsatz du gelesen hast
 (b) du hast also weder Karls noch Hannas Aufsatz gelesen
 (c) sag ..., für welches *x* es *zutrifft*, daß du den Aufsatz der Person *x* gelesen hast

Dabei muß die Betonung immer auf dem R-/W-Pronomen liegen, auch dann, wenn es wie in (86a) und (87a) nicht der Fokusexponent der R-/W-Phrase ist. Die Betonung des Fokusexponenten, wie in (88), ergibt hier völlig andere Effekte, so daß diese Sätze in den Kontexten (86b) bzw. (87b) unangemessen wären:

(88) (a) aber ein Autor, dessen **Werk** ich gelesen habe, ist Chr. Morgenstern
 (b) nun sag doch mal, wessen **Aufsatz** du gelesen hast

Es liegt auf der Hand, daß der RW-Verum-Fokus nicht ohne weiteres mit der Annahme vereinbar ist, daß [+VER] in Φ lokalisiert ist.

10 VERUM ohne segmentale Lokalisierung

10.1 Struktur von R-/W-Sätzen

Es ist eine alte und bisher nicht befriedigend geklärte Frage, welche Konstituentenstruktur der Anfangsbereich von Sätzen ohne C-Partikel wie (89) hat:

(89) (a) der das Buch gelesen hat
 (b) wen du reingelegt hast
(90) (a) der wo das Buch gelesen hat
 (b) wen daß du reingelegt hast

Bei (90) ist es naheliegend, *daß* und *wo* in der Φ-Position und *der* bzw. *wen* in der 'Spezifikatorposition' von Φ (also als Tochter der maximalen Projektion von Φ) anzusiedeln. Bei (89) hat man im wesentlichen 3 Möglichkeiten:

(91) (i) (89) enthält keine Φ-Position.
 (ii) (89) hat dieselbe syntaktische Struktur wie (90), aber Φ ist phonologisch leer.
 (iii) In (89) besetzt die R-/W-Phrase die Φ-Position.

Jede der 3 Möglichkeiten wirft eine Fülle von Fragen auf. Besonders (iii) ist problematisch, da hier vorausgesetzt wird, daß eine komplexe syntaktische Phrase zugleich als nullte Projektionsstufe der Kategorie Φ fungiert. Trotzdem sind Strukturierungen dieser Art gelegentlich vorgeschlagen worden, z.B. von Bayer (1989). Hier ist nicht der Ort, auf die verschiedenen Fragen der syntaktischen Theorie näher einzugehen. Uns soll in erster Linie interessieren, welche Konsequenzen sich aus (91) ergeben für die Zuordnung von VERUM zu dem betonten Ausdruck beim RW-Verum-Fokus.

Wenn (91i) korrekt ist, wird der RW-Verum-Fokus nicht von (76) erfaßt. Es scheint aber offensichtlich, daß der RW-Verum-Fokus von derselben Art ist wie der C-Verum-Fokus (und, vermutlich, der F-Verum-Fokus); also sollte es eine einheitliche Theorie dafür geben. Also ist (91i) oder/und (76) falsch.

Wenn (91ii) korrekt ist, hat man [+VER] in dem phonologisch leeren Φ als Auslöser für die Generierung von VERUM. Aber wie soll dieses VERUM dem R-/W-Pronomen zugeordnet werden, so daß sich bei dessen Betonung der Verum-Fokus ergibt? Ich sehe keine plausible Antwort auf diese Frage. Deshalb nehme ich an, daß (91ii) oder/und (76) falsch ist.

Wenn (91iii) korrekt ist, kann man sich vorstellen, daß (76) für einfache Fälle wie (92a) (= (82a)) und (92b) (= (83a)) das richtige Ergebnis liefert:

(92)   (a) **der** das Buch gelesen hat
         (b) **wen** du reingelegt hast

Das gilt vermutlich auch für komplexe Fälle wie (93a) (= (84a)) und (93b) (= (85a)):

(93)   (a) mit **denen** sie getanzt hat
         (b) mit **wem** du getanzt hast

Da hier der Fokusexponent der Präpositionalphrase betont ist, bildet die ganze Präpositionalphrase einen möglichen Fokus. In die Übersetzung von Φ geht einerseits die Übersetzung der Präpositionalphrase und andererseits die Übersetzung von [+VER] ein. Bei geeigneter Präzisierung des Zuordnungsbegriffs von (61) dürfte sich korrekt ergeben, daß bei dieser Betonung VERUM hervorgehoben sein kann.

Für Fälle wie (94a) (= (86a)) und (94b) (= (87a)) reichen diese Annahmen jedoch nicht aus:

(94)   (a) **dessen** Werk ich gelesen habe
         (b) **wessen** Aufsatz du gelesen hast

Hier bildet nicht die ganze Nominalphrase *dessen Werk* bzw. *wessen Aufsatz* einen möglichen Fokus, also ist das bei der Übersetzung von Φ generierte VERUM nicht dem Fokus (nämlich *dessen* bzw. *wessen*) zugeordnet, und es könnte keinen Verum-Fokus geben. In der gegebenen Formulierung ist (91iii) oder/und (76) falsch.[16]

Es ergibt sich also, daß keine der 3 alternativen Strukturannahmen in (91) den Beobachtungen beim RW-Verum-Fokus Rechnung tragen kann, wenn man an (76) festhält. Man muß (einen Teil von) (76) aufgeben, oder man muß andere Strukturannahmen machen. Tatsächlich kommt man vermutlich auch bei Verzicht auf (76) nicht mit (91) aus. Deshalb gehen wir zunächst auf die Struktur ein.

10.2 PR-Struktur

Beim C-Verum-Fokus wird die Hervorhebung von VERUM durch die Betonung einer C-Partikel ausgelöst. Beim RW-Verum-Fokus wird die gleiche Hervorhebung durch die Betonung eines R-/W-Pronomens ausgelöst. Wenn in den beiden Fällen die gleichen Zuordnungsmechanismen wirksam sind, muß das R-/W-Pronomen vermutlich eine strukturell ähnliche Position innehaben wie die C-Partikel. Auf der S-Struktur ist das offensichtlich nicht der Fall. Eine strukturell ähnliche Konfiguration erhält man jedoch, wenn man das R-/W-Pronomen (oder eine abstrakte Repräsentation desselben) von der R-/W-Phrase trennt, in der es enthalten ist, und die Phrase in die Position ihrer Spur setzt ('echt rekonstruiert'). Durch eine solche Trennung von Pronomen und enthaltender Phrase werden die syntaktischen 'Pied Piping'-Effekte beseitigt; in der Anfangsposition des Satzes steht auf der so geschaffenen Repräsentationsebene nur das Pronomen, das der Auslöser für die syntaktische 'Bewegung' der R-/W-Phrase in die Anfangsposition ist. Die durch diese partielle 'Rekonstruktion' charakterisierte Repräsentation möge PR-Struktur heißen. Die PR-Struktur von (93a) hat dann etwa die Form (95a), und die PR-Struktur von (94a) hat etwa die Form (95b):

(95) (a) denen [sie [mit e] getanzt hat]
     (b) dessen [ich [e Werk] gelesen habe]

Es ist unstrittig, daß eine Trennung von R-/W-Pronomen und enthaltender Phrase – also eine Beseitigung der Pied Piping-Effekte – für semantische Zwecke benötigt wird; aber wie eine solche Trennung formal darzustellen ist, ist zunächst nicht klar (vgl. z.B. Engdahl 1986 und dort genannte Literatur). Vor allem ist strittig, ob und in welcher Weise irgendeine Form der Rekonstruktion stattfinden sollte. Die Überlegungen zum RW-Verum-Fokus legen genau die in (95) veranschaulichte Form der Rekonstruktion nahe, denn anders ist nicht zu erreichen, daß Pronomen am Satzanfang und C-Partikeln sich in ähnlichen Konfigurationen befinden.

Zugleich ist es zweifelhaft, ob die durch den RW-Verum-Fokus motivierte Abtrennung mit der semantisch motivierten zusammenfällt. Es scheint klar zu sein, daß bei sog. 'Präpositionaladverbien' wie *davon/wovon, dafür/wofür, damit/womit* usw. das *wo* als R-/W-Pronomen fungiert. Demgemäß sollte ein Verum-Fokus möglich sein, wenn dieses *wo* betont ist. Das ist auch der Fall, wenn *wo* in der S-Struktur isoliert ist, wie in (96a). Es ist nicht der Fall, wenn es Teil der Verbindung *wo*+Präposition ist, wie in (96b):

(96) (a) nun würde ich gern wissen, **wo** du mit gerechnet hast
     (b) #nun würde ich gern wissen, **wo**mit du gerechnet hast
     (c) nun würde ich gern wissen, wo**mit** du gerechnet hast
     (d) du hast erzählt, womit du **nicht** gerechnet hast

Als Fortsetzung von (d) weist nicht (b), sondern (c) einen Verum-Fokus auf; dort ist der Fokusexponent dieser Verbindung (die Präposition) betont. Wenn man die zur PR-Struktur führende Abtrennung und Rekonstruktion als quasi-syntaktischen Prozeß versteht, kann man möglicherweise syntaktische Gesetzmäßigkeiten in Anspruch nehmen, um zu deduzieren, daß die PR-Struktur von (96b) nicht die Form (96a) haben kann. In jedem Fall ist der Unterschied zwischen (96b) und (96c) nicht auf rein semantische Ursachen zurückzuführen.[17]

10.3 Nicht-segmentale Lokalisierung von VERUM

Wenn wir die Annahme (91iii) jetzt wieder aufgreifen, ergibt sich, daß in der PR-Struktur (95) die isolierten Pronomen die Φ-Position einnehmen. Auf diese Repräsentation kann der Zuordnungsbegriff (61) so angewendet werden, daß aus der Betonung der Pronomen ein Verum-Fokus resultieren kann.

Obwohl (91iii) soweit erfolgreich ist, legen die oben angedeuteten Bedenken gegen diese Strukturannahme es nahe, nach einer Alternative zu suchen. Ich möchte einen Vorschlag zur Diskussion stellen, bei dem VERUM nicht segmental lokalisiert ist, sondern durch eine Übersetzungsregel generiert wird, die in bestimmter Weise strukturabhängig ist. Die Übersetzungsregel ist informell und vereinfacht in (97) angegeben.[18]

(97) *Einführung von VERUM*
Gegeben sei eine syntaktische Struktur

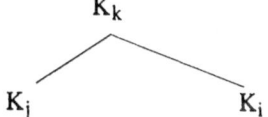

bei der (a) K_i die Form [σ Π σ] hat und σ phonologisch leer ist und (b) K_j nicht phonologisch leer ist.
Dann ist $B(K_k) = B(K_j) (\text{VERUM} (B(K_i)))$.

(97) ist auf PR-Strukturen anzuwenden. Die Annahmen von (76) können alle weiter gelten, außer der Klausel (vi), nach der Φ die Spezifikation [+VER] trägt; für das syntaktische Merkmal [VER] besteht jetzt keine Motivation mehr. Die Konstituente K_k enthält kein phonologisches Material außer K_j und Π (vgl. (76i)). Für die Füllung von K_j gibt es 4 Möglichkeiten. (i) K_j ist mit einer C-Partikel gefüllt, wie in (48a,b) sowie (77a) und (78a). (ii) K_j ist mit einem R-/W-Pronomen gefüllt, wie in (95). Wenn wir (91ii) annehmen, enthält K_i in diesem Fall ein phonologisch leeres Φ. (iii) K_j ist mit einem finiten Verb gefüllt. Das finite Verb ist in der PR-Struktur 'rekonstruiert' i.S. von Anm. 7 (ohne seine S-Struktur-Position zu räumen), so daß seine Übersetzung an der Stelle der von ihm gebundenen Spur wirksam wird (also zur Übersetzung von Π beiträgt). Daher ist $B(K_j)$ in diesem Fall ausschließlich durch die semantischen Eigenschaften von Φ bestimmt. (iv) K_j ist mit einer 'adverbialen' Konjunktion wie *wenn, obwohl, bevor, damit, ...* gefüllt. Hierüber liegen nur begrenzte Untersuchungen vor (vgl. die Abschnitte 4.2f.). Wenn sich zeigt, daß die Betonung solcher Elemente generell nicht zu einem Verum-Fokus führt, können entsprechende Bedingungen für die Füllung von K_j formuliert werden.

Um den Verum-Fokus zu generieren, muß der Zuordnungsbegriff von (61) wie in (98) modifiziert werden:

(98)   *Zuordnung*
In einem Ausdruck α ist ein Bedeutungselement *BE* einer Konstituente K_h 'zugeordnet' g.d.w.
(i)   *BE* die Übersetzung von K_h ist - dann hat *BE* den Namen $B\,(K_h)$ -, oder
(ii)   in einem lokalen Baum

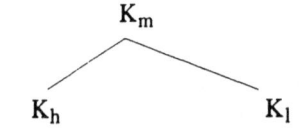

gilt, daß $B\,(K_m) = B\,(K_h)\,(BE\,(B\,(K_l)))$.

Die Idee bei (98ii) ist, daß *BE* ein Prädikat ist, das die Übersetzung von K_l als Argument nimmt, wobei die Einführung dieses Prädikats durch die Schwester von K_l ausgelöst wird. *BE* soll also - intuitiv einleuchtend - der Konstituente K_h zugeordnet sein, die die Einführung von *BE* auslöst. Bei Betonung von K_h kann dann *BE* als inhaltlich hervorgehoben aufgefaßt werden.

Nach dem Vorschlag (97) ist VERUM nicht segmental - d.h., nicht als Übersetzung einer Konstituente oder einer Merkmalspezifikation in einer Konstituente - lokalisiert. Eine solche Verletzung des Prinzips der strikten Kompositionalität ist weniger ungewöhnlich, als es scheinen mag. Es ist kaum vermeidbar, z.B. die Kennzeichnung eines Satzes als Deklarativsatz, direkter Interrogativsatz u.ä. auf ähnliche Weise zu generieren. Illokutionstyp-Operatoren (oder funktional ähnliche Elemente wie 'Satzmodus'-Markierungen) sind nicht segmental lokalisiert. Insofern kann man vermuten, daß die IT-Deutung von VERUM, obwohl sie falsch ist, doch auf einer korrekten Vorstellung fußt: auf einer nicht-segmentalen Lokalisierung dieses Bedeutungselements.

Anmerkungen

1   Einige Autoren bezeichnen solche Fälle (bzw. ihre Entsprechung in anderen Sprachen) als 'polar focus' oder 'polarity focus'; z.B. Dik 1980 und Gussenhoven 1984. Ich benutze diesen Ausdruck nicht, da ich den Begriff der 'Polarität' für ein dubioses Konzept halte.
2   Wenn ich es recht verstehe, sind die Ideen von 'communicative dynamism' und 'transition', die in der sog. 'neuen Prager Schule' der sechziger und siebziger Jahre vertreten wurden, nicht kompatibel mit diesem Faktum.
3   Die Verbform, die in diesen Konstruktionen für das Partizip eintritt, sieht in der Regel genau wie der normale Infinitiv aus. Von dieser Regel gibt es jedoch eine Ausnahme. Im Niederländischen ist der Gebrauch des Ersatzinfinitivs erheblich weniger eingeschränkt als im Deutschen; z.B. kommt er auch mit dem Perfekthilfsverb *zij-* vor (im Deutschen nur mit *hab-*). Beim Perfekt der Kopula *zij-* tritt dann aber nicht der normale Infinitiv *zijn* für das Partizip *geweest* ein, sondern eine ansonsten ungebräuchliche Form *wezen*. Möglicherweise darf man den Ersatzinfinitiv also nicht einfach mit dem morphologischen Infinitiv identifizieren. Trotzdem bleibt die Überlegung richtig, daß das Perfekt nicht in erster Linie durch das Partizip gekennzeichnet ist.

4   Ausnahmen von diesem Grundsatz erwartet man bei Zitaten und evtl. ähnlichen Sonderfällen, aber nicht bei normaler Einbettung.
5   Im Unterschied zu *wenn*-Sätzen können sie z.B. nicht im Skopus einer korrelativen Koordinationspartikel (etwa *sowohl, weder*) oder einer Gradpartikel (etwa *nur, sogar, nicht*) stehen, und auf sie kann nicht durch ein kataphorisches *dann* verwiesen werden.
6   Diese Annahme ist durch Beobachtungen und Überlegungen motiviert, die nichts mit Verum-Fokus zu tun haben. Dieser Beitrag ist nicht der Ort, näher auf diese Annahmen einzugehen, ebenso wie die genauere Charakterisierung von SR nicht unser Thema ist. Für unsere Zwecke müssen und können wir uns mit einem ungefähren intuitiven Verständnis der einschlägigen Ideen begnügen.
7   Dies ist ein klassisches 'Rekonstruktions'-Phänomen; vgl. Höhle 1991, bes. §§ 3.1.3. und 6.2. Zur formalen Beschreibung von Rekonstruktionsphänomenen hat man zwei Alternativen: Man berücksichtigt sie direkt bei der Charakterisierung der Beziehung SR ('Pseudo-Rekonstruktion'); oder man schafft eine Repräsentationsebene, bei der die relevanten Eigenschaften eines Spurbinders an der Position der Spur verfügbar sind, und wendet die Skopusregel auf diese Repräsentationsebene an ('echte Rekonstruktion'). Für unsere Zwecke ist dieser Unterschied vorläufig ohne Belang; erst in Abschnitt 10.2 kommen wir darauf zurück.
8   Der aus der Rekonstruktion des finiten Verbs resultierende (fakultative) Skopuseffekt ist bei der Negation unübersehbar, aber er besteht natürlich auch bei anderen skopusinduzierenden Ausdrücken, z.B. bei *vielleicht* in (ia) als Erwiderung zu (ib) und - worauf mich Joachim Jacobs hingewiesen hat - beim Quantorenskopus von *die meisten* in (iia) als Erwiderung zu (iib):
(i) (a) (ja) da **nehme** ich vielleicht teil (aber sicher ist das noch nicht)
    (b) also bis morgen; du nimmst ja **auch** an der Sitzung teil
    (c) es *trifft vielleicht zu*, daß ich da teilnehme
(ii) (a) aber Karl **hat** die meisten Aufsätze von dir gelesen
    (b) Karl hat wahrscheinlich kaum einen Aufsatz von mir gelesen
    (c) für die *meisten x, x* ein Aufsatz von dir, *trifft* es *zu*, daß Karl *x* gelesen hat
9   Tatsächlich begegnet man Fällen wie (72b) gelegentlich in natürlicher Kommunikation. Leider ist dieses Faktum als solches nicht sehr aussagekräftig, denn 'falsche' - d.h. kontextuell unangemessene - Betonungen sind eher häufiger als andere Performanzfehler, keineswegs seltener.
10 Man kann z.B. stipulieren, daß ein C^0-Element die markierte Möglichkeit hat, eine CP zu selegieren. Dabei kann man darauf verweisen, daß solche Konstruktionen im Spanischen unter gewissen Bedingungen explizit auftreten; vgl. Plann 1982. Dann muß man zusätzlich stipulieren, daß das Deutsche und das Niederländische von dieser markierten Möglichkeit keinen Gebrauch machen.
11 Für einen Vorschlag zur Deutung von asymmetrischen Koordinationen wie in (74) vgl. Höhle 1990.
12 Für eine jüngere Skizze verwandter Ideen vgl. Penner & Bader 1991.
13 Für Daten und Diskussion zu diesem Abschnitt danke ich Josef Bayer.
14 Auf Fälle vom Typ (82a) bin ich durch Beispiel (123) bei Gussenhoven 1984 aufmerksam geworden. Gussenhoven meint, daß im Niederländischen bei Sätzen mit Verbendstellung ein 'polarity focus' immer dann und nur dann ausgelöst wird, wenn die Betonung „on the COMP-node" liegt. Außer einem Relativsatz wie (82a) führt er noch je ein Beispiel mit der Komparativpartikel *dan* 'als', mit der Partikel *om* 'um' als Einleitung infiniter Konstruktionen und mit *dat* 'daß' auf (1984: 53). Die deutschen Äquivalente der Beispiele mit *dan, om* und *dat* sind nach meinem Urteil nicht voll akzeptabel oder haben jedenfalls keinen Verum-Fokus.

15 Der W-Quantor, in dessen Skopus VERUM in den betrachteten Fällen liegt, nimmt erwartungsgemäß an den bekannten Skopusambiguitäten mit *jed-* teil, wie in (ia) als Fortsetzung von (ib):
(i)   (a)   jetzt würde ich gerne wissen, an **wen** jeder gedacht hat
    (b)   du hast berichtet, daß Karl nicht an Ute gedacht hat und daß Heinz nicht an Hanna gedacht hat
    (c)   ... wissen für jedes x, für welches y es *der Fall* ist, daß die Person x an die Person y gedacht hat

Das gleiche scheint für R-Pronomen zu gelten:
(ii) (a)   ich suche aber nach den Personen, um **die** sich damals jeder gekümmert hat
    (b)   du erzählst mir, daß Karl sich nicht um Ute gekümmert hat und daß Heinz sich nicht um Hanna gekümmert hat
    (c)   ... suche für jedes x nach der Person y für die es *zutrifft*, daß die Person x sich um y gekümmert hat

Wie die Umschreibung (c) zum Ausdruck bringt, hat (iia) als Fortsetzung von (iib) anscheinend eine Lesart, bei der VERUM im Skopus der Relativphrase und diese im Skopus von *jeder* liegt.

16 Man könnte daran denken, die Annahme (91iii) um einen 'Perkolationsmechanismus' anzureichern, der dafür sorgt, daß [+VER] aus Φ an die Position von *dessen/wessen* gelangt, so daß diese Ausdrücke dem VERUM zugeordnet werden könnten. Ich halte diesen Weg aus empirischen und theoretischen Gründen für aussichtslos.

17 Ebenso wie *womit* usw. verhalten sich ähnlich aufgebaute Elemente, z.B. *warum* (zu *darum*) und *weshalb* (zu *deshalb*). Es ist bemerkenswert, daß der RW-Verum-Fokus sich in dieser Hinsicht anders als Echofragen verhält. Echo-W-Fragen mit diesen Elementen müssen bekanntlich auf dem pronominalen ersten Bestandteil betont werden: *womit*, *warum*, *weshalb* usw.

18 Explizitere Formulierungen von Übersetzungsregeln, die man analog zu (97) verstehen kann, finden sich bei Jacobs 1991; insbesondere wird dort „GILT" (= VERUM) in grundsätzlich ähnlicher Weise behandelt. - Bei der genauen Ausformulierung sind die Beobachtungen von Abschnitt 6 zu beachten: VERUM kann sich im Skopus aller Ausdrücke befinden, in deren Skopus sich das finite Verb befindet.

Literatur

Bayer, J. (1989): Notes on the ECP in English and German. Ms. (Abdruck in: Groninger Arbeiten zur Germanistischen Linguistik 30, 1990, 1 - 55.)
Besten, H. den (1977/78): „On the interaction of root transformations and lexical deletive rules". In: J.B. den Besten (1989): Studies in West Germanic syntax. Amsterdam: Rodopi, 14 - 93.
Dik, S., et al. (1980): „On the typology of focus phenomena". GLOT 3, 41 - 74.
Engdahl, E. (1986): Constituent questions. The syntax and semantics of questions with special reference to Swedish. Dordrecht: Reidel.
Gussenhoven, C. (1984): „Focus, mode and the nucleus". In: C. Gussenhoven: On the grammar and semantics of sentence accents. Dordrecht: Foris, 11 - 62. (teilweise korrigierter Nachdruck aus: Journal of Linguistics 19, 1983, 377 - 417.)
Hetland, J. (1991): Polaritätsfokus, VERUM-Fokus, Kopffokus. Ms. (erscheint in: Zeitschrift für Phonetik, Sprachwissenschaft und Kommunikationsforschung).

Höhle, T.N. (1982): „Explikationen für 'normale Betonung' und 'normale Wortstellung'". In: Satzglieder im Deutschen. Vorschläge zur syntaktischen, semantischen und pragmatischen Fundierung. Hg. v. W. Abraham. Tübingen: Gunter Narr, 75 - 153.

Höhle, T.N. (1988): „Vorwort und Nachwort zu 'VERUM-Fokus'. [und] VERUM-Fokus". In: Sprache und Pragmatik. Arbeitsberichte 5. (Lund:) Germanistisches Institut der Universität Lund, 1 - 7.

Höhle, T.N. (1990): „Assumptions about asymmetric coordination in German". In: Grammar in progress. Glow essays for Henk van Riemsdijk, ed. by J. Mascaró and M. Nespor. Dordrecht: Foris, 221 - 235.

Höhle, T.N. (1991): „On reconstruction and coordination". In: Representation and derivation in the theory of grammar, ed. by H. Haider & K. Netter. Dordrecht: Kluwer, 139 - 197.

Jacobs, J. (1986): Fokus. Teil I. Teil II. Teil III. Ms. (unveröffentlicht)

Jacobs, J. (1988): „Fokus-Hintergrund-Gliederung und Grammatik". In: Intonationsforschungen. Hg. v. H. Altmann. Tübingen: Max Niemeyer, 89 - 134.

Jacobs, J. (1991): Einbettung und Satzmodus. Ms.

Kayne, R. (1982): „Predicates and arguments, verbs and nouns". GLOW Newsletter 8, 24. (Vortragskonzept)

Penner, Z. & Th. Bader (1991): „Main clause phenomena in embedded clauses: the licensing of embedded V2-clauses in Bernese Swiss German". The Linguistic Review 8, 75 - 95.

Plann, S. (1982): „Indirect questions in Spanish". Linguistic Inquiry 13, 297 - 312.

Reis, M. (1991): „Was konstituiert w-Interrogativsätze? Gegen Paschs Überlegungen zur Syntax und Semantik interrogativer w-Konstruktionen". Deutsche Sprache 19, 213 - 238.

Zur Frage der grammatischen Repräsentation thetischer und kategorischer Sätze

H. Bernhard Drubig, Tübingen

1 Einleitung: thetisch/kategorisch vs. Fokus-Hintergrund-Gliederung*

Die Erklärung der Zusammenhänge zwischen Prosodie, Syntax und semantisch-pragmatischer Interpretation, die unter Bezeichnungen wie „Informationsgliederung" oder „Informationsstruktur" firmieren, gehört zu den Aufgaben der Grammatiktheorie, die sich als besonders schwierig erwiesen haben. Einen der Gründe, die die Versuche zu ihrer Lösung wesentlich behindert haben, sehe ich in der Tatsache, daß eine wichtige Grundfrage, die jede Diskussion von Einzelaspekten notwendigerweise tangiert, bisher noch nicht mit dem nötigen Nachdruck gestellt, geschweige denn beantwortet worden ist, und zwar die Frage nach dem Verhältnis zwischen der Unterscheidung von thetischen und kategorischen Sätzen und der sog. Fokus-Hintergrund-Gliederung (FHG).

Die Differenzierung thetisch/kategorisch hat in der neueren Literatur zur Informationsgliederung eine gewisse Beachtung erfahren[1] und vor allem Eigenschaften thetischer Sätze sind unter den verschiedensten Bezeichnungen erörtert worden,[2] die Frage, worauf die Unterscheidung hinausläuft und wie sie theoretisch zu rekonstruieren ist, muß jedoch weiterhin als klärungsbedürftig gelten. J. Jacobs hat in einer Reihe von Arbeiten[3] die Auffassung begründet, daß die fragliche Differenzierung einer eigenständigen Strukturdimension der Informationsgliederung – der Topik-Kommentar-Gliederung (TKG) – zuzurechnen ist und trifft damit den Tenor der meisten einschlägigen Untersuchungen, die in der Regel auf der Nichtreduzierbarkeit der fraglichen Unterscheidung bestehen. Besonders nachdrücklich tut dies z.B. Sasse (1987). Nicht wenige Arbeiten zur Informationsstruktur, wie z.B. Rochemont (1986) oder Rochemont & Culicover (1990), nehmen die Frage einer solchen Differenzierung nicht zur Kenntnis, und zwar zum Nachteil ihrer Ergebnisse, wie ich in § 5 am Beispiel gewisser Fokuskonstruktionen des Englischen zeigen werde. Dabei wird es mir in erster Linie um den Nachweis gehen, daß es signifikante Beziehungen zwischen der Dichotomie thetisch/kategorisch und der FHG gibt und daß die thetischen Sätze als Sonderfall der FHG analysiert werden können.

---

* Die Untersuchungen, über die ich in diesem Beitrag berichte, wurden mit Unterstützung der Deutschen Forschungsgemeinschaft im Rahmen des Sonderforschungsbereichs 340: Sprachtheoretische Grundlagen für die Computerlinguistik an der Universität Tübingen durchgeführt. Für intensive Diskussionen und zahlreiche Anregungen danke ich vor allem Caroline Féry, Juliane Möck und Susanne Winkler, sowie den am Forschungsprogramm Sprache und Pragmatik (Lund et al.) Beteiligten.

Von den beiden Strukturdimensionen der Informationsgliederung ist die FHG ohne Zweifel die leichter zugängliche, besser verstandene und auch intensiver untersuchte. Nach allgemeinem Verständnis geht es dabei vorrangig um die systematische Erklärung von Fokusambiguitäten wie in (1) und um die Rolle, die diese z.B. in der Semantik von fokussensitiven Operatoren spielen.[4] Dem Usus entsprechend gebe ich prosodische Prominenz durch Großbuchstaben wieder und kennzeichne FHG-Lesarten durch Einklammerung des Fokus.

(1) Frage: 1. What did John give to his wife?
           2. What did John do?
           3. What happened?
    Antwort: [John [gave [a FUR COAT] to his wife]]

Da die wichtigsten Arbeiten bis in die jüngste Zeit hinein fast ausschließlich mit Sprachen befaßt waren, in denen FHG - wie im Englischen - durch die Verteilung der prosodischen Prominenz markiert wird, verfolgten die Untersuchungen das Ziel, die aus (1) ersichtlichen systematischen Beziehungen zwischen Akzentdomäne und Fokuskonstituente - seit Höhle (1982) im deutschen Sprachraum als „Fokusprojektion" bezeichnet - in Form von Regeln zu beschreiben.

Die in (1) repräsentierten Entsprechungen zwischen FHG in der Antwort und Wh-Markierung in der zugeordneten Frage könnten den Schluß nahelegen, daß Fokusprojektion durch eine relativ triviale Regel zu beschreiben ist: jede Phrase, die einen Akzentträger als Fokusexponenten enthält, wird als Fokus interpretiert. Daß dem aber nicht so ist, wird deutlich, wenn wir die in (2) wiedergegebene Variante in Augenschein nehmen:

(2)   John gave [his WIFE] a fur coat

Offenbar ist in (2) bei der vorliegenden Akzentuierung nur eine natürliche Lesart gegeben, und zwar die enge Fokussierung des indirekten Objekts, weshalb (2) auch keine der in (1) 1. - 3. aufgelisteten Fragen beantwortet. Der intuitive Befund - Eindeutigkeit von (2) vs. Mehrdeutigkeit von (1) - tritt etwas deutlicher hervor in Sätzen, in denen der jeweilige Fokus mit einer Gradpartikel assoziiert ist.

(3)   John even [gave [a FUR COAT] to his wife]
(4)   John even gave [his WIFE] a fur coat.

Die in (1) belegten Verhältnisse finden sich in einer ganzen Reihe von ähnlichen Sätzen wieder, die eine ähnliche syntaktische Konstruktion und die gleiche Akzentkonfiguration aufweisen.

(5)   a. [He [put [some BOOKS] on the table]]
       b. [She [bought [CHEESE] to accompany the wine]]
       c. [they [painted [the BARN] red]]
       d. [John [saw [the DOOR] open]]

Wie in (6) deutlich wird, ist die in (1) bzw. (5) repräsentierte Akzentverteilung nicht die einzige, die zu einer maximalen Fokusprojektion führen kann

(6) [He [put the books [on the TABLE]]]

Die Verwendungskontexte für (1) und (6) sind aber nicht identisch: (6) erfordert einen Kontext, in dem die erwähnten Bücher bereits kontextuell gegeben (Jacobs 1988: „kontextpräsent"; Rochemont 1986: „context-construable") sind, in (5a) werden sie neu eingeführt. Dem ist zu entnehmen, daß es innerhalb fokussierter Konstituenten wie z.B. der VP weitere informationsstrukturelle Differenzierungen geben muß und daß für das Zustandekommen projizierter Lesarten nicht allein die Präsenz der prosodischen Prominenz sondern auch die jeweilige syntaktische Struktur entscheidend ist. Damit stellt sich die Frage, welche Faktoren es sind, die in Fällen wie (1) und (5) die Fokusprojektion bis hin zur globalen Lesart erlauben, in (4) hingegen ausschließen.

Wir haben es hier übrigens weder mit einem spezifischen Problem des Englischen zu tun noch mit einer bloßen Frage der Akzentverteilung. Dies wird sofort deutlich, wenn man sich vergegenwärtigt, daß die an (1) und (6) beobachteten Unterschiede in anderen Sprachen nicht ausschließlich prosodisch manifestiert werden. Im Finnischen ist die fragliche Differenzierung morphologisch markiert. (5a) und (6) entsprechen im Finnischen die Beispiele (7) und (8).

(7) Hän pani kirjoja   pöydälle
     he   put   (some) books on the table
     (Part. pl.)

(8) Hän pani kiriat pöydälle
     He   put   the   books on the table
     (Akk. pl.)

In den finnischen Entsprechungen zu den Sätzen wie in (1) und (5) findet sich regelmäßig der Partitiv, in der Entsprechung zu (6) der Akkusativ. Die Systematik dieser Unterscheidung wird ausführlich in Belletti (1988) diskutiert. Im folgenden soll gezeigt werden, daß Sätze wie (1) und (5a - d) mit besonderen fokusstrukturellen Eigenschaften assoziiert sind, die unabhängig von ihrer jeweiligen einzelsprachlichen Realisierung beschrieben werden können. An ein solches Ergebnis muß sich die weiterführende Frage anschließen, von welchen grammatischen Voraussetzungen die jeweilige Realisierung abhängig ist und wie sich diese zu den anderen fokusstrukturellen Eigenschaften der betreffenden Sprache verhält.

Wir können festhalten, daß alle in (1) und (5) angeführten Sätze kausative Konstruktionen sind. Die prominente Phrase, von der die Fokusprojektion ausgeht, fungiert als Objekt des kausativen Verbs, steht aber in einer sekundären prädikativen Beziehung zu dem folgenden, unbetonten syntaktischen Ausdruck. Die bisher diskutierten Beispiele zeigen bereits, daß diese sekundäre Beziehung für die Fokusprojektion in kausativen Konstruktionen von ausschlaggebender Bedeutung ist. Worauf es dabei offenbar ankommt, ist die Verbindung eines prominenten Subjekts mit einem unbetonten Prädikat. Ziel meiner Untersuchung ist es, die besondere Rolle dieser Konfiguration in der Fokusstruktur zu beschreiben. Die gleiche Konfiguration erscheint auch als primäre Prädikation in den subjektprominenten Sätzen, die in der Literatur als „thetisch" bezeichnet werden.[5]

(9) a. A BOOK was on the table
    b. There was a BOOK on the table

(10) Pöy dälle   on   kirjoja
     On the table is   (some) books
                         (Part. pl.)

In dem finnischen Gegenstück zu dem subjektbetonten Satz des Englischen weist das Subjekt die gleiche Kasusmarkierung wie das Objekt in (7) auf. Im Finnischen scheint demnach die gleiche Parallele zwischen dem prominenten Objekt der kausativen Konstruktion und dem prominenten Subjekt des entsprechenden einfachen Satzes vorzuliegen, die wir im Englischen bereits festgestellt haben. Ein Unterschied besteht allerdings in den sprachlichen Formen, in denen sich Prominenz in solchen Fällen in den beiden Sprachen manifestiert. Während das Englische das Subjekt der thetischen Konfiguration prosodisch hervorhebt, tritt im Finnischen in solchen Fällen eine besondere Kasusform auf. Wir können bereits hier festhalten, daß die spezifische subjektprominente Konfiguration, die ich thetisch genannt habe, nicht nur als unabhängiger Satz vorkommt, wie in (9) und (10), sondern auch an der Komposition komplexer Fokusstrukturen beteiligt ist. Es muß also zwischen einem finiten und einem nichtfiniten Typ thetischer Prädikationen unterschieden werden. Im übrigen lassen die diskutierten Beispiele bereits erkennen, daß die als thetisch bezeichnete Konfiguration eine herausragende Rolle in der Fokusprojektion spielt. In den diskutierten kausativen Beispielen ist das betonte Objekt Exponent von weiten Fokuslesarten und in thetischen Sätzen wie (9a, b) liegt stets eine globale Fokussierung vor, wie ich in § 4.1 zeigen werde. Daraus ist zu folgern, daß thetische Sätze in einer doppelten Beziehung stehen und als Schnittstelle der beiden von Jacobs unterschiedenen Strukturdimensionen der Informationsgliederung betrachtet werden können. Als globale Fokusstrukturen ohne Hintergrund können sie als Sonderfall der von Jacobs als FHG bezeichneten Strukturdimension der Informationsgliederung gelten, als topiklose Sätze gehören sie zur TKG und stehen in Opposition zu den kategorischen Sätzen.

Worum es bei der TKG geht, ist weitaus weniger offensichtlich als im Falle der FHG. Den besten Zugang zu den Gegebenheiten der TKG bietet der Vergleich von Sätzen einer Sprache, die den Unterschied thetisch/kategorisch morphologisch markiert. Das folgende Beispielpaar entnehme ich Kuroda (1984), der den *ga/wa*-Kontrast beim japanischen Subjekt bzw. Topik auf die Differenzierung thetisch/kategorisch bezieht.

(11) a. Inu ga hasitte iru
     b. Inu wa hasitte iru

Läßt man die im Japanischen fehlende Numerusdifferenzierung und die mögliche, für unser Problem aber irrelevante generische Lesart beiseite, dann können (11a) und (11b) als alternative Übersetzungen von (12) gesehen werden.

(12) The/A dog is running

Die Frage, wie der in (11) belegte Kontrast präzise zu bestimmen ist, bleibt trotz zahlreicher Untersuchungen weiterhin unklar. Übereinstimmung besteht aber darüber, daß (11a) im typischen Fall als Wahrnehmungsbericht interpretiert wird, der eine meist plötzlich wahrgenommene Veränderung des Kontexts registriert - „a direct response to the perceptual intake of an actual situation" (Kuroda) - und der ein neues Ereignis in die Diskurswelt einführt. Neu eingeführt wird auch das Referenzobjekt des Subjektterms, weshalb solche Sätze häufig als „präsentativ" bezeichnet werden. Demgegenüber repräsentiert der kategorische Satz (11b) nach Kuroda „the cognitive act of attributing to a specific entity the function it has in the situation." Die Voraussetzung einer unabhängig vom Prädikationsakt gegebenen, ggf. vorerwähnten Diskursentität - häufig als „aboutness effect" bezeichnet[6] - gilt als Indiz für die Präsenz einer TKG-Struktur, die im Fall der thetischen Lesart offenkundig fehlt.

Mit der Angabe von (12) als Übersetzungsäquivalent von (11) wird unterstellt, daß die im Japanischen obligatorische Differenzierung im Englischen nicht eindeutig mit einer syntaktischen oder morphologischen Unterscheidung zu korrelieren ist, wenn man einmal davon absieht, daß der existentielle *There*-Satz (13) im Hinblick auf TKG eindeutig ist und keine kategorische Lesart hat.

(13)   There is a dog running.

Die Differenzierung ist aber auch in Sätzen wie (12) erkennbar, denn sie wird im Englischen von der prosodischen Struktur getragen.

(14)   a. The/A DOG is running (Thetisch)
        b. The DOG is RUNNING (Kategorisch)

(15)   There is a DOG running.

Im Falle der thetischen Lesart ist die Prominenz des Subjekts obligatorisch, und zwar sowohl in (14) als auch in (15). Die Frage, die sich uns sofort aufdrängt, ist die folgende: warum spielt in der Plazierung der prosodischen Prominenz im Englischen ebenso wie bei der morphologischen Markierung im Japanischen das Subjekt eine herausragende Rolle? Oder in anderen Worten: warum wird der informationsstrukturelle Sonderstatus solcher Konstruktionen sowohl im infiniten wie im nichtfiniten Fall am Subjekt markiert? Die semantisch-pragmatischen Eigenschaften von subjektprominenten Sätzen wie (11a), (14a) und (15), die in der einschlägigen Literatur eingehend beschrieben worden sind,[7] kennzeichnen thetische Sätze sowohl als topik- wie auch als hintergrundslos, und ich werde zeigen, daß dieser Tatbestand vor dem Hintergrund der von mir behaupteten Beziehungen zwischen TKG und FHG eine natürliche Erklärung findet. Subjektprominenz ist eine durchgehende Eigenschaft thetischer Sätze, wie Sasse (1987) in einer beeindruckenden vergleichenden Studie an Beispielen aus Sprachen sehr unterschiedlicher typologischer Provenienz nachgewiesen hat.

Im folgenden werde ich zu zeigen versuchen, daß die besondere Rolle der Subjektprominenz aus einer adäquaten Explikation der Prinzipien der Fokusprojektion abgeleitet werden kann. Für die Erklärung thetischer Sätze sind keine anderen Projektionsprinzipien erforderlich als die für die Ableitung von FHG-Strukturen unabhängig zu fordernden. Als geeignete Grundlage für eine Beschreibung der thetischen Sätze wird sich eine Theorie der Fokusprojektion erweisen, die von der Argumentstruktur ausgeht und Nichtargumentpositionen von der Fokusprojektion ausschließt. Ich werde zu zeigen versuchen, daß das besondere Verhalten des Subjekts, das in kategorischen Sätzen als Topik interpretiert wird, in thetischen Sätzen aber an der Fokusprojektion beteiligt ist, auf eine unabhängig begründete Analyse des Subjekts zurückgeführt werden kann, nach der die Subjektstelle auf der einen Seite als „internes" Subjekt an der Argumentstruktur partizipiert und thetastrukturell lizensiert ist, zum anderen aber als „externes" Subjekt in einem noch zu bestimmenden Sinne als nichtargumentstrukturell ausgezeichnet und unter den Bedingungen der Prädikation lizensiert ist. Die Ergebnisse bei der Untersuchung der Prinzipien der Fokusstruktur werfen aber auch neues Licht auf die Fokusprinzipien, die Rochemont und andere Autoren zur Erklärung von obligatorischen Fokuseffekten in verschiedenen Sprachen - darunter dem Englischen - stipuliert haben. Vom Thema der thetischen Sätze her bietet sich ein kurzer Bericht über eine noch nicht abgeschlossene Untersuchung zu den Fokuskonstruktionen des Englischen an, die nach Rochemont (1986) den Effekt des „Constructional Focus Principle" zeigen. Eine sorgfältige Reanalyse der beteiligten Konstruktionen läßt erkennen, daß der jeweilige Fokuseffekt auf die auch sonst in thetischen Prädikationen nachweisbare Subjektprominenz zurückgeführt werden kann. Insofern erweisen sich die ad hoc angesetzten Prinzipien als eliminierbar.

Zum Vorgehen im einzelnen: In § 2 wird die Fokusstruktur im Rahmen der modularen Grammatikkonzeption erörtert; in § 3 und § 4 werden die Regeln für die Fokusprojektion entwickelt und auf das Problem der Subjektbeteiligung bezogen, wobei sowohl finite wie nichtfinite Kontexte einbezogen werden; § 5 berichtet knapp zusammenfassend über die konstruktionale Seite des Problems. In § 6 ziehe ich kurz einige Schlüsse, die vor allem über das Thema hinausweisende Aspekte betreffen.

2   Hintergrund: Informationsstruktur unter den Bedingungen einer modularen Grammatiktheorie

In dem modularen Ansatz, den ich im folgenden voraussetze, zerfällt die Grammatiktheorie in eine Reihe autonomer Teiltheorien, die gemeinsam die Struktur der Sätze natürlicher Sprachen bestimmen. Sätze müssen unter dieser Voraussetzung als kombinatorische Effekte gesehen werden, die aus der Interaktion abstrakter linguistischer Prinzipien entstehen, die den substantiellen Gehalt der erwähnten Teiltheorien bilden und die in unterschiedlicher Weise die Kombinatorik der lexikalischen Elemente beschränken. Die Aufgabe der Reduktion von Beobachtungsphänomenen auf allgemeine und unabhängig begründete Prinzipien, die für jedes linguistische Beschreibungsproblem geleistet werden muß, stellt für die Untersuchung der Informationsstruktur eine ganz besondere Herausforderung dar, die bisher nur wenige einschlägige Arbeiten angenommen haben. Der Kern unseres Problems wird sofort erkennbar, wenn man versucht, die Frage nach der Informationsgliederung des Satzes auf die klassische Konzeption der Rektions- und Bindungstheorie in Gestalt des sog. T-Modells zu beziehen. Nach Chomsky und Lasnik (1977) ist die grammatische Repräsentation auf vier verschiedenen Ebenen - „Deep Structure" (DS), „Surface Structure" (SS), „Phonetic Form" (PF) und „Logical Form" (LF) - verteilt, die einander wie folgt zugeordnet sind:

(16)   DS
          |
      PF — SS — LF

Nach der in (16) veranschaulichten Parzellierung können PF und LF nur über die Vermittlung von SS interagieren, was den in § 1 diskutierten Beziehungen zwischen Intonation und Bedeutung zunächst unmittelbar zu widersprechen scheint.[8] In der Tat sind die meisten bisherigen grammatiktheoretischen Vorschläge zur Beschreibung von FHG mit dieser Konzeption nicht zu vereinbaren. So ist nach Chomsky (1972) und Akmajian (1973) Fokus eine Konstituente, die den Nukleus der Intonation enthält, wobei diese Konstituente der gesamte Satz sein kann. „Präsupposition" ist ein Ausdruck, der entsteht, wenn in dem Satz die Fokuskonstituente durch eine Variable ersetzt wird.

(17)   JOHN writes poetry in the garden

        Fokus: John
        Präsupposition: X writes poetry in the garden

Chomsky ist vor allem daran interessiert zu zeigen, daß die unterschiedliche Plazierung der Betonung die semantische Interpretation mitbestimmt. Unter der Voraussetzung, daß Akzentregeln auf der syntaktischen Oberfläche operieren und die FHG des Satzes von der Akzentstruktur bestimmt wird, können FHG-Strukturen als Evidenz für die These gewertet werden, daß semantische Interpretationsregeln offenbar auf der syntaktischen Oberflächenstruktur operieren.

Darüber hinaus führt Chomsky (1972: 93 f.) eine Beobachtung an, die in der Theorie der Fokusstruktur seitdem eine große Rolle gespielt hat. In einer rechtsverzweigten Struktur wie (18) ist jede der ineinander verschachtelten Konstituenten ein möglicher Fokus. Die Bedingung ist dabei, daß jede der Konstituenten den Nukleus der Intonation enthält, dessen Plazierung im übrigen in Chomskys Analyse eine Funktion der „Nuclear Stress Rule" (NSR) ist, die den Akzent der rechtsperipheren lexikalischen Kategorie zuweist. Dies würde bedeuten, daß Fokusprojektion stets von rechten, niemals jedoch von linken Verzweigungen in der Baumstruktur ausgeht. Williams (1980a: 3) ist einer der wenigen Autoren, die diesen Zusammenhang explizit hervorheben.

(18)   He wasn't (warned to (look out for (an ex-convict (with (a red (SHIRT)))))).

Chomsky (1972: 97) selbst hat aber als erster darauf hingewiesen, daß diese Beziehung zwischen Fokusprojektion und NSR immer dann nicht gegeben ist, wenn die rechte Verzweigung ein anaphorisches oder aus anderen Gründen nicht betonbares Element dominiert. Chomsky verweist in diesem Zusammenhang auf Sätze wie (19) mit den durch Klammerung angegebenen FHG-Lesarten:

(19)   a. I didn't [[CATCH] him]
        b. Hard work doesn't [[MATURE] people]

Unabhängig davon, wie solche Fälle als „Ausnahmen" in dem vorgeschlagenen Rahmen zu behandeln sind, muß festgehalten werden: Chomsky bestimmt die FHG, die an der semantischen Interpretation beteiligt ist, in Abhängigkeit von der Akzentstruktur. Ein solcher Zusammenhang ist in einer modularen Konzeption wie (16) aber grundsätzlich ausgeschlossen.

Eine wichtige Voraussetzung für eine Konzeption der FHG, die mit dem Prinzip der Modularität vereinbar ist, geht auf Jackendoff (1972) zurück. In Jackendoffs Vorschlag wird das von Chomsky postulierte Verhältnis zwischen FHG und Akzentstruktur umgekehrt. Die Markierung von Fokusstrukturen erfolgt durch ein syntaktisches Merkmal [α F(ocus)]], wobei α = + oder -, das in der Oberflächenstruktur beliebigen Konstituenten zugewiesen wird, die als Operationsdomänen der NSR fungieren. Die Beschreibung der FHG mit Hilfe der Perkolation eines syntaktischen Merkmals entspricht den Voraussetzungen, die mit (16) gegeben sind. Syntaktische Strukturen der SS-Ebene können gleichzeitig über die phonologische und über LF die semantische Interpretation bestimmen. In der weiteren Entwicklung haben Rochemont (1986) und Selkirk (1984), ausgehend von den vor allem von Ladd (1980) angestellten Beobachtungen zum Verhältnis zwischen Unbetontheit und anaphorischer Referenz modular konzipierte Theorien der Fokusstruktur entworfen. Selkirk (1984) hat die Auffassung begründet, daß in der suprasegmentalen Phonologie nicht die Akzentstruktur den Primat hat, sondern die freie Verteilung der „pitch accents". Dementsprechend ist nach Selkirk der prosodische Exponent der Fokuskonstituente ein Wort, das einen Tonakzent trägt. Die Akzentstruktur hingegen wird als eine Funktion rhythmischer Prinzipien analysiert, die mit der FHG unmittelbar nichts zu tun haben.

Für die Fokusprojektion schlägt Selkirk zwei Regeln vor:

(20)   a.   Basic Focus Rule
A constituent to which a pitch accent is assigned is a focus.
b.   Phrasal Focus Rule
A constituent may be a focus if (i) or (ii) (or both) is true:
(i)   The constituent that is its head is a focus.
(ii)   A constituent contained within it that is an argument of the head is a focus (Selkirk, 207).

Die Regeln in (20) leiten rekursive Fokusstrukturen ab, was im offenkundigen Widerspruch zur Tradition seit Chomsky (1972) steht, nach der ein Fokus nicht in einem Fokus enthalten sein kann. In einer rekursiven Fokusstruktur wie (21) haben beide Fokuskonstituenten unabhängig voneinander eine semantische Lesart.

(21)   She [put [her ELBOWS]$_F$ on the table]$_F$

Die Interpretation von Fokusstrukturen wird bei Selkirk nach der Regel (22) vorgenommen:

(22)   Focus Interpretation Principle
F(argument) ↔ new information (Selkirk, 213).

Aus Selkirks Diskussion geht hervor, daß mit „new information" in (22) die Einführung eines neuen Diskursreferenten in den Kontext gemeint ist, eine Idee, die in Rochemonts

(1986) Interpretationsprinzipien für Fokusstrukturen explizit aufgenommen und weitergeführt wird. Nichtfokussierten Argumenten andererseits werden bereits im Kontext etablierte Diskursreferenten zugeordnet. Die Ableitung einer maximalen Fokusprojektion, bei der der ganze Satz Fokus ist, erfordert allerdings, daß VP als Argument ihres I-Elements analysiert werden kann, worauf Selkirk ausdrücklich hinweist.

Selkirks Ausführungen zur Interpretation der rekursiven Fokusstrukturen, die mit Hilfe von (20) abgeleitet werden, sind allerdings nicht eindeutig, bzw. sogar irreführend, wie Rooth (1985: 23 f.) angemerkt hat. Während fokussierte NP-Argumente im Sinne von (22) wie eben beschrieben interpretiert werden, erörtert Selkirk im Zusammenhang mit nichteingebetteten Fokuskonstituenten „neue Information" unter dem Gesichtspunkt der Frage-Antwort-Relation. Die sich hier ergebende Diskrepanz zwischen den zwei verschiedenen Konzeptionen von „neuer Information" bleibt ungelöst. Eine zweite Frage, die bei Selkirk nicht zu Ende diskutiert wird, betrifft die für Fokusstrukturen in Frage kommende Repräsentationsebene. Selkirk selbst deutet Fokusstruktur als SS-Phänomen, ihre Projektionsregeln hingegen nehmen aber eindeutig Bezug auf Argumentstrukturen. Der genaue Status der „Argumentstrukturen", die als Ort für die Operation der Fokusregeln fungieren, bleibt offen.

Auf der anderen Seite ergibt sich aus diesem Ansatz eine Reihe wichtiger Folgerungen, so z.B. für die Interpretation fokussierter Adjunkte. Wenn Fokus mit der Argumentstruktur assoziiert ist, dann kann die Projektion weiterer Fokuslesarten prinzipiell nicht von fokussierten Adjunkten ausgehen. Dementsprechend können fokussierte Adjunkte, die einem nichtfokussierten Kopf zugeordnet sind, auch nur eine enge, kontrastive Lesart haben. Besonders deutlich ist dies am Beispiel der pränominalen Adjektive zu sehen. In (23) ist Fokusprojektion auf den Fall beschränkt, in dem der Kopf der NP als Fokusexponent auftritt.[9]

(23)   a. She saw a pretty [LITTLE] girl
       b. She saw a [PRETTY] little girl
       c. [She [saw [a pretty little GIRL]]]

Von besonderer Bedeutung für die Ableitung deskriptiv adäquater Beschreibungen der Fokusstruktur ist die Option (ii) der phrasalen Fokusregeln in (20), die in der Literatur zur FHG auf Kritik gestoßen ist (vgl. von Stechow & Uhmann 1986) und nach wie vor als kontrovers gilt. Die Angemessenheit dieser Regel darzulegen ist hier nicht der Ort, ich weise aber darauf hin, daß sie zur Ableitung weiterer Fokuslesarten in Beispielen wie (19) erforderlich ist. Eine ausführliche Diskussion von Beispielen, in denen eine Perkolation des Fokusmerkmals entlang der Kopflinie der Projektion erfolgen muß, bietet Ladd (1980: 81 ff.) unter dem Stichwort „default accent". Rochemont (1986) übernimmt (20)b.(ii) von Selkirk, schlägt aber eine andere Deutung des Perkolationsmechanismus vor, die auf eine Zurückweisung der rekursiven Repräsentation von Fokusstrukturen hinausläuft. Da es gerade dieser Punkt ist, der Selkirks Vorschlag besonders attraktiv für eine theoretische Explikation der Informationsgliederung macht, wie ich in § 3 zeigen werde, entscheide ich mich für die Selkirksche Version.[10]

Zusammenfassend:
Am Beginn der Versuche, Fokusambiguitäten systematisch zu beschreiben, standen Ansätze, nach denen die verschiedenen Lesarten aus der syntaktischen Struktur und der Akzentverteilung (d.h. „Normalbetonung" als Funktion der NSR) abgeleitet werden. Im Rahmen der modularen Konzeption der Grammatik muß die Fokusstruktur der syntaktischen Artikulation des Satzes zugeordnet werden. In Selkirks Ansatz ist es möglich, die syntaktische Repräsentation der Fokusstruktur von den Bedingungen der spezifischen Realisierung der Prominenz zu trennen, denn die in der „Basic Focus Rule" in (20)a. vorgenommene Interpretation des Fokus als prosodische Prominenz ist nicht zwingend, und im Prinzip wäre auch eine syntaktische oder morphologische Realisierung denkbar. Die Regeln zur rekursiven Ableitung der syntaktischen Fokusstruktur, die auf Argumentstrukturen operieren, sind von den sprachspezifisch festgelegten Reihenfolgebeziehungen unabhängig. Was die Realisierung der Prominenz betrifft, so ergibt sich speziell für eine Sprache mit prosodisch manifestierter Fokusstruktur wie das Englische, daß diese mit der freien, d.h von der rhythmischen Organisation des Satzes prinzipiell unabhängigen Distribution der Tonakzente zu verbinden ist. Nach diesem Ansatz erscheint es zum ersten Mal grundsätzlich möglich, einzelsprachliche Variationen und Einzelsprachen übergreifende Gemeinsamkeiten im Bereich der Fokusstruktur in einer Weise zu beschreiben, die ihre Reduktion auf parametrische Entscheidungen erlaubt. Eine Theorie, die diesen Ansprüchen genügt, muß das Ziel einer systematischen Explikation der Informationsstruktur sein.

3 Fokusstruktur und Argumentstruktur

3.1 Phrasenstruktur und Argumentstruktur

Voraussetzung für eine nichtstipulative Konzeption der Fokusstruktur im Sinne des in § 2 Gesagten ist eine Theorie der Phrasenstruktur, auf deren Grundlage Chomskys Vorstellung von der DS als einer Artikulation der Theta-Struktur - „direct representation of GH-Theta" (Chomsky 1981: 43 f.) - verwirklicht werden kann. Eine solche Theorie wurde im Anschluß an Arbeiten von J. Higginbotham, M. Bierwisch u.a. entwickelt. Sie bildet den Hintergrund meiner Diskussion der Fokusprojektion einschließlich der Subjektbeteiligung und soll nunmehr in einer knappen Skizze vorgestellt werden, die ausschließlich die für die Ableitung der Fokusstruktur wesentlichen Aspekte berührt.[11]
Die in Haider & Bierwisch (1989) und Higginbotham (1985) vorgelegte Konzeption der Phrasenstruktur zielt darauf ab, die Entfaltung konfigurationaler Strukturen als Funktion der Valenz der an ihnen beteiligten lexikalischen Elemente zu beschreiben, die in Form ihrer Theta-Raster bereits alle dafür erforderlichen syntaktischen Informationen bereitstellen. Phrasenstrukturen sind nach diesem Ansatz Projektionen des Lexikons. Phrasenstrukturregeln können zugunsten eines allgemeinen Projektionsprinzips eliminiert werden, ein Schritt, der im Interesse einer redundanzfreien Repräsentation der sprachlichen Form besonders wünschenswert erscheint. Dieser Ansatz kann als eine Parallele zu den Entwicklungen in der Bewegungstheorie gesehen werden, die zur

Trivialisierung der Transformationsregeln in Gestalt von „Move alpha" (Chomsky 1981) geführt haben. Lasnik & Saito (1984) haben das verbleibende Prinzip unter der Bezeichnung „Affect alpha" zu einer Form generalisiert, in der es prinzipiell weitere syntaktische Ableitungsmechanismen wie Tilgung, Insertion und Perkolation umfassen kann. Auf die Generation der Phrasenstrukturen in einem saturationstheoretischen Rahmen angewandt kann das allgemeine Schema in der Form „Project alpha" (Speas 1990) ausbuchstabiert werden, allerdings nur unter der Voraussetzung, daß einer Übergeneration von Phrasenstrukturen durch Lizensierungsprinzipien vorgebeugt werden kann. Ein dazu geeignetes Prinzip, in Chomsky (1981: 36 ff.) als Theta-Kriterium bezeichnet, wird von Higginbotham zu folgender Form verallgemeinert:

(24) Theta Criterion
   1. If X discharges a thematic role in Y, then it discharges only one.
   2. Every thematic position is discharged (Higginbotham 1985: 561).

Mit (24) erscheint das Theta-Kriterium in einer Form, die mehrere Möglichkeiten der Saturation von Positionen im Theta-Raster zuläßt. Neben die herkömmliche Zuweisung von Theta-Rollen wie Agens, Patiens usw. an sprachliche Ausdrücke in Argumentpositionen tritt hier eine weitere Operation, die für die Fokusprojektion besonders relevant ist, und zwar die Bindung einer Theta-Position durch einen Funktor. Wie die Theta-Saturation den Aufbau der syntaktischen Konfigurationen steuert, soll an einem einfachen Beispiel gezeigt werden.

(25) The boy kissed Mary

Nach Bierwisch und Higginbotham weisen die lexikalischen Eintragungen in Sätzen wie (25) in ihrem Theta-Raster neben Informationen über die Zahl und Art ihrer Argumentstellen, (d.h. den Theta-Rollen herkömmlicher Art) eine sog. „referentielle Rolle" (Bierwisch) auf, durch deren Bindung (Theta-Bindung) die Saturation des Theta-Rasters zur maximalen Projektion (Phrase) abgeschlossen wird. Für Verben und andere prädikativ verwendbare Kategorien muß daher eine zusätzliche Ereignis- oder Sachverhaltsrolle (als „hidden argument" im Sinne von Davidson 1966) gefordert werden. Da nominale Ausdrücke prädikativ verwendbar sind, ist auch hier eine referentielle Rolle anzusetzen.

(26) a. *kiss*   +V −N <1 2 e>
      b. *boy*   −V +N <1>

Die spezifische Ausbuchstabierung der Argumentstellen (beim Verb in (25): 1 = Agens, 2 = Patiens), sowie die Auszeichnung des Agens als externes Argument, das die Subjektstelle besetzt, dürfte aus unabhängigen Prinzipien wie z.B. der thematischen Hierarchie zu folgern sein. NPen werden als restringierte Quantifikationen analysiert. Die Determination erscheint als syntaktischer Reflex eine Quantors, der die nominale Kategorie durch Theta-Bindung zu einem referentiellen Ausdruck abbindet. Eigennamen sind Ausdrücke mit bereits auf lexikalischer Ebene saturierter referentieller Rolle, die in der Syntax leer zu N' projiziert werden, so daß Quantifikation und direkte Modifikation (Sproat & Shih 1988) ausgeschlossen sind. Die syntaktische Projektion entsteht durch die Perkolation des Theta-Rasters unter schrittweiser Saturation seiner Argumentstellen. Die Saturation einer Rasterstelle wird durch Asteriskus notiert.

(27) a. b.

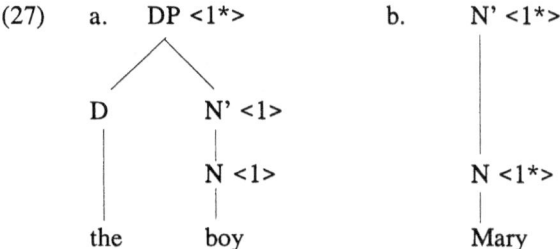

Die verbale Projektion in (28) erfolgt parallel zu den nominalen:

(28) a. b.

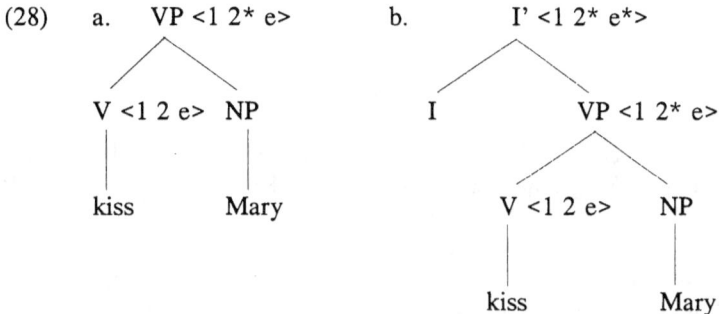

Higginbotham analysiert das I-Element als Funktor in Analogie zum D-Element der nominalen Projektion und deutet es als Reflex eines Existenzquantors, der über Ereignissen quantifiziert. Die Sättigung des internen Arguments erfolgt innerhalb der lexikalischen Projektion, die der externen dagegen außerhalb unter Bedingungen der Prädikation, wie „c-command" und Koindizierung.

(29)

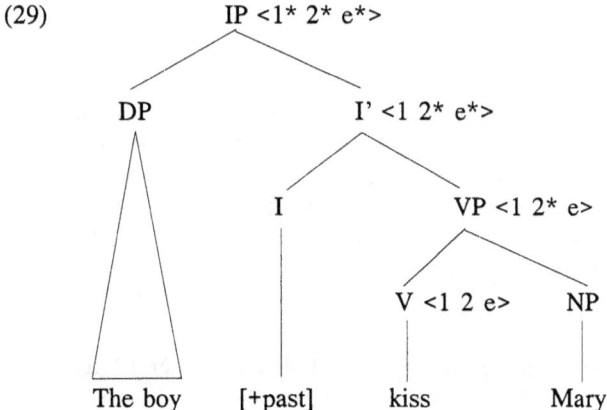

∃ e, e: a past event, *kiss (the boy, Mary, e)*

Nach der Theorie der Lizensierung ist die Vergabe einer Theta-Rolle durch Theta-Markierung oder -Bindung jedoch nicht der einzige Weg, auf dem die Lizensierung einer Kategorie in einer syntaktischen Konfiguration erfolgen kann. Bei attributiven Adjektiven, adjungierten PPen und Adverbien erfolgt die Saturation einer Theta-Rolle indirekt. Das hierzu geeignete Mittel ist die Verschmelzung von verschiedenen (externen) Argumenten zu einer einzigen Variablen, ein Vorgang, den Higginbotham als Theta-Identifikation bezeichnet.

(30)

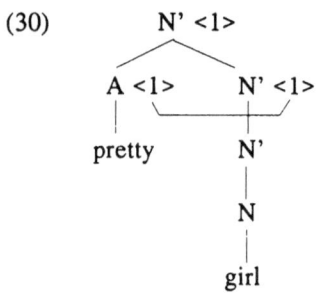

In (30) werden die freien Argumentstellen der Adjektive mit der des nominalen Kopfes identifiziert und auf diesem Weg durch einen Funktor der Kategorie D, der die NP abschließt, theta-gebunden. Auf diese Weise wird in der Theorie der Phrasenstruktur eine systematische Grenze zwischen Argumenten und Adjunkten gezogen, denn Adjunktionen haben per se keinen Einfluß auf die Saturation von Argumentstellen im Theta-Raster und gehören nicht in die Domäne von „Project alpha". In einem theoretischen Rahmen, in der die DS-Ebene als kategoriale Repräsentation reiner Argumentstrukturen im Sinne von Chomsky (1981) konzipiert ist, können Adjunkte prinzipiell nur auf syntaktischer Ebene durch eine Regel eingeführt werden, die in formaler Hinsicht als eine generalisierte Transformation aufzufassen ist, durch die unabhängig erzeugte Phrasenstrukturen als Adjunkte in geeigneten Matrixstrukturen eingebettet werden.

3.2. Fokusprojektion

Die argumentstrukturelle Repräsentation des Satzes, für die (29) als Beispiel diente, enthält alle syntaktischen Informationen, die an der Ableitung von komplexen Fokusstrukturen durch Fokusprojektion beteiligt sind. Die dazu erforderlichen Projektionsmechanismen sind entweder auf unabhängig begründete Prinzipien reduzierbar oder lassen sich in allgemeine Zusammenhänge einordnen, in denen sie eine natürliche Erklärung finden. Des weiteren wird nun zu zeigen sein, daß die in der Ableitung entstehenden rekursiven Fokusstrukturen unter dem Gesichtspunkt der kontextuellen Interpretation angemessen sind.
Wie bereits Selkirk (1984) anmerkt, ist Regel b.(i) in (20) als ein Sonderfall des allgemeinen Perkolationsprinzips zu betrachten, das die Verteilung der syntaktischen Merkmale entlang der Projektionslinie einer grammatischen Kategorie bestimmt. Da Fokus als Merkmal der syntaktischen Repräsentationsebene analysiert werden muß, ist zu

erwarten, daß die Fokusprojektion von allgemeinen Perkolationsbedingungen abhängt. Ich gehe davon aus, daß bei der Fokussierung einer lexikalischen Projektion das Fokusmerkmal stets mit der referentiellen Rolle im zugehörigen Thetaraster assoziiert ist und ihr einen diskursreferentiellen Status zuweist. Nachdem ich in § 1 im Nachgang zu anderen Autoren vorgeschlagen habe, Kontextpräsenz als Interpretationskonzept der Fokusstruktur zu betrachten, erhebt sich die Frage, in welchem theoretischen Zusammenhang eine Präzisierung der kontextuellen Bindung überhaupt möglich erscheint. Hier bieten sich neue Semantikansätze an, die den in herkömmlichen Systemen per fiat vorausgesetzten Interpretationskontext ernst nehmen und zum Gegenstand der semantischen Konstruktion erheben.

Bierwisch hat als erster den interessanten Vorschlag gemacht, den hier skizzierten Ansatz mit der von Kamp (1981) begründeten „Diskursrepräsentationstheorie" (DRT) zu verbinden. Für die Interpretation der Theta-Bindung schlägt er das folgende Prinzip vor:

(31)   Eine durch Theta-Bindung vergebene referentielle Theta-Rolle ist einem Diskursreferenten der zugehörigen Diskursrepräsentationsstruktur (DRS) zugeordnet. (Haider & Bierwisch 1989: 84).

Die Grundidee der DRT besteht in einer dynamischen Auffassung der Interpretation, in der Satz und Kontext in ein wechselseitiges Verhältnis treten. Jeder an einer beliebigen Stelle des Diskurses vorkommende Satz wird unter Bezug auf in seinen Vorgängersätzen enthaltene Informationsmengen interpretiert und seine Bedeutung besteht in einer spezifischen Kontextveränderung, die ihrerseits den Interpretationskontext für nachfolgende Sätze mitbestimmt. Unter der Voraussetzung, daß in diesem Rahmen eine Präzisierung des Interpretationskontexts zumindest prinzipiell möglich ist, gehe ich davon aus, daß die Fokussierung einer referentiellen Kategorie den kontextuellen Status des ihr zugeordneten Diskursreferenten repräsentiert.

(32)   Eine mit dem Merkmal [-F] markierte, durch Theta-Bindung abgeschlossene Phrase ist einem bereits in der zugehörigen DRS repräsentierten Diskursreferenten zugeordnet.

Das Prinzip (31) sehe ich als wichtige Vorbedingung für die Explikation der in zahlreichen Untersuchungen der Informationsstruktur vertretenen Auffassung an, daß fokussierte Phrasen als neue, nichtfokussierte Phrasen als gegebene oder kontextpräsente Informationen relativ zu einer vorauszusetzenden Kontextstruktur interpretiert werden müssen. (32) setzt im übrigen voraus, daß [+F] der markierte, [-F] der nicht markierte, als Defaultmarkierung zugewiesene Wert des Fokussierungsmerkmals ist.[12]

Von besonderer Bedeutung für das hier zu behandelnde Problem der thetischen Sätze ist die Rolle der Ereignisreferenz in dem in § 3.1 beschriebenen Ansatz. Wie bereits hervorgehoben wurde, argumentiert Higginbotham dafür, die Theta-Bindung der referentiellen Rolle einer verbalen Projektion wie in (29) als existentielle Quantifikation über Ereignissen zu deuten. Damit bietet sich eine Parallele zu der in Heim (1982) begründeten Analyse des indefiniten Artikels an, denn ebenso wie nichtgenerische indefinite NPen - nach Heim als Variablen interpretiert - neue Individuen in die Diskurswelt einführen, kann auch die finite VP unter geeigneten Bedingungen als Mittel zur Einführung eines neuen Ereignisindividuums gesehen werden. Eine solche Auffassung trifft sich mit der von Bäuerle (1989) und anderen erhobenen Forderung nach einer ereignissemantischen Erweiterung der DRT, die für die Lösung wichtiger Probleme in der Tempusreferenz, der Adverbialmodifikation und der Ereignisanaphorik unabhängig zu fordern ist. Unter diesem Gesichtspunkt stellt sich Selkirks Position, nach der Fokusstrukturen hierarchisch gegliedert sind, Fokus in Fokus enthalten sein und eine fokussierte Konstituente nichtfokussiertes Material integrieren kann, als angemessen und notwendig heraus, denn die den Argumenten eines Verbs zugeordneten vorgangsbeteiligten Elemente müssen hinsichtlich der Fokussierung unabhängig von der Interpretation der VP variieren, an der sie beteiligt sind. Ein neu eingeführtes Ereignis kann bereits eingeführte Diskursreferenten beteiligen und umgekehrt.

Komplexe Strukturen können nach (20)b.(ii) auch durch Perkolation (in diesem Fall Vererbung) vom fokussierten Argument auf die Kategorie entstehen, die durch die funktionale Applikation zustandekommt. Eine wichtige Konsequenz dieser Bedingung ist darin zu sehen, daß sie Fokusprojektion aus der Position eines Adjunkts heraus ohne Zusatzannahmen ausschließt, wenn man davon ausgeht, daß ein Adjunkt keine Theta-Rolle des Kopfes saturiert, sondern diesem eine zuweist.

Die durch (20)b.(ii) bewirkte Perkolation des Fokusmerkmals vom Argument zur Kopflinie einer Projektion ist allerdings aus keinem Prinzip außer der Theta-Markierung selbst zu folgern, und es ist nicht unmittelbar einsichtig, wieso diese argumentstrukturelle Beziehung einen Perkolationsweg für ein syntaktisches Merkmal wie [+F] eröffnen soll. Es ist allerdings möglich, den stipulativen Charakter dieser Regel zu beseitigen, indem man sie in einen Zusammenhang mit allgemeinen Prinzipien der syntaktischen Merkmalsvererbung stellt. Meines Wissens ist Brody (1990) der bisher einzige Autor, der im Rahmen einer auf universale Prinzipien hin orientierten Theorie der FHG die Vermutung geäußert hat, daß die Regularitäten der Fokusprojektion als Sonderfall eines allgemeinen Perkolationsmechanismus erklärt werden könne, der unter anderem auch in der Ableitung der sogenannten Pied-Piping-Phänomene operiert. Brodys Vermutung muß vor dem Hintergrund der in einschlägigen Studien häufig kommentierten Beziehung zwischen Fokusphrase und *Wh*-Konstituente in Interrogativsätzen gesehen werden, die in Sprachen wie der von ihm untersuchten - dem Ungarischen - besonders deutlich erkennbar ist. Das Ungarische gehört - wie übrigens auch das Baskische (Ortiz de Urbina 1989, 1990) - zu einer Sprachengruppe, in der eine Konstituente, anders als im Englischen, nicht in situ fokussiert wird, sondern in die gleiche initiale Position versetzt wird, in die sich auch die *Wh*-Phrase bewegt. Nach Brody (1990) ist diese Position mit Spec-CP identisch. Ebenso wie die *Wh*-Phrase löst auch die Fokusphrase in der versetzten Position einen Verbzweiteffekt aus, wie das baskische Beispiel (33) (nach Ortiz de Urbina 1990: 198) zeigt.

(33) a. [MIKELEK [[ikusi du] [Jon kalean]]]
          CP   C' C   IP
          Mikel   seen has   Jon street-in
          It is Mikel that Jon has seen on the street.

     b. *[MIKELEK[[e]   [Jon ikusi du kalean]]]
          CP   C' C   IP

Diese enge Beziehung zwischen Frage und Fokus scheint generell in Sprachen zu bestehen, in denen der Fokus syntaktisch isoliert wird, und zwar auch dann, wenn nicht oder nicht eindeutig nachgewiesen ist, daß der Landeplatz der Fokusbewegung mit Spec-CP identisch ist (Tuller 1989). Im Rahmen der hier vertretenen Konzeption ist eine solche Beziehung zu erwarten, da FHG als Sonderfall unter das allgemeine Phänomen zu subsumieren ist, das ich in § 3.2 unter der Bezeichnung „Fokusstruktur" eingeführt habe. Fokusstrukturen sind nach dieser Auffassung im nichtmarkierten Fall maximal projiziert, wobei die genaue Lokalisierung der Prominenz einen Einfluß auf die interne Struktur des fokussierten Satzes hat. FHG bezieht sich auf den Sonderfall, in dem die Fokusprojektion lokal auf eine bestimmte Kategorie unterhalb der Satzebene beschränkt ist, wobei der Restsatz als Hintergrund markiert ist und im Kontext als Voraussetzung interpretiert wird. Dieser Fall tritt u.a. dann ein, wenn der Fokus mit einer fokussensitiven Partikel wie *only*, *even* oder *too* assoziiert ist. In *Wh-* Phrasen wie *which boy, what solution, whose mother, who* etc. muß [+Wh] als Quantor analysiert werden, der eine lexikalische Projektion kategorial abschließt und insofern den syntaktischen Effekt der Determination bzw. Quantifikation (*the, all* etc.) hat, nicht aber den semantischen, d.h. es wird keine spezifische Diskursreferenz nach Prinzip (31) zugeordnet. Rochemont (1986: 22) folgend nehme ich an, daß die lexikalische Projektion, deren referentielle Rolle in der *Wh*-Phrase von [+Wh] gebunden wird, syntaktisch [+F] markiert sein muß, da eine *Wh*-Phrase nicht referiert, (31) und (32) nicht anwendbar sind und Kontextpräsenz insofern auch keine Rolle spielen kann.

Stellt man aber nun Pied-Piping-Phänomene dem in (20) zusammengestellten Regelapparat gegenüber, dann stellt sich schnell heraus, daß Pied Piping und Fokusprojektion jedenfalls nicht auf die gleichen Prinzipien reduziert werden können, und die suggestive Parallelität zwischen Fokusphrase und *Wh*-Phrase, auf die Sprachen mit syntaktischer Fokussierung zu verweisen scheinen, wird zunächst nicht bestätigt. Dank guter Vorarbeiten vor allem von Webelhuth (1989) und Ortiz de Urbina (1990) haben wir verläßliche Informationen über Pied Piping in den Interrogativsätzen von einer Reihe von Sprachen. Webelhuth (1989: 298) faßt die Ergebnisse eines gründlichen Vergleichs der Verhältnisse in den germanischen Sprachen wie folgt zusammen:

(34)   A Theta-marked phrase is not a pied piper.

Wenn der argumentstrukturelle Ansatz eine angemessene Beschreibung der Fokusprojektion erlaubt, ergibt sich als Befund eine Komplementarität von Fokusprojektion und Pied Piping in bezug auf die Theta-Markierung. Präpositionalphrasen, das am häufigsten zitierte Beispiel für Pied Piping, bilden allerdings eine Ausnahme.

(35)   To whom can I send this letter?

Webelhuth versucht sein Prinzip (34) zu rechtfertigen, indem er darauf hinweist, daß Präpositionen ihren Komplementen keine Theta-Rolle zuweisen, sondern in der Theta-Markierung nur als Mittler fungieren, die verbale Theta-Rollen übertragen. Dementsprechend ist die Generalisierung (34) so zu verstehen, daß sie auch alle Komplemente erfaßt, denen keine Theta-Rollen zugewiesen wird. Da mir hier ein offenes empirisches Problem vorzuliegen scheint, das noch genauer untersucht werden muß,[13] gehe ich für die Zwecke meiner Darstellung nur davon aus, daß Webelhuths Annahme auf jeden Fall eine systematische Grenze zwischen Spezifikatorkategorien und Argumenten zieht. In diesem Bereich ist die Komplementarität allerdings augenfällig, wie die folgenden Beispiele zeigen. Über die von Webelhuth untersuchten *Wh*-Fragen hinaus gilt (34) auch für negierte Phrasen (Neg-Phrasen) (Ortiz de Urbina), wie (37) zeigt.

(36)   a. Whose mother did they invite?
       b. *The mother of whom did they invite?

(37)   a. Nobody's mother $\begin{Bmatrix} \text{did they invite} \\ \text{had any objection} \end{Bmatrix}$

       b. ?The mother of nobody $\begin{Bmatrix} \text{did they invite} \\ \text{had any objection} \end{Bmatrix}$

(38)   a. I like [JOHN's] mother
       b. [I [like [the mother of [JOHN]]]

In (36a) ist *whose mother* eine *Wh*-Phrase, in (37a) *nobody's mother* eine Neg-Phrase, wie der Verbzweiteffekt (bzw. das negative Polaritätselement) belegt. Insofern perkolieren die Operatorenmerkmale [+*Wh*] und [+Neg] aus der Position des Spezifikators zum Kopf und konstituieren Operatoren, deren kanonische Position Spec-CP ist, in der sie in die als „Spec-Head Agreement" bezeichnete Relation zum Kopf der CP treten (Chomsky 1986: 24 ff.). Sie bilden eine natürliche Klasse, die Rizzi als „affective operators" bezeichnet (Rizzi 1990: 19 ff.). Der in vielen Arbeiten herausgestellten Assoziation mit einem Fokus, die beide Operatoren auszeichnet, kann im Rahmen dieses Ansatzes durch die Annahme Rechnung getragen werden, daß sowohl [+*Wh*] als auch [+Neg] als Funktoren lexikalischen Projektionen zugeordnet sind, die nicht [-F] markiert sein können. Wie rekursive Possessivkonstruktionen zeigen, kann die Projektion aus beliebiger Einbettungstiefe erfolgen, solange die Kette der Spezifikator - Kopf - Relationen nicht abreißt.[14]

(39)   Nobody's mother's ... sister's friend had any objections

Im Gegensatz dazu geht die Projektion weiterer Fokuslesarten in (38) von der Argumentposition aus. Den Nachweis, daß aus der adjungierten Position, die keine Fokusprojektion erlaubt, auch keine Perkolation von Operatorenmerkmalen möglich ist, findet man bei Webelhuth (1989). Von diesem Fall und den oben erwähnten Ausnahmen abgesehen, ist das Verhältnis zwischen Pied Piping und Fokusprojektionen durch eine systematische

Komplementarität gekennzeichnet, die den Schluß nahelegt, daß man es hier mit komplementären Instanziierungen eines allgemeinen Perkolationsschemas zu tun hat, wobei die Differenzierung offenkundig von den unterschiedlichen Lizensierungsbedingungen für Operatoren und Argumente bestimmt wird. Operatorenmerkmale kommen in funktionalen Projektionen (DP, sowie Degree P) vor und perkolieren aus der kanonischen Position für Operatorenphrasen, d.h. der Spezifikatorposition, das Fokusmerkmal hat dagegen seinen Ursprung in lexikalischen Projektionen und perkoliert aus der kanonischen Position für Argumente. Während Argumente durch Theta-Markierung lizensiert werden, müssen Operatoren - spätestens auf der LF-Ebene - geeigneten Variablen zugeordnet sein, die sie binden.[15]

In diesem Zusammenhang muß an Chomskys bekannten Nachweis erinnert werden, daß fokussierte Phrasennamen Crossover-Effekte auslösen, was als das sortentypische Verhalten gebundener Variablen zu deuten ist (Chomsky 1977: 203 f.).

(40)   The woman he loved betrayed JOHN

Die Fokussierung in (40) schließt Koreferenz von *he* und *JOHN* aus und bildet damit eine Parallele zu (41), wo die Koindizierung von *who*, *t* und *he* ausgeschlossen ist.

(41)   Who did the woman he loved betray t?

Aus (40) wird geschlossen, daß zumindest auf LF-Ebene eine Variable gegeben sein und auf LF-Ebene also auch eine Fokusbewegung erfolgen muß.

(42)   John$_x$ (the woman he loved betrayed x)

Die Interpretation von (40) - (42) entspricht der einer Cleftkonstruktion, wie dies bei allen fokusisolierenden Sprachen der Fall zu sein scheint. Der Unterschied zwischen Sprachen mit obligatorischer Fokusbewegung in Spec-CP auf SS-Ebene (wie Baskisch oder Ungarisch) und dem Englischen (mit Fokusbewegung auf LF-Ebene) wird daher von Autoren wie Brody (1990) nach dem Muster der Parametrisierung der *Wh*-Bewegung (Englisch vs. Chinesisch) interpretiert. Offen bleibt dabei, warum im Baskischen und Ungarischen alle Bewegungen (einschließlich Fokusbewegung) Verbzweiteffekte auslösen, im Englischen aber nur die affektiven Operatoren. Das Englische weist im übrigen in Form der sog. Fokus-Topikalisierung die Fokusbewegung als eine stilistische Variante auf, die ebenso wie „Negative-Constituent-Preposing" optional ist.[16]

(43)   A SPORTSCAR she wants

Wenn wir davon ausgehen, daß *Wh*-Frage und Negation als Sonderfälle des seit Jackendoff (1972) als „association with focus" bezeichneten Phänomens betrachtet werden können, dann kann das Ergebnis der Diskussion der Projektionsmechanismen folgendermaßen zusammengefaßt werden: FHG-Strukturen, die ich als lokale Optionen der Fokusprojektion gedeutet habe, involvieren offene Sätze mit Variablen, die durch eine Fokusphrase substituiert oder durch einen geeigneten Operator gebunden werden können. Dementsprechend muß zwischen zwei verschiedenen Instanziierungen des Fokusphänomens unterschieden werden, dem freien Fokus (als einen Substituenten der FHG) und der quantifizierten Variante, dem Operator, wie offenbar im Baskischen und Ungarischen. Fokusphrase und Operatorenphrase werden durch komplementäre Instanzen des gleichen Perkolationsschemas projiziert, das seinerseits als eine spezielle Ausprägung von „Affect alpha" gesehen werden kann.[17]

Insgesamt dürfte dieser Befund auf eine Bestätigung der argumentstrukturellen Konzeption der Fokusstruktur hinauslaufen, die in § 2 vorgestellt wurde. Thema dieses Abschnitts war die Rolle der verschiedenen Bedingungen, unter denen syntaktische Kategorien lizensiert sind - als Argumente, Operatoren oder Adjunkte - in der Artikulation der Informationsstruktur. Ein Zusammenhang, der in der bisherigen Diskussion noch keine Rolle gespielt hat, ist die Lizensierung von Kategorien durch Prädikation. Diese ist für die Differenzierung thetisch/kategorisch von grundlegender Bedeutung. Sie bildet daher den Untersuchungsgegenstand des folgenden Abschnitts.

4 Subjekt und Fokusprojektion

4.1 Externes und internes Subjekt

In § 3 habe ich zu zeigen versucht, daß Fokusprojektion im Rahmen einer argumentstrukturellen Konzeption aus unabhängig notwendigen Bedingungen der Theta-Markierung abgeleitet werden kann und so eine natürliche Erklärung findet, durch welche die von T. Höhle eingeführte Bezeichnung dieses Phänomens nunmehr wörtlich verstanden werden kann. Ein Vorzug des vorgeschlagenen Ansatzes wurde bereits herausgestellt, nämlich die Tatsache, daß die Nichtbeteiligung der Adjunkte zwingend aus dem theta-theoretischen Ansatz folgt. Was die theta-strukturellen Eigenschaften der Adjunkte betrifft, so herrscht wenigstens in einem Punkt Übereinstimmung, nämlich darüber, daß deren Status eher einem Prädikat als einem Argument vergleichbar erscheint. In anderen Worten, sie werden lizensiert, indem eine offene Stelle in ihrem Theta-Raster mit einer offenen Stelle der modifizierten Kategorie vereinigt wird, so daß man in einem gewissen Sinne von einer Umkehrung der in der Theta-Markierung vorliegenden Beziehung sprechen kann. Prädikate müssen sich demnach von Argumenten in theta-theoretischer Hinsicht unterscheiden. Da mit Williams (1980) die kritische Rolle der Prädikation als grammatischer Lizensierungsbedingung erkannt worden ist, muß die in § 3.1 skizzierte Theorie der Theta-Saturation erweitert werden um eine Bedingung, die festlegt, daß Prädikate maximale Projektionen sind, die eine ungesättigte Theta-Position aufweisen. Higginbotham (1987: 46) schlägt dafür die folgenden Prinzipien vor.

(44)   a. All arguments are saturated
        b. All predicates are unsaturated

Über die Prädikationsrelation werden primäre und sekundäre (nichtfinite) Prädikationen lizensiert, wobei c-command und Koindizierung gegeben sein müssen. Adjazenz ist nicht erforderlich, wie (45) zeigt.

(45)   John drove home drunk

In (45) liegt neben einer primären (finiten) eine sekundäre Prädikation (*drunk*) vor, wobei beide auf das gleiche Subjekt bezogen werden, das im Gegensatz zu den bei der Adjunktion belegten Fällen allerdings ein gesättigter Ausdruck ist. Von der in § 3 skizzierten Fokustheorie wäre aber auf jeden Fall zu erwarten, daß bei einer Subjekt-Prädikat-Struktur Fokusprojektion nicht möglich ist, da diese an die Theta-Markierungsrelation gebunden ist. Sollte sich diese Erwartung erfüllen, würde diese die Angemessenheit des argumentstrukturellen Ansatzes indirekt bestätigen. Ein Blick auf Sätze mit prominentem Subjekt zeigt aber, daß Subjekte in der Fokusstruktur keine einheitliche Rolle spielen. Das vieldiskutierte Problem, mit dem wir es hier zu tun haben, läßt sich besonders gut an einem bekannten Beispiel aus Schmerling (1976: 91) zeigen.

(46)   a.   The statue's HEAD is missing
          b.   The statue's HEAD is MISSING

(46a) kann z.B. das Ergebnis eines vandalistischen Akts berichten, (46b) dagegen spricht der Statue eine Eigenschaft zu: der Kopf fehlt, was z.B. heißen kann, daß sie in diesem Zustand gefunden wurde, nie einen Kopf hatte o.ä. In (46a) ist von einem aktuellen Zustand, in (46b) von einer permanenten Eigenschaft die Rede. Dies sind zwar nicht die einzigen möglichen Interpretationen von (46), sie sind es aber, die mich hier allein interessieren.(46a) ist in der eben gegebenen Deutung ein thetischer Satz, (46b) ein kategorischer. Wie mit Hilfe fokussensitiver Partikel deutlich gemacht werden kann, ist mit der thetischen Lesart eine globale Fokussierung verbunden. (Gussenhoven 1984; Ladd 1983; Lambrecht 1986).

(47)   The WINDOW is even open

(48)   The CAR has disappeared, too

Sätze wie (47) sind fokusambig, da die Partikel *even* sowohl einen Subjekt- wie auch einen Satzfokus binden kann. Dementsprechend kann (47) mit unterschiedlichen kontextuellen Alternativen kontrastieren.

(49)   a.   The PLANTS died
              The BASEMENT is flooded
              ...
          b.   The GATE is open
              The DOOR is open

Die Ambiguität von Sätzen wie (46a), (47) und (48) macht deutlich, daß hier die Projektion einer weiten Fokuslesart vom prominenten Subjekt ausgehen kann, woraus zu folgern ist, daß das Subjekt die Rolle eines Arguments spielt, was im Rahmen der hier entwickelten Vorstellungen von Fokusprojektion Theta-Markierung voraussetzen würde. Auf der anderen Seite haben wir in (46b) ein Beispiel für einen Satz mit TKG-Struktur, d.h. zwei unabhängigen nichtintegrierten Fokusdomänen.[18]
Wie (50) zu entnehmen ist, ist die weite Fokuslesart von der Semantik des Prädikates abhängig, das eine episodische oder nicht permanente Lesart erlauben muß. Wenn diese,

wie in (50b), normalerweise ausgeschlossen ist, gibt es auch nur eine natürliche Lesart mit enger Fokussierung, wie in (50) angezeigt.[19]

(50)   a. [[The WINDOW] is even open]
         b. [The WINDOW] is even rectangular

Wenn der argumentstrukturelle Ansatz angemessen ist, dann muß die in den diskutierten Beispielen zum Vorschein getretene Janusköpfigkeit des Subjekts als ein Indiz für einen argumentstrukturell relevanten Unterschied sein, und es stellt sich die Frage, wie dieser zu repräsentieren ist.
Als mögliche Grundlage bietet sich hierzu die Faktorisierung der Subjektposition an, die in den letzten Jahren von mehreren Autoren unabhängig vorgeschlagen worden ist.[20] Die einzelnen Vorschläge weichen in etlichen Details voneinander ab, treffen sich aber in der Aufspaltung des Subjekts in eine interne und eine externe Subjektposition.

(51)   [Spec-IP I [Spec-VP V...]]
         IP   VP

Es geht dabei um die Notwendigkeit, die nicht einheitlichen Eigenschaften der Subjektposition auf eine systematische Differenzierung zurückzuführen, die im Einklang mit allgemein akzeptierten Vorstellungen über Grammatikalität und Lizensierung steht. Wesentlich ist dabei, daß die interne Subjektstelle – Spec-VP in (51) – als durch Theta-Markierung lizensierte Argumentstelle zu betrachten ist, während die externe Stelle Spezifikator einer funktionalen Projektion und damit eine Nichtargumentstelle ist, die im Falle des Englischen als Landeplatz von Bewegungen fungieren kann. Bonet (1990) argumentiert, daß im Katalanischen die Spec-IP-Position auch als Landeplatz für *Wh*-Bewegung dient. Auf die Frage der Besetzung der externen Subjektstelle komme ich in § 4.4 zurück. In Zusammenhang mit der Fokusprojektion und der Rolle der Subjektprominenz ist zunächst vor allem von Interesse, daß die Auflösung des grammatischen Subjekts in eine Argumentstelle und eine als Topik fungierende externe Position, die durch Prädikation lizensiert ist, die richtige Voraussetzung für eine Erklärung der Subjektbeteiligung an der Informationsstruktur bietet: die Projektion der weiten Fokuslesart in thetischen Sätzen wie (46a), (47) und (48) muß auf ein argumentstrukturelles Subjekt zurückgeführt werden, das als Exponent der Projektion weiter Lesarten wirksam ist, während die Nichtintegration des Topiksubjekts als ein Effekt der Prädikationsrelation aufzufassen ist, die Fokusprojektion ausschließt. Auf diesem Weg können die fokusstrukturellen Eigenschaften des Subjekts aus unabhängig zu fordernden Prinzipien erklärt werden. Damit stellt sich allerdings die Frage, ob es einen natürlichen Zusammenhang zwischen den fokusstrukturellen Eigenschaften und einigen anderen Restriktionen gibt, die bei thetischen Sätzen beobachtet worden sind, und ob diese Zusammenhänge im Rahmen der Doppelsubjektanalyse explizit gemacht werden können.

4.2 Definitheitseffekt

Systematische Untersuchungen zum sogenannten Definitheitseffekt,[21] über den es inzwischen eine umfangreiche Literatur gibt, gehen auf Beobachtungen von Milsark (1974) zurück, die an Vergleichspaaren wie (52) gemacht wurden.

(52) a. An ANT was on my plate
     b. There was an ANT on my plate

(52a) kommt im Gegensatz zu (52b), dem neutralen Glied des Kontrastpaares, nur in spezifischen Kontexten vor, vor allem in solchen, in denen eine Interpretation als Wahrnehmungsinhalt möglich ist (Bolinger 1977: 93 f.). Von dieser Beschränkung abgesehen sind die beiden Sätze äquivalent und haben die gleichen Wahrheitsbedingungen. Im Gegensatz zu (52a) gibt es bei (53a) keine vergleichbare Restriktion im Vorkommen, und (53b) wird im allgemeinen als inakzeptabel betrachtet.

(53) a. The ant was on my plate
     b. *There was the ant on my plate

(53b) gilt als Standardbeispiel für den Definitheitseffekt. Wie zu erwarten, sind Eigennamen, definite Pronomina, Demonstrativa und Possessiva ebenfalls in Existenzsätzen wie (53b) ausgeschlossen. Darüber hinaus hat Milsark beobachtet, daß der sog. Definitheitseffekt nicht nur definite NPen in einem engeren Sinne betrifft, sondern auch Quantifikationen. Hier allerdings sind die Verhältnisse weniger eindeutig als in simplen Fällen wie (52) und (53).

(54) *There $\begin{bmatrix} \text{were} \begin{Bmatrix} \text{all (of the)} \\ \text{most} \end{Bmatrix} \text{ants} \\ \text{was} \begin{Bmatrix} \text{every} \\ \text{each} \end{Bmatrix} \text{ant} \end{bmatrix}$ on my plate

Wie aus (54) ersichtlich ist, können universale Quantoren wie *all* und *every* in Existenzsätzen nicht vorkommen. Von besonderem Interesse ist aber das in (54) ebenfalls belegte Nichtvorkommen von Quantoren wie *most, each, both, neither* usw., was man sich in der einschlägigen Literatur aus der proportionalen Bedeutung zu erklären versucht, die diese Quantoren aufweisen (Belletti 1988: Fn. 16, 6; Comorovski 1989: 200 ff.). Proportionalität spielt auch eine Rolle bei der wiederum erstmals von Milsark systematisch beschriebenen Ambiguität zwischen einer „starken" (proportionalen) und einer „schwachen" (kardinalen) Lesart, die eine weitere, offenbar ambige Gruppe von D-Elementen aufweist, zu denen *some, many* und alle kardinalen Numeralia gehören. Besonders relevant für unseren Zusammenhang ist die Tatsache, daß sich die beiden Interpretationen prosodisch voneinander unterscheiden (Lumsden 1988).

(55) a. MANY ants were on my PLATE (stark)
     b. Many ANTS were on my plate (schwach)

Die proportionale Lesart in (55a) ist mit einer kontextuellen Voraussetzung verbunden, die bei eindeutig proportionalen Quantoren wie *most* offenbar immer gegeben ist. Voraussetzung für das Zustandekommen einer proportionalen Interpretation ist, daß es im Diskursuniversum bereits eine Menge von Objekten gibt, über die proportional quantifiziert werden kann. Die in (55a) vorliegende Akzentverteilung spiegelt diesen Sachverhalt wieder; die lexikalische Projektion (d.h. das Argument des Quantors) ist [-F] und den Akzent trägt der Quantor, ein Zusammenhang, der der von Ladd (1980) beschriebenen Defaultakzentuierung entspricht. In der kardinalen Lesart ist es umgekehrt. Akzentträger ist der lexikalische Kopf und der kardinale Operator verhält sich hinsichtlich der Betonung eher wie ein pränominales Adjektiv. Erwartungsgemäß kommt in Existenzsätzen ausschließlich die kardinale Interpretation mit dem ihr entsprechenden Akzentuierungsmuster vor.

(56) a. *There were { SOME / MANY / SEVERAL / THREE } ants on my plate

 b. There were { some / many / several / three } ANTS on my plate

Bei entsprechenden Sätzen ohne Expletivum sind beide Varianten akzeptabel, wie (55) bereits gezeigt hat, sie sind aber in informationsstruktureller Hinsicht nicht äquivalent. Einen thetischen Satz mit weitem Fokus gibt es nur mit der schwachen Lesart des Quantors. Die starke Lesart entspricht einem kategorischen Satz mit TKG, d.h. mit zwei Akzentdomänen. Die Voraussetzung eines kontextpräsenten Individuenbereichs ist demnach die Voraussetzung für die Interpretation einer quantifizierten NP als Topik im Sinne der TKG.

Daß diese Deutung etwas für sich hat, zeigt der Vergleich mit entsprechenden Sätzen im Japanischen, das bekanntlich die Unterscheidung zwischen thetischen und kategorischen Sätzen morphologisch markiert. Die proportionale Lesart in (57b) weist die Topikpartikel *wa* auf (Ogihara 1989: 144).

(57) a. Nanninkano hito   ga   hasitte iru
          Some   people   are running
      b. Nanninkano hito   wa   hasitte iru
          Some of the people   are running

Das Ergebnis der Untersuchungen Milsarks ist eine Taxonomie, die alle D-Elemente nach dem Kriterium ihres Vorkommens in Existenzsätzen von den in (52) und (53) belegten Typen in zwei Klassen teilt, wobei die indefiniten Artikel den Kern der schwachen Klasse bilden. Die sog. „bare plurals" und „mass determiners" hingegen zeigen wie die Kardinalia ein ambiges Verhalten. Die zuletzt diskutierte Ambiguität (starke vs. schwache Lesart) und ihre Beziehung zur Akzentverteilung legt den vorläufigen Schluß

nahe, daß der Definitheitseffekt kein monolithisches Phänomen ist, sondern aus der Interaktion zweier beteiligter Faktoren erklärt werden muß. Dieser für die Deutung des sog. Definitheitseffekts und der mit ihm assoziierten grammatischen Phänomene wichtige Sachverhalt ist erstmals von Comorovski (1989) in der erforderlichen Klarheit herausgearbeitet worden. Die einschlägigen Beobachtungen, die uns zu diesem Schluß führen, sind allerdings fast alle schon in früheren Arbeiten mitgeteilt worden. Die beiden beteiligten Faktoren sind die Fokusstruktur, die Differenzierungen im vorausgesetzten Diskursmodell repräsentiert, und die Semantik der Quantifikation des Subjekts im Existenzsatz bzw. thetischen Satz.
Unter bestimmten Voraussetzungen sind diese beiden Faktoren isolierbar. Eine Fokussierung ohne prosodische Prominenz ist möglich bei einem indefiniten Pronomen.

(58)   There is something on your PLATE

(59)   a. Is there anybody coming IN?
        b. Yes, there IS (somebody (coming in))

Thetische Sätze mit indefinitem pronomialem Subjekt zeigen ebenfalls eine Akzentverschiebung.

(60)   Somebody is coming IN

Ein Blick zurück auf (53) zeigt, daß Beispiele wie diese in Wirklichkeit nicht ausreichen, um die Rolle der Definitheit in thetischen und existentiellen Sätzen näher zu bestimmen. Es muß nun noch gezeigt werden, daß erstens auch im Falle des definiten Artikels zwei verschiedene Lesarten auseinandergehalten werden müssen und daß zweitens auch hier die Prosodie (genauer: die Fokussierung) eine Rolle spielt.[22] Das Beispiel (52) war so gewählt, daß sich eine diskursanaphorische Interpretation der definiten NP aufdrängt. Wie aber vor allem Hannay (1985) gezeigt hat, sind definite und possessive NPen in Existenzsätzen durchaus nicht ausgeschlossen, Voraussetzung ist nur, daß Unizität bzw. Bekanntheit des Referenzobjekts oder funktionale Abhängigkeit (z.B. *the waiter, the dog* etc. im Kontext eines geeigneten Szenarios) in der Interpretation gewährleistet ist.

(61)   Every time I go round to see him, there's his SISTER there.

(61) stammt aus Comorovski (1989: 207). Ähnliche Belege finden sich in Hannay (1985), Holmback (1984) und anderen Beiträgen. Es ist wichtig zu sehen, daß definite NPen, soweit sie in Existenzsätzen überhaupt möglich sind, nicht nur die bereits erwähnte Unizitätslesart haben, sondern auch betont sein müssen. Dies schließt eine diskursanaphorische Lesart von vornherein aus und erklärt damit auch die systematische Abwesenheit von definiten Pronomen.[23] Wir können also festhalten, daß wir es in Existenzsätzen nicht mit einem prinzipiellen Ausschluß der Definitheit als solcher zu tun haben. Vielmehr kommt es auch hier auf beide am Definitheitseffekt beteiligten Faktoren an, d.h. die Fokussierung und die Semantik des Funktors. Das gleiche trifft für die entsprechenden thetischen Sätze zu.
Anders zu beurteilen ist ein zweiter Typ von Satz mit expletivem *there*, der in der Literatur zu den Existenzsätzen einige Beachtung erfahren hat. Er unterscheidet sich

von den bisher diskutierten Beispielen in formaler Hinsicht durch das Fehlen der sog. Coda nach dem Subjekt und weist nicht die gleichen Definitheitseffekte auf wie die bisher diskutierten Varianten. Auf jeden Fall liegt hier keine unmittelbare Parallele zu den thetischen Sätzen vor.

(62)   There is the girl from next door

Partitive NPen sind in Existenzsätzen ohne Coda generell ausgeschlossen, wie bereits Milsark beobachtet hat.

(63)   *There were $\begin{Bmatrix} \text{two} \\ \text{most} \\ \text{all} \end{Bmatrix}$ of the ants

Schließt der Existenzsatz dagegen mit einer Coda ab, sind partitive Konstruktionen durchaus möglich, wie Hannay (1985) an Beispielen wie (64) und (65) gezeigt hat.

(64)   There were not many of the big bands around

(65)   It was five o'clock and there was still most of the shopping to do

Die Relevanz der beiden Faktoren – Quantorensemantik und Fokussierung – wird besonders deutlich an Beispiel (65). Die Struktur von partitiven Konstruktionen unterliegt einer Restriktion, die in der Literatur als „Partitive Constraint" (Jackendoff 1977: 113) bezeichnet wird. Sie legt fest, daß die innere Komponente einer partitiven Konstruktion eine definite NP sein muß. Diese ist informationsstrukturell unabhängig und kann fokussiert oder diskursanaphorisch sein. In einem Existenzsatz kann der Status der inneren NP die Akzeptabilität einer partitiven Konstruktion mitbestimmen. So liegt z.B. in (65) ein starker Quantor vor. Dennoch ist die Konstruktion im Existenzsatz akzeptabel, wenn die innere NP – *the shopping* – fokussiert ist. Wird sie durch ein Pronomen wie in (66) ersetzt, entsteht ein unakzeptabler Existenzsatz.

(66)   ??There was still most of it to do

Das Verhalten der partitiven Konstruktionen belegt die unabhängige Relevanz der beiden Faktoren – Quantorenlesart und Fokusstruktur – besonders deutlich. Ganz ähnlich ist auch der Befund bei Sätzen ohne Expletivum. (67) hat eine thetische Lesart, (68) nur eine kategorische.

(67)   Most of the SHOPPING is still to do

(68)   MOST of it is still to DO

Die Prüfung der Restriktionen hat ergeben, daß der sog. Definitheitseffekt weder etwas mit Definitheit zu tun hat, noch auf einen einzelnen Faktor zurückgeführt werden kann. Vielmehr müssen zwei separate Bedingungen unterschieden werden, und zwar die Quantifikationsrestriktion, die den Ausschluß starker Quantoren bedingt, und die Fokussierungsbedingung, die mit Ausnahme von Beispielen wie (58) und (59), in denen man vermutlich Defaultakzentverschiebungen ansetzen muß, in Form der Subjektprominenz erfüllt wird. Es kommt demnach aber nicht auf die Fokussierung des Subjekts selbst an, sondern darauf, daß die Prominenz in einer Position plaziert ist, welche die Projektion eines weiten Fokus erlaubt. Nachdem nun geklärt ist, daß Definitheit jedenfalls nicht der verursachende Faktor der fraglichen Restriktion ist, wird auch erkennbar, daß in Existenzsätzen und thetischen Sätzen im wesentlichen dieselben Verhältnisse vorliegen.[24] Existenzsätze könnte man als thetische Sätze mit expletivem *there*, thetische Sätze als Existenzsätze ohne expletives *there* bezeichnen. Demnach muß unser Ziel ein Beschreibungsansatz sein, der beide Varianten aus derselben Grundstruktur ableitet.

4.3 Phasenprädikation

Spätestens seit Diesing (1988) ist bekannt, daß die Projektion eines globalen Fokus aus der Position des Subjekts von der Semantik des beteiligten Prädikats abhängig ist. Das bereits in § 4.1 diskutierte Beispiel (50), das ich hier wiederhole, belegt diesen Zusammenhang.

(50) a. [[The WINDOW] is even open]
      b. [The WINDOW] is even rectangular

Wiederum war es Milsark (1974), der den Unterschied im Zusammenhang mit seiner Analyse der Existenzsätze als erster genau beschrieben hat. Wie aus (69) zu ersehen ist, ist *there* nur möglich mit der gleichen Sorte von Prädikaten, die in Sätzen wie (50a) die thetische Lesart bzw. einen weiten Fokus erlauben.

(69) a. There was a WINDOW $\left\{\begin{array}{l}\text{open}\\ \text{*rectangular}\end{array}\right\}$
      b.

Adjektive wie *open, sick, drunk, wet* usw. bezeichnen nach Milsark „states", d.h. „conditions in which an entity finds itself and which are subject to change without there being any essential alteration of the entity", Adjektive wie *rectangular, intelligent, wooden, hirsute* usw. dagegen „properties", d.h. „descriptions which name some trait possessed by the entity and which is assumed to be more or less permanent, or at least to be such that some significant change of the entity will result if the description is altered" (Milsark 1974: 12 f.). Sehr viele Adjektive (darunter auch *open*) erlauben allerdings beide Deutungen und müssen daher als ambig betrachtet werden. Inzwischen weiß man, daß die Differenzierung nicht auf Adjektive beschränkt ist, sondern bei allen Zustandsprädikaten auftritt, so z.B. bei präpositionalen Prädikatsergänzungen wie (*be*) *in the kitchen/out of order* usw. (vgl. Kratzer 1988).
Eine interessante Ausnahme bilden allerdings NPen. NPen werden stets als „properties" interpretiert und sind deshalb auch systematisch von *there*-Sätzen ausgeschlossen, was bereits Milsark herausgehoben hat.

(70) There was a man $\begin{Bmatrix} \text{?drunk} \\ \text{*a drunk} \end{Bmatrix}$

Stowell (1988: 256) hat gezeigt, daß NPen – im Gegensatz zu APen oder PPen – kognitiv vorgegebene, sprachunabhängig fixierte ontologische Sorten (natural kinds) denotieren, was eine state-Lesart im Sinne von Milsark von vornherein ausschließt.

Strukturelle Kriterien, die es erlauben, die semantische Unterscheidung sicherer zu identifizieren, hat vor allem Bolinger (1973) vorgelegt. Dazu gehören die folgenden:

(71) Koordination:
 She is well and $\begin{Bmatrix} \text{happy} \\ \text{*intelligent} \end{Bmatrix}$

(72) *get* vs. *become*:
 1. They got $\begin{Bmatrix} \text{wet} \\ \text{*intelligent} \end{Bmatrix}$

 2. They became $\begin{Bmatrix} \text{wet} \\ \text{intelligent} \end{Bmatrix}$

(73) Intensifier *all* vs. *very*:
 1. He is all $\begin{Bmatrix} \text{wet} \\ \text{*intelligent} \end{Bmatrix}$

 2. He is very $\begin{Bmatrix} \text{wet} \\ \text{intelligent} \end{Bmatrix}$

Carlson (1977) verdanken wir eine gründliche Diskussion und Deutung der zur Debatte stehenden Differenzierung. Auf ihn geht auch die heute übliche Terminologie zurück, die zwischen Phasenprädikation (stage-level predication) und Individuenprädikation (individual-level predication) differenziert. Carlson hat als erster hervorgehoben, daß es hier primär um die ontologische Unterscheidung von Individuen und Phasen, d.h. raumzeitlichen Instanziierungen von Individuen geht. Den Unterschied bestimmt Carlson wie folgt:

> „A stage is conceived of as being roughly, a spatially and temporally bounded manifestation of something ... An individual, then, is (at least) whatever it is that ties a series of stages together to make them stages of the same thing." (Carlson 1977: 68)

Der Differenzierung zwischen Phase und Individuum beim Subjekt entspricht auf der Seite der Prädikate die Differenzierung zwischen Phasen- und Individueneigenschaften. Im thetischen Satz (50a) wird einer Phase eine Phaseneigenschaft, im kategorischen Satz (50b) einem Individuum eine Individueneigenschaft zugesprochen. Das Subjekt des Existenzsatzes kann gemäß Milsarks Beobachtung nur eine Phase sein, dementsprechend ergibt auch nur das Phasenprädikat in (69a) einen wohlgeformten Satz. Die Frage ist nun, wie die relevante Unterscheidung in der Semantik nachvollzogen werden kann.

Hier kann ich auf einen neueren Ansatz zurückgreifen, der im Zusammenhang einer Diskussion der thetischen Sätze besonders relevant erscheint. Ausgehend von der durch Carlson (1977) thematisierten Beobachtung, daß Phasenprädikationen spezifische Raumzeiten monopolisieren, hat Kratzer den interessanten Vorschlag gemacht, die Unterscheidung zwischen Phasen- und Individuenprädikation in der Argumentstruktur zu lokalisieren. Phasenprädikate haben demnach eine zusätzliche Theta-Rolle, l (= location, d.h. Spatiotemporalität). Diese „l-Rolle" entspricht der Davidsonschen Ereignisvariablen, die auch Higginbotham und Bierwisch ansetzen. Die beträchtliche syntaktische und semantische Evidenz, mit der Kratzer ihren Vorschlag untermauert, muß ich hier unter Verweis auf ihre Arbeit beiseite lassen. Die l-Rolle zeichnet nach diesem Ansatz auch Ereignisverben gegenüber Zustandsverben aus:

(74)   a.   Phaseneigenschaft:
                  wet   +V +N <1 l>   *kiss*   +V −N <1 2 l>
        b.   Individueneigenschaft:
                  rectangular   +V +N <1>   *resemble* +V −N <1 2>

Nach diesem Vorschlag muß man allerdings die weitaus meisten Prädikate als lexikalisch ambig analysieren. Auf jeden Fall geht bereits aus (50) eindeutig hervor, daß die Unterscheidung thetisch/kategorisch mit diesen beiden Varianten der Prädikation zusammenhängt. Aus (69) und (70) wurde deutlich, daß die bei der Definitheitsrestriktion festgestellte Parallelität zwischen thetischen Sätzen und Existenzsätzen sich auch auf die Prädikatsrestriktion überträgt, was die Vermutung bestärken muß, daß wir es hier mit Ausprägungen eines einheitlichen Phänomens zu tun haben. Was immer die Präsenz des Expletivums zum Auslöser des Definitheitseffekts werden und die Phasenprädikation erzwingen läßt, es steht zu erwarten, daß der gleiche Faktor in den thetischen Sätzen wirksam ist. Für die Gemeinsamkeiten hinsichtlich der Subjektprominenz und Fokusprojektion muß das gleiche gelten.

Wie aus zahlreichen Untersuchungen zu den Existenzsätzen in typologisch sehr verschiedenen Sprachen hervorgeht, gehören die in solchen Sätzen vorkommenden Verben in syntaktischer Hinsicht zu den Ergativverben oder „unaccusatives", einer besonderen Subklasse der intransitiven Verben. Über diese vieldiskutierte Klasse herrscht zumindest in einem Punkt relativ breite Übereinstimmung: das einzige Argument dieser Verben muß auf DS-Ebene in der Objektposition generiert und durch „Move alpha" in die (externe) Subjektposition gehoben werden. Während die Sachlage bei den Existenzsätzen nur insoweit unsicher ist, als in der Frage der Zugehörigkeit mancher Verben zur Klasse der „unaccusatives" von Sprecher zu Sprecher keine klare Übereinstimmung herrscht, ist eine Beschränkung auf „unaccusatives" bei den thetischen Sätzen in der Literatur bestritten worden. Einige Arbeiten zur Fokusprojektion, darunter von Stechow & Uhmann (1986) sowie Grewendorf (1989: 203 ff.) postulieren einen Zusammenhang zwischen fokusprojizierenden Subjekten und Ergativität. Die Grundidee ist dabei offenkundig, daß das Subjekt in diesem Fall ein internes Argument sein muß und insofern den für die Projektion erforderlichen grammatischen Status hat. Ein Blick auf die in den einschlägigen Arbeiten diskutierten Beispiele zeigt aber, daß eine solche Hypothese dem empirischen Befund ohne Zusatzannahmen nicht gerecht werden könnte. Krifka (1984) hat gezeigt, daß man unter geeigneten kontextuellen Bedingungen nahezu jedes beliebige intransitive Verb in thetischen Sätzen verwenden kann, was die Hoffnungen auf eine grammatische Ableitung der Fokusprojektion zunächst zunichte zu machen scheint. Manche Arbeiten führen auch thetische Sätze mit transitiven Verben an, die von Existenzsätzen systematisch ausgeschlossen sind. Wir können aber festhalten, daß die fraglichen Prädikate auf jeden Fall die Argumentstruktur von Phasenprädikationen haben müssen.

4.4 Thetisch vs. kategorisch

Die in § 4.2-3 diskutierten Beobachtungen weisen auf eine Beziehung zwischen thetischen und expletiven Konstruktionen hin, die in der grammatischen Beschreibung explizit gemacht werden muß. Im folgenden werde ich in groben Zügen einen Beschreibungsansatz darlegen, der von einer Analyse der Beziehungen zwischen Expletivum, Phasenprädikation und Definitheitseffekt in *There*-Konstruktionen ausgeht und das Oberflächensubjekt des thetischen Satzes aus der Substitution eines Nullexpletivums ableitet. Die gemeinsame Grundlage für die einzelnen Ableitungen liefert die in § 4.1 vorgestellte Faktorisierung des Subjekts in eine externe und eine interne Position. Da der Vorschlag voraussetzt, daß das Verhältnis zwischen Expletivum und Phasenprädikation geklärt werden kann, wende ich mich dieser Frage zuerst zu. Anschließend versuche ich, den Unterschied zwischen thetischen und kategorischen Sätzen in eine plausible Beziehung zu den grammatischen Lizensierungsbedingungen zu bringen. Am Schluß wird gezeigt, daß der Ansatz zutreffende Voraussagen über eine Reihe nichtfiniter Konstruktionen macht, in denen ausschließlich thetische Interpretationen möglich sind.
Chomsky (1986a: 95 ff.) schlägt unter der Bezeichnung „Full Interpretation (FI)" ein Prinzip zur Beschränkung der Erzeugung von Phrasenstrukturen vor, das die Schnittstellen der Grammatik mit den Sprachverwendungsmodulen von gewissen repräsentationalen Redundanzen freihalten soll.

(75) Full Interpretation
Jedes Element auf PF- und LF-Ebene muß interpretiert sein.

Auf LF bezogen fordert (75) die Elimination aller Strukturen, die selbst nicht interpretiert werden bzw. keinen Effekt auf die semantische Interpretation haben können. Unter diese Bedingung fällt notwendigerweise jedes pleonastische Element, also auch ein semantisch leerer syntaktischer Platzhalter wie das expletive *there*. Das Expletivum verdankt seine syntaktische Rolle offenbar dem erweiterten Projektionsprinzip, oder was immer dafür verantwortlich sein mag, daß jeder Satz eine (externe) Subjektstelle haben muß, für die aber unter bestimmten Umständen kein geeignetes Argument zur Verfügung steht. In Chomsky (1986a: 179 f.) wird unter Berufung auf (75) ein Vorschlag erwähnt und in Chomsky (1988) und Shlonsky (1989) weiter ausgearbeitet, der für alle expletiven Elemente auf der Ebene der LF eine Ersetzung durch mit ihnen koindizierte Argumente fordert. Gemäß (75) hat dieser Schritt zur Folge, daß alle syntaktischen Positionen durch Argumente besetzt sind, die abstrakt in Form von Ketten repräsentiert sind. Die dazu erforderliche Substitution geschieht unter dem Druck des Prinzips (75) und steht demnach in Einklang mit dem Last-Resort-Charakter, den die syntaktische Bewegung im Rahmen eines regelfreien Systems haben muß. Im Zusammenhang der Beobachtungen zu den thetischen Konstruktionen gewinnt die „Replacement Hypothesis" (Shlonsky) eine zusätzliche Suggestivität. Denn wenn wir unterstellen, daß die besonderen Eigenschaften der Existenzsätze in einem inhärenten Zusammenhang mit der Präsenz des expletiven *there* stehen, dann liegt der Schluß nahe, daß auch der gewöhnliche thetische Satz ein Expletivum aufweisen muß, das dann aber bereits in der Syntax ersetzt wird.[25] Diese Annahme gewinnt eine gewisse Plausibilität, wenn man sich vor Augen hält, daß in Nullsubjektsprachen wie dem Italienischen für entsprechende Sätze mit thetischer Interpretation ohnehin ein Nullexpletivum gefordert wird (Manzini 1983). Wenn wir des weiteren voraussetzen, daß im Englischen ein syntaktisches Prinzip (z.B. die entsprechende Option des Nullsubjektparameters) operativ ist, das in der Syntax denselben Effekt hat wie FI auf der LF-Ebene, dann eröffnet sich die Möglichkeit, die Geltung von Chomskys Substitutionshypothese in begründeter Weise auf eine andere Repräsentationsebene auszudehnen. Auch die Subjektanhebung stellt sich aus dieser Perspektive als Last-Resort-Phänomen dar.[26]

(76) Substitutionshypothese:
 a. FI:
   SS: There$_i$ appeared a man$_i$
   LF: A man$_i$ appeared t$_i$
 b. Nullsubjektparameter:
   DS/SS: e$_i$ appeared a man$_i$
   SS/PF: A man$_i$ appeared t$_i$

Durch die in (76) gezogene Parallele zwischen der Lizensierung des expletiven Elements (Null oder *there*) und den anderen beobachteten grammatischen Eigenschaften thetischer Konstruktionen kann eine Verbindung hergestellt werden, die eine plausible Begründung dafür liefert, warum in (76a, b) die Subjektstelle nicht durch das theta-markierte Argument selbst besetzt werden kann. Darüber hinaus entsteht möglicherweise auch ein kasustheoretisches Problem, denn die in der Grammatiktheorie bislang vertretene Hypothese, nach der Kasus durch Kettenbildung vom expletiven *there* auf das Argument übertragen wird (Chomsky 1986a: 96 f.), ist auf den in (76b) ausgezeichneten Fall nicht ohne weiteres übertragbar, da nicht sicher ist, auf welcher Ebene die Subjektanhebung anzusetzen ist. Im folgenden werde ich zu zeigen versuchen, daß es auf beide offenen Fragen zumindest einleuchtende Antworten gibt.
Nachdem in § 4.3 gezeigt worden ist, daß alle thetischen und expletiven Konstruktionen der untersuchten Art Phasenprädikationen sind, liegt die Vermutung nahe, daß die Kratzersche *l*-Rolle der Faktor sein muß, der die Besetzung der externen Subjektrolle durch ein expletives Element bewirkt. Im Anschluß an Higginbotham (1985) sowie Haider und Bierwisch (1989) gehe ich davon aus, daß die *l*-Rolle als „referentielle Rolle" im Sinne von Bierwischs Definition - im Gegensatz zu den Argumenten im engeren Sinne - nicht in eine syntaktische Argumentstelle projiziert werden kann, sondern vielmehr durch Theta-Bindung saturiert werden muß. Die Theta-Bindung kann nur durch einen

geeigneten Funktor erfolgen. Im Falle der VP ist dieser das I-Element, das durch Vermittlung der Kopula, von der ich annehme, daß sie selbst keine Theta-Rolle vergibt, auch Zugang zu den *l*-Rollen der adjektivischen und präpositionalen Phrasenprädikate hat. Kratzer (1988: 15 f.) argumentiert für die Annahme, daß die spatiotemporale Rolle in jedem Theta-Raster, in dem sie vorkommt, die Funktion des externen Arguments übernimmt, das allen anderen Argumenten nachgeordnet ist und zuletzt saturiert wird. Da die referentielle Bindung immer erst nach Abschluß der lexikalischen Projektion erfolgen kann, kommt einer solchen Annahme eine gewisse Natürlichkeit zu. Sie hat zur Folge, daß alle übrigen Argumente innerhalb der lexikalischen Projektion saturiert werden müssen. Da Kratzer für alle Ereignisverben spatiotemporale Rollen fordert, würde das allerdings bedeuten, daß im Prinzip auch das Agens unter diese Regelung fallen würde. Um dies zu vermeiden, beschränke ich die Externalität der *l*-Rolle nach einem Vorschlag von Torrego (1989) auf „unaccusatives". Das Agens ist demnach immer extern. Für solche thetischen Sätze, in denen das Agens sich scheinbar wie ein internes Argument verhält, schlage ich im folgenden Abschnitt eine andere Ableitung vor. Unter dieser Voraussetzung entsteht ein Zusammenhang zwischen der Präsenz einer *l*-Rolle und der Erzeugung eines expletiven Subjekts (*there* oder Null), da das referentielle Argument die infolge des erweiterten Projektionsprinzips stets vorhandene Subjektposition nicht besetzen kann. Insofern hat ein thetischer Satz - mit oder ohne phonetisch interpretiertes Expletivum - im semantisch relevanten Sinne kein Subjekt, wohl aber ein externes Argument, die „Ereignisrolle".

Diese Analyse hat darüber hinaus noch einen zusätzlichen deskriptiven Vorteil. Expletives *there* kommt im Englischen nur in finiten Sätzen und in Infinitiven mit *to* vor. Unter der Voraussetzung, daß *to* durch Einbettung in einen finiten Matrixsatz identifiziert wird und damit die *l*-Rolle seines Prädikats binden kann (Kroch, Santorini & Heycock 1987) ist das spezifische Vorkommen des Expletivums erklärbar.

Der soeben begründete Vorschlag ist, wie bereits hervorgehoben wurde, mit den gängigen Vorstellungen über Kasustransmission nicht ohne weiteres vereinbar. Gegen diese sind aber in den letzten Jahren erhebliche Einwände vorgebracht worden. Shlonsky (1989: 9 ff.) zitiert Beobachtungen, u.a. von H. Lasnik, die mit einer Kasustransmission in Existenzsätzen nicht vereinbar sein dürften. Insbesondere Beispiele wie (77) können als Adjazenzverletzung gedeutet werden. Dies würde für eine Kasuszuweisung in situ sprechen, die der Ansatz von Nullexpletiven erforderlich macht.

(77) a. There   { quickly developed }   an argument
      b.   { *developed quickly }

Eine für meinen Ansatz besonders interessante Theorie der Kasuszuweisung finde ich in Belletti (1988). Nach Bellettis Vorschlag weisen „unaccusatives" und passive Verbalformen ihrem Komplement einen besonderen Kasus zu, den sie „Partitiv" nennt, und der als unvereinbar mit starken Quantoren gilt. Insofern ist der Definitheitseffekt nach Belletti unmittelbar mit einer spezifischen Kasuszuweisung verbunden. Bellettis Partitiv wird für alle Sprachen gefordert, unabhängig davon, ob er morphologisch repräsentiert ist oder nicht. In Sprachen mit morphologischem Partitiv, z.B. im Finnischen, ist der

Definitheitseffekt nachweisbar. Interessant ist, daß im Finnischen das Subjekt thetischer Sätze ebenfalls den Partitiv aufweist. (Belletti 1988: 26).

(78) Vieraita tulee
 Guests arrived
 (Part. pl.)

Die Einzelheiten der Begründung dieser Kasustheorie, die mich im großen und ganzen überzeugt, kann ich hier beiseite lassen. Für die grammatische Beschreibung der thetischen Sätze ist relevant, daß mit dem Wegfall der Kasustransmission auch die aus früheren Arbeiten geläufige kasustheoretische Begründung der Subjektanhebung im thetischen Satz entfällt.
Die von Belletti unter Beweis gestellte Korrelation zwischen Definitheitseffekt und VP-interner Kasuszuweisung eignet sich zur Begründung der kasustheoretischen Zusammenhänge.[27] Die Ableitung der Definitheitsrestriktion bei den thetischen Konstruktionen steht jedoch noch aus. Hier hilft zunächst der Hinweis von Higginbotham (1987) weiter, daß die prädikative Verwendung von NPen ein sicheres Indiz dafür ist, daß das D-Element nicht immer die Rolle des Funktors spielt, das die NP, analysiert als offener Satz, durch Bindung der referentiellen Theta-Rolle abschließt, wie das in (27a) gezeigt worden war. Prädikatsnomen müssen – wie aus (79) ersichtlich – als Prädikate im Sinne von (44b) betrachtet werden.

(79) John is a/*every lawyer from New York

Da Prädikatsnomen unter Voraussetzung einer Unizitätslesart (*The President*) definit sein können, müssen NPen unabhängig von der Definitheit des Artikels mit offener Stelle maximal projiziert werden können. Unter der Voraussetzung, daß die in § 3.1 skizzierte Theorie der Theta-Saturation vollständig ist, muß gefolgert werden, daß schwache Quantoren keine Funktoren sind, sondern sich theta-theoretisch wie Adjunkte verhalten, d.h. mit der nominalen Projektion durch Verschmelzung offener Theta-Rollen (Theta-Identifikation) verbunden sind. Da die referentielle Rolle bei den ergativen Verben als „externes Argument" fungiert, werden NPen mit schwacher Lesart prinzipiell nur innerhalb der verbalen Projektion generiert, wo sie nach Kratzer (1988) auf der LF-Ebene existentiell generalisiert werden. Wie bereits hervorgehoben, gilt dies auch für definite NPen, die dann allerdings nicht diskursanaphorisch interpretiert werden. Die Definitheit des Artikels beim Argument eines thetischen Satzes kann demnach nur eine funktionale Abhängigkeit indizieren, so z.B. in Form eines Querverweises auf ein geeignetes Szenario im Kontextmodell, die Indefinitheit das Fehlen einer solchen Abhängigkeit und das Fehlen eines entsprechenden Querverweises.[28] Referentiell sind die Argumente eines thetischen Satzes von der Ereignisreferenz abhängig, in deren Zusammenhang sie unselektiv gebunden werden. Bierwischs Bedingung (31), die einer durch Theta-Bindung abgeschlossenen Kategorie eine Diskursreferenz zuordnet, ist vom Argument eines thetischen Satzes nicht erfüllbar, da die erforderliche Bindung nicht gegeben ist. Ein diskursreferentieller Status im Sinne von (32) entfällt, da keine etablierte Diskursreferenz möglich ist. Daher kann das Argument eines thetischen Satzes im Sinne der Fokusmarkierung nur [+F] sein, ebenso wie der thetische Satz selbst qua Fokusprojektion aus der internen Subjektstelle heraus [+F] markiert sein muß. Im Rahmen eines dynamischen Interpretationssystems wie der DRT kann der traditionellen Einsicht prinzipiell Rechnung getragen werden, daß thetische Konstruktionen als Instruktionen zur Diskurserweiterung interpretiert werden müssen.

Im Falle der kategorischen Sätze liegen die umgekehrten Verhältnisse vor. Strukturen, die durch Prädikation lizensiert werden, sind offenbar generell mit einer „Aboutness-Lesart" assoziiert (Manzini 1983: 159 f.), die in einer generalisierten Form in Topikstrukturen von topikprominenten Sprachen wie dem Japanischen angesetzt werden muß (Kawashima 1989: 61 ff. und Fn. 6, 69).[29]

Wenn der in § 3.2 herausgestellte innere Zusammenhang zwischen Argumentstruktur und Fokusprojektion tatsächlich besteht, dann ist zu folgern, daß im Falle der Prädikation, die als komplementärer Modus der Lizensierung zu verstehen ist, auch keine Integration der Fokusdomänen von Subjekt und Prädikat erfolgen kann, wie in vielen Arbeiten nachdrücklich hervorgehoben wird (Gussenhoven 1984). In fokusstruktureller Hinsicht verhält sich das externe Subjekt wie eine Nichtargumentposition, ein Status, der ihm grammatiktheoretisch auch zukommt.[30] Die im Zusammenhang mit Diskussionen von Aspekten der TKG und der thetischen Sätze häufig aufgeworfene Frage, ob jeder Satz ein Topik haben muß, und ob unter dieser Voraussetzung bei thetischen Sätzen eine Art Situationstopik anzusetzen ist (z.B. Masunaga 1987: 64 ff.; Hedberg 1990: 26 f.), ist in dem hier abgesteckten Rahmen für die Ableitung kategorischer Sätze trivialisierbar, denn ein Satz, dessen externe Subjektstelle durch keine Kategorie besetzt ist, die einen möglichen Bezug im Sinne von „aboutness" ergibt, ist per se nur einer Defaultinterpretation zugänglich und wird im Zweifelsfalle auf den jeweils salienten Hintergrund, wie z.B. die Wahrnehmungssituation bezogen. Dies entspricht der Interpretation, die z.B. thetische Sätze wie (11) und (12) nach Kuroda (1984) haben.

4.5 Small-Clause-Konstruktionen

Die Substitutionshypothese betrifft nicht nur Sätze des in (76) gezeigten Typs, sondern dient auch zur Ableitung der in § 4.2 am Beispiel (52) gezeigten Parallele zwischen thetischen Sätzen und Existenzsätzen, für deren Komplement in Stowell (1981) eine Small-Clause-Analyse vorgeschlagen worden ist, die ich übernehme.

(52) a. An ANT was on my plate
      b. There was [an ANT on my plate]

Voraussetzung für meine Analyse ist die Hypothese, daß die externe Subjektstelle nicht nur NPen aufnehmen kann, sondern im Prinzip jede Kategorie, eine natürliche Konsequenz der Tatsache, daß sie nicht theta-markiert ist. Shlonsky (1989: 17 ff.) zeigt, daß unter der Voraussetzung einer LF-Substitution des expletiven *there* durch den „small clause" in (52b) eine Struktur entsteht, aus der bestimmte, von Williams (1984) an Satzpaaren wie (80) beobachtete Skopusphänomene abgeleitet werden können. (80a) ist ambig und hat beide in (81) gezeigten Lesarten, (80b) hat nur die in (81a) gezeigte, die – wie zu erwarten – der thetischen Lesart von (80b) entspricht.

(80) a. Someone must be in the house
 b. There must be someone in the house

(81) a. [must [someone$_i$ [t$_i$ be in the house]]]
 b. [someone$_i$ [must be t$_i$ in the house]]

In Sätzen wie (80b) muß nach Shlonsky das expletive *there* durch den „small clause" substituiert werden, was semantisch sinnfällig ist, da hier nicht die „Existenz" eines Individuums, sondern die eines Sachverhalts prädiziert wird. Das Ergebnis ist eine LF-Struktur mit einer Small-Clause-Konstituente in der externen Subjektposition, die nicht L-markiert ist und daher als Barriere im Sinne von Chomsky (1986) Quantorenanhebung ausschließt, da der übergeordnete Satz (IP) in (81a) den Barrierenstatus von der Small-Clause-Konstituente „erbt", was die Eindeutigkeit von (80b) impliziert.

(82) [Someone in the house]$_i$ must be t$_i$

Unter Voraussetzung der in § 4.4 in Erwägung gezogenen Deutung der Subjektanhebung in der thetischen Lesart von (80a) als PF-Phänomen, das für die Interpretation nicht sichtbar ist, kann diese durch Substitution des Nullexpletivums analog abgeleitet werden. Erwartungsgemäß treten Skopusambiguitäten dieser Art bei allen stark/schwach-ambigen D-Elementen auf, wo immer diese mit logischen Operatoren interagieren.

In Analogie zu diesem Fall ist auch die Relativsatzextraposition als ein syntaktischer Skopusindikator wirksam, der komplementär zum expletiven *there* die thetische Lesart mit ambigen Quantoren eindeutig macht. Ob man solche Relativsätze durch PF-Bewegungen (Chomsky 1986: 41) oder in versetzter Position generiert (Rochemont & Culicover 1990), wo sie z.B. durch Prädikation lizensiert werden können, spielt dabei keine Rolle. Relativsatzextrapositionen sind unbeschränkt im Vorkommen mit stark quantifizierten Köpfen, wobei sie aber dem Satz adjungiert sind, über den der Quantor Skopus hat, ähnlich wie das auch bei anderen Extrapositionen (z.B. den resultativen) beobachtet worden ist.

(83) a. Which girl did John invite that Mary didn't like?
 b. No girl did John invite that Mary didn't like

Darüber hinaus sind auch VP-adjungierte Extrapositionen mit einiger Sicherheit nachweisbar (Rochemont & Culicover 1990: 35). In (84) steht e für die VP einschließlich des Relativsatzes.

(84) A man came in who had lived in Boston and a woman did e too

In solchen Sätzen markieren Extrapositionen offenbar VP-Skopus. Dieser Satztyp weist eine Version des Definitheitseffekts (Rochemont & Culicover 1990: 60 ff.; Huck & Na 1990) auf, ist durch Subjektprominenz und weite Fokuslesart gekennzeichnet und erfordert eine schwache Lesart des D-Elementes. Seit Guéron (1980) und Rochemont (1978) ist in der Diskussion der stilistischen Konstruktionen die Auffassung verbreitet, daß diese Restriktion der Extraposition pragmatischer Natur sein muß, da die verursachenden Bedingungen nicht syntaktisch zu formulieren sind. Vor dem Hintergrund einer artikulierteren Fokustheorie, für die ich hier argumentiere, dürfte diese Position ins Wanken geraten. Nach dem hier vertretenen Ansatz muß für (84) ein Nullexpletivum als Grundlage einer thetischen Konstruktion angesetzt werden. Wenn dieses im Sinne des oben Ausgeführten für den engen (VP-internen) Skopus des Indefinitums verantwortlich ist, dann ist daraus zu folgern, daß die Extraposition aufgrund ihrer Skopussensitivität als Oberflächenreflex des Nullexpletivums die gleiche indizierende Rolle spielt wie in (80b) das expletive *there*. Die besonderen Bedingungen, die das Auftreten der VP-Adjunktion von Extrapositionen beschränken, sind nach dieser Analyse zu erwarten.

Für diese Analyse spricht auch die oft hervorgehobene Tatsache, daß das Verb in solchen Konstruktionen in der Regel intransitiv und meist ergativ ist. Kratzer (1988: 14) weist auf die obligatorische Phasenprädikation bei Extraposition im Deutschen hin. Dem halten Autoren wie Culicover & Rochemont (1990) entgegen, daß in einem geeigneten Kontext auch nichtergative und beschränkt sogar transitive Prädikate möglich sind. Hier wiederholt sich im wesentlichen die Argumentation, die Krifka (1984) in der Diskussion zur Fokusprojektion gegen die Ergativitätshypothese für subjektprominente Sätze mit weitem Fokus vorgebracht hat (von Stechow & Uhmann 1986). Die gleiche Unschärfe in der Abgrenzung der für eine ergative Lesart in Frage kommenden Verbklasse zeigt sich auch bei inkorporierenden Sprachen, wo entsprechende Unsicherheiten bei der Subjektinkorporation auftreten, wie Baker (1988: 82 ff.) hervorgehoben hat. Nach Sasse (1987) ist Inkorporation in diesem Sprachtyp das Mittel zur Integration bzw. Projektion von Fokus, insbesondere im Falle der Subjektprominenz. Wir haben es also offenkundig mit demselben Phänomen im Rahmen verschiedener Sprachsysteme zu tun.

Bevor ich einen Vorschlag zur syntaktischen Reanalyse diskutiere, der solche Fälle systematisch beschreibbar macht, möchte ich auf zwei wichtige Folgerungen meiner Analyse aufmerksam machen. Erstens muß in Fällen, wo die Small-Clause-Konstituente L-markiert ist, die Lesart der starken Quantifikation möglich sein. Daß dies auch so ist, zeigen z.B. Perzeptionsverbkomplemente. Vgl. insbesondere (85a), wo sowohl eine schwache als auch eine starke Interpretation des Quantors möglich ist.

(85) a. John saw ⎧MANY girls LEAVE⎫
      b.   ⎩many GIRLS leave⎭

Zweitens muß die thetische Interpretation nach diesem Ansatz auch in nichtfiniten Kontexten vorkommen können, und zwar überall da, wo Small-Clause-Konstruktionen angesetzt werden müssen. Nach meiner Analyse wird die thetische Lesart im finiten Satz erst durch die Präsenz eines expletiven Elements ermöglicht, das die externe Subjektposition besetzt hält. Die Argumente werden dementsprechend mit einem Definitheitseffekt VP-intern erzeugt. In einer nichtfiniten Prädikation gibt es keine externe Subjektposition. Daher ist zu erwarten, daß in solchen Konstruktionen die thetische Lesart bei prominentem Subjekt möglich sein sollte. Ein Blick auf die wichtigsten Small-Clause-Konstruktionen zeigt, daß dies der Fall ist.

(86) Perzeptionsverben und kausative wie *let, make*
(mit verbalem „small clause"):
   a. She saw/heard/felt the DOOR open
   b. She let her HAIR hang low
Verschiedene (kausative, existentielle, usw.) *have*-Konstruktionen:
   c. The shelf has many BOOKS on it
   d. I had my BIKE stolen
Absolute Konstruktionen, vor allem solche mit *with*:
   e. With the WINDOW open, we can escape easily

Manche Untersuchungen weisen darauf hin, daß in den belegten Konstruktionen das Prädikat stets eine Phasenlesart voraussetzt. Vor allem in der umfangreichen Literatur zu den Perzeptionsverbkomplementen ist diese Eigenschaft der sog. „bare infinitives" intensiv diskutiert worden. Wir können also festhalten, daß es zwei Kontexte gibt, in denen Subjektprominenz, Definitheitseffekt und Phasenprädikation kombiniert in einer thetischen Konfiguration vorkommen. Vgl. dazu (87). Mit (87b) verbinde ich keinen Anspruch auf Vollständigkeit der Aufzählung.

(87)   a. Finite Konfiguration:
       Expletivum   I   SUBJEKT   Prädikat
    b. Nichtfinite Konfiguration:
       ⎡Perzeptionsverb⎤
       ⎨Kausativum   ⎬   SUBJEKT   Prädikat
       ⎣absolutes *with*⎦

In § 4.4 habe ich einen Zusammenhang zwischen der Bindung des Davidsonschen Ereignisindexes durch das Finitum und der Präsenz eines expletiven Elementes hergestellt. Da von den nichtfiniten Prädikationen das expletive *there* systematisch ausgeschlossen ist, gewinnt dieser unterstellte Zusammenhang eine zusätzliche Plausibilität. Da aber in den in (87) aufgelisteten Fällen das für die Bindung der *l*-Rolle erforderliche Finitum fehlt, eine Bindung der *l*-Rolle aber aufgrund des unter (75) aufgeführten FI-Prinzips erfolgen muß, da der betroffene Satz sonst nicht interpretierbar wäre - jede Variable muß auf LF-Ebene gebunden sein - erhebt sich die Frage, auf welchem Wege hier die erforderliche Bindung erfolgt. Da im finiten Satz in (87a) die VP ein Komplement des I-Elements ist, die Bindung also unter der Rektion erfolgt, ist eine Bindung in (87b) nur über die regierenden Verben bzw. *with* möglich. Mit Ausnahme des absoluten *with*, dessen grammatischer Status vorerst mysteriös bleibt,[31] sind Verben, die Small-Clause-Komplemente selegieren, Ereignisverben und weisen also selbst eine *l*-Rolle im Sinne von Kratzer (1988) auf. Insofern muß ein Prozeß der Variablenverschmelzung angesetzt werden, durch den die *l*-Rolle des regierten Verbs mit der des regierenden identifiziert und über eine Kette, vermittelt vom Finitum, abgebunden wird. Auf diesem Wege wird das regierte Prädikat temporal subordiniert und in dem Satz, in dem es eingebettet ist, deiktisch verankert.[32]
Wie Winkler (1991) in einer detaillierten Untersuchung gezeigt hat, kann der Geltungsbereich des für die Fälle (87b) zu fordernden Lizensierungsmechanismus auf nichtverbale Prädikationen verschiedener Art ausgedehnt werden, worin man eine Bestätigung der

von Kratzer (1988) vorgeschlagenen argumentstrukturellen Analyse der Phasenprädikation sehen kann.

(88)   a. I have often seen the grass tall around the house
         b. ??I have often seen John tall

Zu den von Winkler diskutierten Konstruktionstypen gehören neben den in (88) belegten *see/catch/find*-Konstruktionen (Dowty 1972) resultative Konstruktionen wie (89) und das weite Feld der depiktiven sekundären Prädikationen. Vgl. dazu (90).

(89)   They pumped the well dry

(90)   He drove his guests home drunk

Das Vorkommen sekundärer Prädikationen ist von zwei Bedingungen gekennzeichnet, sie sind, erstens, orientiert - resultative auf das (direkte) Objekt, depiktive auf Subjekt oder Objekt, daher die Ambiguität von (90) - und, zweitens, der primären Prädikation temporal subordiniert, was eine Phasenlesart voraussetzt. Resultative Prädikationen prädizieren einen Ergebniszustand des Ereignisses, depiktive einen Begleitzustand, d.h. die Verfassung des Subjekts oder Objekts während des Ereignisses. Auch hier wird also vorausgesetzt, daß die Theta-Raster von primärem und sekundärem Prädikat das Davidsonsche Argument aufweisen, das für die Verkettung unter der Bedingung der Rektion erforderlich ist, die das sekundäre Prädikat lizensiert. Die Lizensierung erfolgt demnach unter einer doppelten Bedingung, der der Prädikation, die das sekundäre Prädikat dem Subjekt des regierenden Verbs zuordnet, und der der temporalen Subordination. Dementsprechend sind Individueneigenschaften von der sekundären Prädikation ausgeschlossen, wie (88a) im Vergleich zu (88b) zeigt. Vgl. auch (91).

(91)   a. He dropped his spoon $\left\{\begin{array}{l}\text{drunk}\\ \text{*clever}\end{array}\right\}$
         b. He dropped his spoon cleverly

In der Literatur zu den sekundären Prädikationen ist häufig beobachtet worden, daß die in der sekundären Prädikation vorkommenden Phasenadjektive - im Gegensatz zu solchen, die Individueneigenschaften denotieren - prinzipiell keine *ly*-Adverbien aufweisen (*cleverly* vs. *drunkly* etc.). Damit wird eine interessante Komplementarität in den syntaktischen Vorkommensbedingungen von sekundären Prädikationen und subjektorientierten Adverbien wie *cleverly*, *stupidly* etc. (Jackendoff 1972: 82 ff.) erkennbar. Subjektorientierte Adverbien prädizieren eine Eigenschaft vom Individuum, die dieses unabhängig von der Handlung aufweist. Diese Eigenschaft kann sich in der Handlung äußern oder sie auch verursachen, wie in (91b). Die depiktive Prädikation hingegen erfaßt nur eine im Ereignis instanziierte Phase des Individuums, qua Präsenz und Bindung der Davidsonschen Variablen. Insofern fordert Travis (1988) mit Recht für Adverbien ein distinktes, morphologisch basiertes Lizensierungsprinzip (Head Feature Licensing), das nicht eine Phrase, sondern einen bloßen lexikalischen Kopf lizensiert. Die adverbiale Morphologie entbindet das Adjektiv der Bedingung der temporalen Subordination, die für die sekundäre Prädikation konstitutiv ist. Alle diese Zusammenhänge stützen die

These, daß erstens thetische Interpretationen sowohl in finiten wie in nichtfiniten Konfigurationen vorkommen und daß zweitens ein inhärenter Zusammenhang zwischen der Ereignisrollenbindung bzw. -identifikation und der Distribution expletiver Elemente besteht, der für das Zustandekommen des Definitheitseffektes von ausschlaggebender Bedeutung ist, wie eingangs gezeigt wurde.[33]

5 Präsentative Fokuskonstruktionen

Im folgenden geht es um grammatische und fokusstrukturelle Eigenschaften der in (92) - (94) aufgeführten Auswahl von Konstruktionen des Englischen, die seit Chomsky & Lasnik (1977) unter der Bezeichnung „stilistische Regeln" (stylistic rules) diskutiert werden.[34] Im T-Modell der Grammatiktheorie (vgl. (16) in § 2) fungieren sie als Regeln zur Abbildung von SS- auf PF-Strukturen. Seit Rochemont (1978) ist allgemein bekannt, daß die in (92) - (94) durch Klammerung gekennzeichneten Kategorien obligatorisch fokussiert sind. Solche Konstruktionen werden deshalb als Fokuskonstruktionen bezeichnet.

(92)   „Stylistic Inversion" (SI)
       Out of the bedroom stepped [the CAT]

(93)   „Presentational *there*" (PT)
       There ran into our campsite [a frightened GRIZZLY BEAR]

(94)   „Heavy NP-Shift" (HNPS)
       John found open [the door to his sister's BEDROOM]

Im Gegensatz zu (92) erfordern (93) und (94) komplexe Fokuskonstituenten („heavy NPs"), weshalb ich sie im folgenden gelegentlich unter der Bezeichnung HNP-Konstruktionen zusammenfasse. Von allen drei Konstruktionen wird angenommen, daß sie „präsentative" Konstruktionen sind, d.h. solche, in denen die ausgezeichnete Kategorie - das Subjekt in (92) und (93), das Objekt in (94) - als eine Rechtsversetzung („presentative movement") analysiert werden muß, durch die eine neue Diskursentität in das Kontextmodell eingeführt wird. Eines der Ziele von Rochemont (1986) war es, auf der Grundlage eines Ansatzes, der ähnlich wie Selkirks in (20) (§ 2) wiedergegebene Regeln Fokusprojektion als Funktion der Argumentstruktur rekonstruiert, ein allgemeines Prinzip zu entwickeln, das obligatorische Fokussierungen wie die in (92) - (94) unter ein allgemeines Schema subsumiert, das prinzipiell übereinzelsprachliche Geltung haben soll. Rochemont (1986) fordert für die in (92) - (94) belegte Fokusposition folgendes Prinzip.

(95)   Constructional Focus Principle
       If α is a phrase appearing in the position]$_{VP}$ α]$_{VP}$,
       then α is a presentational Focus (Rochemont 1986: 125).

„Presentational Focus" wird in Rochemont (1986: 64) unter Rekurs auf das Interpretationskonzept „Kontextpräsenz" (context-construability) bestimmt. Rochemont und Culicover (1990) ersetzen (95) nach einer gründlichen Untersuchung der Syntax aller einschlägigen Konstruktionen durch ein allgemeineres Prinzip, das unter anderem auch die Fokuspositionen von Cleftkonstruktionen erfassen soll.

(96)   The Focus principle (Rochemont & Culicover 1990: 156)
α is a structural focus if
(i)   there is a lexical head β that canonically governs α and α is neither case-marked nor theta-marked by β;
(ii) α is not a predicate that is theta-related to β.

Als Versuch, einen Schritt weiter voran in Richtung auf universale Aspekte der Informationsstruktur zu kommen, ist (96) tendenziell zu begrüßen, bedauerlich ist aber, daß mit diesem Prinzip eher Disparates - auf der einen Seite Cleftfokus als Teil der FHG und auf der anderen Seite „presentative movement" als Ausprägungsform thetischer Sätze - unter einen gemeinsamen Nenner gezwungen wird.[35] Davon abgesehen ist nicht zu übersehen, daß (95) und (96) keine Prinzipien im strengen Sinne, sondern deskriptive Verallgemeinerungen sind. Bemerkenswert ist, daß (96) dazu dienen soll, erstens stilistische Regeln als Instanzen von „Move alpha" zu reduzieren und zweitens die Existenz solcher Konstruktionen wie in (92) - (96) als Konsequenzen spezifischer Parametrisierungen im Englischen abzuleiten, um so ihre pragmatischen Besonderheiten als besondere Ausprägungen von (96) zu verstehen. Offen bleibt aber die Frage, wieso natürliche Sprachen ein spezifisches syntaktisches Verfahren zur Fokusisolierung überhaupt haben sollen und warum Fokus gerade in der durch (96) festgelegten Weise ausgezeichnet werden soll und nicht auf irgendeine beliebige andere Weise.

Die in (95) und (96) stipulierte Fokusposition ist offenkundig unter der Inspiration einer in Horvath (1985) für das Baskische und Ungarische vorgeschlagenen Analyse entstanden. Nach Horvath wird Fokus in diesen Sprachen - ebenso wie die Wh-Konstituente im Fragesatz - obligatorisch in eine präverbale Position versetzt. Dementsprechend ist nach Horvaths Deutung der Fakten eine verbadjazente A'-Position die kanonische Position für die syntaktische Isolation einer Fokuskonstituente. Aus der Tatsache, daß die mutmaßliche Fokusposition auch als Landeplatz für Wh-Bewegung in Fragesätzen dient, folgert Horvath, daß Wh-Konstituenten inhärent fokussiert sein müssen. Brody (1990) und Ortiz de Urbina (1989) konnten aber überzeugend nachweisen, daß die mutmaßliche präverbale Fokusposition im Baskischen und Ungarischen nichts anderes ist als Spec-CP und daß die verbadjazente Plazierung von Fokus und Wh-Konstituente durch einen Verbzweiteffekt (ähnlich wie im Deutschen) entsteht. Das Ergebnis der Analyse ist schließlich eine weitaus stärkere Generalisierung, die eine Parametrisierung erlaubt: die syntaktische Fokusposition ist generell identisch mit Spec-CP; manche Sprachen - darunter das Baskische und das Ungarische - bewegen Fokus in der Syntax, andere - darunter nach Brody (1990) das Englische - auf LF-Ebene. Die verbadjazente Plazierung hat sich also als ein Nebeneffekt erwiesen, der gar nichts mit Fokussierung zu tun hat, da Verbzweiteffekte mit einiger Sicherheit aus ganz anderen Bedingungen heraus abgeleitet werden müssen (Laka 1989). Daß das Englische freilich eine allerdings nichtobligatorische und stilistisch markierte Version der syntaktischen Fokusbewegung aufweist, habe ich im Zusammenhang mit Beispiel (43) bereits in § 3.2 angemerkt. Wichtig

ist in diesem Zusammenhang, daß hier ein stipulierter Zusammenhang aus unabhängig notwendigen Bedingungen abgeleitet werden konnte. Das gleiche muß auch mit Stipulationen wie (95) und (96) geschehen.
Nun gibt es keinerlei Hinweise darauf, daß das Englische – von Cleftkonstruktionen abgesehen – irgendeine syntaktische Position außer Spec-CP zur Fokusisolation verwendet. Die in (95) und (96) behaupteten Fokusbewegungen können aus anderen Zusammenhängen gefolgert werden, wie ich nun kurz zeigen möchte.
Dazu greife ich zunächst noch einmal die Beispiele (3) und (5a) auf, die ich in § 1 als Evidenz für die Nichttrivialität der Fokusprojektion herausgestellt hatte.

(3)   [John [gave [a FUR COAT] to his wife]]

(5) a.   [He [put [some BOOKS] on the table]]

(5a) erlaubt maximale Fokusprojektion von einer Position aus, die im Finnischen (vgl. (8) in § 1) den Partitiv in Verbindung mit dem Definitheitseffekt zeigt. Wird der indefinite Artikel in (5a) durch einen definiten Artikel ersetzt, dann erscheint anstelle des Partitivs der Akkusativ, wie in § 1 am Beispiel (7) zu sehen war. Das Objekt in (5a) spielt demnach eine besondere Rolle in der Fokusstruktur. Im Englischen äußert sich diese Rolle in der Betonung, wie aus Beispiel (6) zu ersehen ist, das ich hier wiederhole.

(6)   [He [put the books [on the TABLE]]]

Auch in (6) ist maximale Fokusprojektion möglich. (6) hat aber einen besonderen kontextuellen Effekt. Mit dem definiten Artikel und der in (6) angezeigten Betonung impliziert dieser Satz, daß von den erwähnten Büchern schon die Rede gewesen sein muß. (5a) dagegen ist in jeder Hinsicht völlig neutral. Was die Partizipation an der Fokusstruktur betrifft, stellt sich demnach eine gewisse Asymmetrie zwischen dem Objekt und der PP heraus. Das unbetonte Objekt in (6) wird diskursanaphorisch interpretiert, die unbetonte PP in (5a) dagegen nicht. Worauf ist dieser Unterschied zurückzuführen?
Die fokusstrukturelle Asymmetrie zwischen NP und PP in Sätzen wie (1) und (5a) ist kein isoliertes Faktum, sondern muß als ein zusätzliches Stück Evidenz für ein syntaktische Asymmetrie gesehen werden, die durch eine ganze Batterie von grammatischen Restriktionen belegbar ist. Eine solche Restriktion betrifft z.B. die Lizensierung von negativen Polaritätselementen. Ein Polaritätselement kann allgemein in einer Position vorkommen, in der es von einer negierten Phrase c-kommandiert wird. Umgekehrt darf das Polaritätselement die negierte Phrase nicht c-kommandieren. Aus (97) folgt, daß es offenkundig eine asymmetrische C-Command-Relation zwischen NP und PP geben muß.

(97)   a. He put no books on any table
       b. *He put any books on no table

Larson (1988) diskutiert im Anschluß an Beobachtungen von A. Barss und H. Lasnik weitere grammatische Phänomene, die dieselbe Asymmetrie belegen, darunter „Weak Crossover", Superiorität, Anaphern- und Quantorenbindung und manches andere. Der eher subtile fokusstrukturelle Unterschied zwischen (5a) und (6) ist demnach syntaktisch verankert. Aus all diesen Beobachtungen folgt, daß die syntaktische Struktur der VP in solchen Sätzen nicht (98a) sondern nur (98b) sein kann.

(98)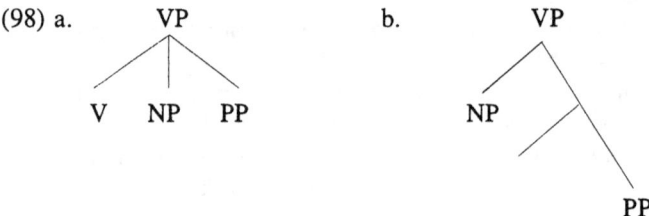

In (98a) stehen NP und PP auf derselben Stufe der syntaktischen Hierarchie, während (98b) die Asymmetrie in den C-Command-Beziehungen aufweist, die für (97) gefordert werden muß. Die Frage ist, wie in (98b) der Zwischenknoten und das offene Endelement zu etikettieren sind. Larson schlägt eine Hypothese vor, nach der eine maximale Projektion jeweils nur ein Komplement und nur eine Spezifikatorposition haben darf. Das Ergebnis ist, daß ein dreiwertiges Prädikat wie *put* oder *give* sein Theta-Raster nur in Form von zwei übereinanderliegenden VP-Schichten saturieren kann. Im Falle von (5a) entsteht nach diesem Prinzip die Phrasenstruktur (99).

(99)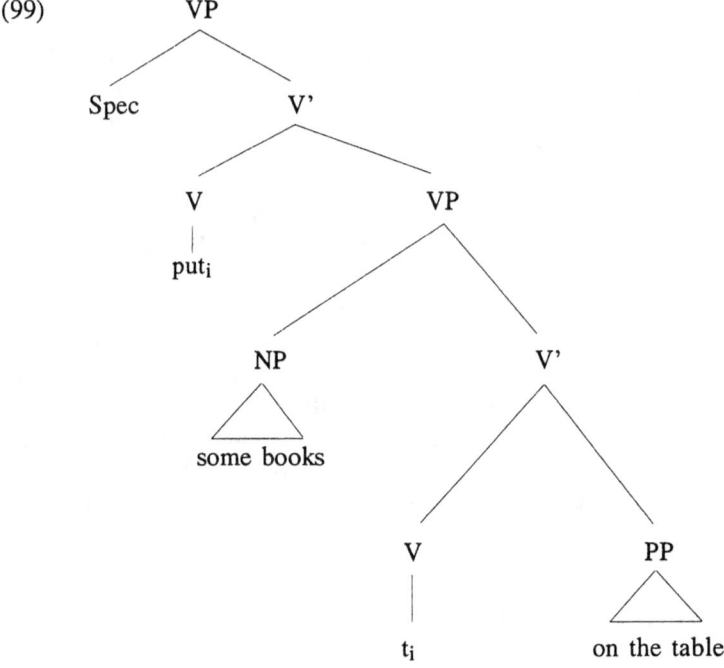

In (99) projiziert *put* zunächst zwei seiner Rollen aus der unteren V-Position zu einer VP und dann aus der oberen Position mit der verbleibenden Rolle, die an das Subjekt vergeben wird, eine zweite VP. Die Ableitung des Verbs aus der richtigen Stelle in der SS-Repräsentation erfolgt durch Kopfbewegung im Rahmen der Prinzipien von Chomsky (1986). Larsons Vorschlag braucht für die Zwecke unserer Beschreibung nur minimal abgewandelt zu werden. Im Sinne des in § 4.4 Ausgeführten gehe ich davon aus, daß die Belegung der externen Argumentstelle in Abwandlung von (99) VP-extern erfolgen muß. Larsons Hypothese hat eine Reihe wichtiger Implikationen für die Beschreibung thetischer Sätze. Zunächst entsteht in (99) eine Phrasenstruktur, die die interne Struktur widerspiegelt, die das Theta-Raster nach Bierwisch aufgrund der lexikalischen Kompositionalität der Bedeutung von *put* haben muß. Die so entstehende Struktur fügt das Objekt in die Subjektstelle der inneren VP ein. Damit nimmt dieses genau die Position ein, die seinem Verhalten in bezug auf Definitheitseffekt, finnischen Partitiv und Fokusprojektion (vgl. (5a) oder (1)) entspricht. Das Objekt fungiert demnach als (internes) Subjekt einer thetischen Konfiguration, die in die gesamte VP eingebettet ist.

Larsons Vorschlag erlaubt uns besser motivierte Analysen für die in (92) – (94) belegten Konstruktionen, die letztlich zu dem Ergebnis führen, daß in keinem dieser Fälle von einer Bewegung des Subjekts auszugehen ist. Wenn sich dieser Schluß als richtig erweist, dann kann das Ergebnis nur sein, daß die in (95) bzw. (96) definierte Fokusposition im Englischen jedenfalls nicht existiert und daß die Phänomene, zu deren Erklärung diese Prinzipien gefordert wurden, in Wirklichkeit als Artikulationen der Subjektprominenz zu betrachten sind. In allen Fällen liegt nachweisbar die Verbindung von prominentem Subjekt und unbetontem Prädikat vor, die sich bei den thetischen Sätzen und expletiven Konstruktionen als der kritische Faktor erwies, der die Interpretation der Konstruktion festlegt. Die präsentative Interpretation der drei Fokuskonstruktionen in (92) – (94) findet danach eine sehr einfache Erklärung, denn sie sind subjektprominente thetische Sätze mit besonderer syntaktischer Konstruktion. Daß dies vermutlich die richtige Erklärung für diese Satztypen ist, kann ich hier allerdings nur exemplarisch zeigen.

Eine weit verbreitete Analyse der SI setzt zwei verschiedene Operationen an, aus deren Interaktion die Struktur von SI entsteht: „PP-Preposing" und „Subject-Postposing". Dem Beispiel (100a) entspricht nach Stowell (1981) die Struktur (100b), die (95) bzw. (96) erfüllt.

(100)   a. Out of the barn ran the lion

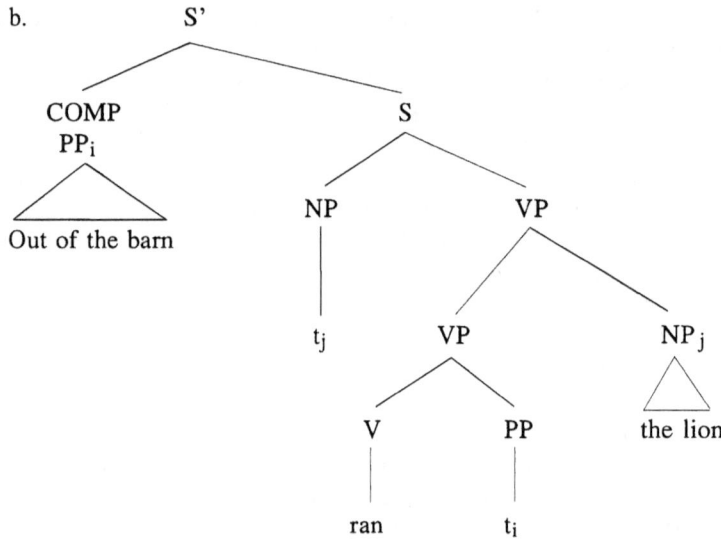

Stowells Analyse bietet eine elegante Erklärung für die Quantifikationsrestriktion, die beim Subjekt der SI-Konstruktion zu beobachten ist. Wie J. Higginbotham nach Stowell (1981) beobachtet hat, ist (101a) ambig und erlaubt eine quantifizierte (distributive) und eine Gruppenlesart. In (101b) hingegen ist eindeutig nur die Gruppenlesart gegeben.

(101)   a. Every lion ran out of the barn
        b. Out of the barn ran every lion

In Stowells Analyse ist also das VP-adjungierte Subjekt nicht regiert. Eine Spur muß nach dem Leerkategorienprinzip (ECP) aber regiert sein, also ist Extraktion aus dieser Position heraus nicht möglich. Da aber eine quantifizierte NP durch Quantoren-Anhebung auf der LF-Ebene in eine skopusidentifizierende Position versetzt werden muß und das ECP auch auf dieser Ebene operativ ist, wird nach Stowells Vorschlag sofort erklärbar, warum (101b) eindeutig interpretiert wird, denn die Gruppenlesart von *every* bedingt keine ECP-Verletzung.

Unter Voraussetzung der oben beschriebenen Modifikation von Larsons Ansatz hat SI die folgende Struktur mit den in (102) angedeuteten Bewegungen:

(102)   [Spec I   [[e]   [NP   [V   PP]]]]
         IP   VP V   VP V'

Die in (101b) beobachtete Quantifikationsrestriktion folgt aus dem Definitheitseffekt, der in (102) analog zu den in § 4.4 diskutierten Fällen abgeleitet werden kann. Eine Bewegung des Subjekts in eine VP-adjungierte Position nach dem Vorschlag von Stowell ist dazu nicht erforderlich. Wie zu erwarten, weist im Finnischen das Subjekt der SI-Konstruktion den Partitiv auf, der ein sicheres Indiz für die Präsenz des Definitheitseffekts ist (Belletti 1988: 2).

(103) Pöydällä   on   kirjoja
       on the table is   (some) books
                             (Part. Pl.)

Es gibt gute syntaktische Evidenz, die für die Analyse von SI in (102) spricht. Bresnan (1990) nennt neben „*that*-Trace"-Effekten wie in (104) die mit PP operierende Subjektanhebung in (105) und die zumindest für manche Sprecher akzeptable Tag-Konstruktion in (106).

(104)   In which village do you believe (*that) t can be found the best examples of this cuisine?

(105)   ?Over my window sill seems to have crawled an entire army of ants

(106)   ?In the garden is a beautiful statue, isn't there

Ein weiteres Argument für ein externes PP-Subjekt ist die Möglichkeit der Quantifizierung in der PP, sobald diese in der externen Subjektposition plaziert ist.

(107)   ??A lion sat in each cage

(108)   In each cage sat a lion

Bei den HNP-Konstruktionen scheint zunächst alles für eine Rechtsversetzung zu sprechen. In (107) ist das Subjekt in einer Position, die im Widerspruch zu dem kanonischen Stellungsmuster des Englischen steht. In einigen Fällen kann das Subjekt sogar dem Objekt nachfolgen.

(109)   *There walked into his room [a girl he had never seen before]

(110)   There reached his ear [the sounds of voices and laughter]

Im Falle der HNPS-Konstruktionen liegen bekanntlich systematische Verletzungen der Adjazenzbedingung für Verb und Objekt vor.

(111)   John never discusses drunk [all these problems he knows he cannot solve]

Traditionelle Analysen von PT-Konstruktionen müssen eine Rechtsversetzung mit Subjektspur ansetzen, die durch *there* ersetzt wird.

(112)   [t_i]   [walked into his room] NP_i
        NP   V'

Darüber hinaus geht aus einer Analyse nach (112) nicht hervor, warum die V' in einer PT-Konstruktion stets in einer ganz bestimmten Weise interpretiert werden muß. Die

Interpretation ist „präsentativ" in dem Sinne, daß die V' in (112) als eine Paraphrase eines ergativen Verbs wie etwa *appear* verstanden wird. Eine analoge Deutung, aber mit einer kausativen Valenzaufstufung gibt es bei den HNPS-Konstruktionen. Diese Reinterpretationen können als Indiz für einen Reanalysevorgang aufgefaßt werden, in dem eine V' als V (mit der Bedeutung „in Erscheinung treten") reanalysiert wird. Eine solche Reanalyse schlägt Larson (1988a) unter der Bezeichnung „Light Predicate Raising" vor. Die Analyse der scheinbaren Rechtsversetzung ist dann die genaue Umkehrung der traditionellen Analyse als „Heavy NP-Shift".

(113) [Spec [V   [[a girl] [walked into his room]]]
       IP   VP ↑   VP   NP   V'

Aus (113) sind unter Voraussetzung von „Light Predicate Raising" zwei Strukturen ableitbar. Mit *there* als phonetisch manifestiertem Expletivum ergibt sich die PT-Konstruktion (109). Mit Nullexpletivum und Subjektanhebung entsteht ein subjektprominenter thetischer Satz mit einer V', die durch Reanalyse zu einem abgeleiteten Ergativverb wird. Damit verfügen wir über eine Ableitung für thetische Sätze mit Verben oder VPen, die von der lexikalischen Seite her keine Ergative („unaccusatives") sind, im Kontext dieser Konstruktionen aber als solche interpretiert werden. Die ausführliche syntaktische Argumentation, die alle diese Vorschläge voraussetzen, muß ich hier aus Platzgründen übergehen. Zusammenfassend kann aber gesagt werden, daß Fokusprinzipien wie (95) oder (96) vom syntaktischen Befund im Englischen her wohl kaum zu rechtfertigen sind. Die Konstruktionstypen, für die sie gefordert wurden, sind mit einigen begründeten Zusatzhypothesen ohne Ausnahme als thetische Sätze abzuleiten. Eine solche Ableitung hat den Vorteil, daß die pragmatische Interpretation dieser Sätze, die in (95) stipuliert wird, im Falle von (96) sogar unter den Tisch fällt und unerklärt bleibt, sich ohne weiteres aus den anzusetzenden subjektprominenten Grundstrukturen ergibt.

6 Zusammenfassung und Ausblick

Eine Untersuchung der thetischen und kategorischen Sätze muß versuchen, die Frage nach der Rolle des Subjekts in der Informationsstruktur zu beantworten. Um diese Frage vor einen geeigneten Hintergrund stellen zu können, habe ich zunächst den argumentstrukturellen Ansatz zur Beschreibung der Fokusstruktur von Selkirk (1984) diskutiert und die Grundzüge einer von Bierwisch und Higginbotham entwickelten Theorie der Phrasenstruktur vorgestellt, in deren Rahmen Selkirks Regeln zur Fokusprojektion unter en allgemeines Perkolationsprinzip subsumiert werden können, das auch die Ableitung von Pied-Piping-Phänomenen erlaubt. Ausgehend von der Hypothese, daß die besonderen informationsstrukturellen Eigenschaften des Subjekts unter Rekurs auf den unabhängig begründeten Ansatz zweier Subjektpositionen erklärt werden können, habe ich die beiden wichtigsten Restriktionen der Existenzsätze näher untersucht und gezeigt, daß thetische Sätze nahezu identische Restriktionen aufweisen. Von ganz besonderer Bedeutung ist die

Beobachtung, daß thetische und expletive Konstruktionen Phaseneigenschaften prädizieren, die nach Kratzer (1988) den Ansatz einer Davidsonschen Ereignisvariablen in der Argumentstruktur der beteiligten Prädikate erfordern. Beim Vergleich der thetischen und expletiven Konstruktionen kam ich zu dem Ergebnis, daß thetische Sätze als expletive Konstruktionen mit einem Nullexpletivum zu analysieren sind, eine Annahme, aus der sich die weitgehenden Parallelen zwischen den beiden Satztypen ableiten lassen. Für das wichtigste Moment dieser Analyse halte ich die Hypothese, nach der es einen Zusammenhang zwischen der Externalisierung der Davidsonschen Variablen und der Besetzung der externen Subjektstelle durch ein expletives Element geben muß, wodurch die Erzeugung einer ergativen VP mit einem „Small Clause" ermöglicht wird. Die LF-Substitution des expletiven Elements durch die Small-Clause-Konstituente ergibt die syntaktische Grundlage für die Erklärung der Quantifikationsrestriktion (des „Definitheitseffekts") in expletiven Konstruktionen mit Small-Clause-Struktur. Dies schließt im übrigen nicht aus, daß die vergleichbaren Restriktionen bei den sog. ontologischen *There*-Sätzen (ohne Coda) nach Barwise & Cooper (1981: 183) auf semantischer Basis beschrieben werden. Anschließend wurde die Frage aufgeworfen, auf welchem Wege in nichtfiniten Konfigurationen die erforderliche existentielle Bindung der Ereignisrolle erfolgen kann. Diese Frage erscheint besonders dringlich angesichts der Tatsache, daß viele nichtfinite Prädikationen nur eine Phasenlesart haben, wie vor allem S. Winklers Untersuchungen zu den verschiedenen Erscheinungsformen der sekundären Prädikationen zeigen. Da die hier vertretene Analyse der thetischen Sätze auf der Faktorisierung der Rolle des Subjekts in zwei syntaktische Positionen basiert und die interne Subjektposition betrifft, ist zu folgern, daß die kategorischen Sätze dementsprechend in der externen Position erzeugt und durch Prädikation lizensiert werden müssen. Aus dieser Perspektive stellen sich das thetische und das kategorische Subjekt ganz im Sinne der traditionellen Auffassung als komplementäre Strukturen dar, die nach meinem Ansatz auf komplementäre Bedingungen der Lizensierung zurückgeführt werden können, nämlich Theta-Markierung und Prädikation. Während Theta-Markierung unter der Bedingung der Rektion erfolgt, setzt die Prädikation c-command und Koindizierung bei Subjekt und Prädikat voraus. Koindizierung ist als eine Beziehung zu sehen, die auf die Ebene der Diskursstruktur Bezug nimmt und auf der Seite des Subjekts eine bereits etablierte Diskursreferenz voraussetzt. Bei der Prädikation wird die beim Prädikat offengebliebene externe Subjektstelle saturiert, indem dieses den referentiellen Index des Subjektterms übernimmt. Dementsprechend ist die Prädikation offenbar immer mit einer Aboutness-Interpretation assoziiert, die vor allem in der Untersuchung topikprominenter Sprachen näher bestimmt worden ist. Auf diesem Wege kann eine Erklärung für die von der Prager Schule immer wieder herausgestellte Tatsache gefunden werden, daß das Subjekt eine Präferenz für die Topikrolle hat, die seine nichtmarkierte Interpretation ist. Die VP-interne Erzeugung eines „internen Subjekts" ist dagegen nur unter spezifischen Bedingungen möglich, durch die die externe Subjektposition blockiert wird. Die Vergabe einer Theta-Rolle durch Theta-Markierung ist mit der Zuordnung einer Diskursreferenz gleichzusetzen. Der thetische Satz wurde als Instruktion gedeutet, das Diskursmodell um ein Ereignisindividuum zu erweitern. Der Subjektterm ist der Ereignisreferenz untergeordnet, was sich in Form des sog. Definitheitseffekts äußert. Die schwache Interpretation der Quantifikation beim internen Subjekt bedingt eine Modifikation der ursprünglich von Higginbotham vertretenen Auffassung, nach der das D-Element die Projektion einer NP stets durch Bindung der referentiellen Rolle des lexikalischen Kopfes abschließt. Wie Higginbotham (1987) selbst bemerkt hat, beruht der Definitheitseffekt darauf, daß die schwachen Quantoren ähnlich wie „modifiers" die referentielle Rolle offen lassen. Schwach quantifizierte NPen müssen dann als Variable interpretiert werden, die innerhalb der VP existentiell gebunden werden. Ich nehme an, daß diese Analyse bei entsprechender Ausarbeitung eine Erklärungsbasis für den „präsentativen" Aspekt der thetischen Konstruktionen bietet.

Als eine prinzipielle Schwierigkeit für die vorgeschlagene Analyse erwiesen sich Gegenbeispiele in Form thetischer Sätze mit nichtergativen Prädikaten, die von Guéron, Krifka, Rochemont und anderen in die Diskussion eingebracht worden sind. Da offenbar so gut wie jeder interpretationsfähige Satz in einem geeigneten Kontext thetisch sein kann, sehen die Perspektiven für einen systematischen Erklärungsansatz zunächst ausgesprochen schlecht aus. Als entscheidend erwies sich die Beobachtung, daß alle vorgebrachten Gegenbeispiele systematisch als Ergative mit spezifischer Bedeutung („existence/appearance on the scene") uminterpretiert werden. Daß in Form von „presentational *there*" eine ähnliche Umdeutung bei den expletiven Konstruktionen zu beobachten ist, stützt die Hypothese, daß thetische Sätze Nullexpletive aufweisen. Larsons Analyse der VP-Syntax unter Voraussetzung prinzipiell binärer Verzweigungen, und die sich daran anschließende Theorie der V'/V-Reanalyse erscheinen unter diesen Umständen als das geeignete Instrumentarium für eine neue Beschreibung nicht nur der PT-Konstruktion, sondern der präsentativen Fokuskonstruktionen überhaupt, die die informationsstrukturellen Eigenschaften dieser Konstruktionen als eine besondere Artikulation der Subjektprominenz deutet. Die Elimination des von Rochemont und Culicover stipulierten Prinzips der syntaktischen Fokussierung, die sich als Konsequenz aus meinem Vorschlag ergibt, ist über die engere Problematik der Subjektprominenz hinaus von Interesse, da Rochemont und Culicover (1990) mit ihrem Fokusprinzip nicht mehr nur präsentative Konstruktionen, sondern alle syntaktischen Fokussierungen erfassen wollen. An dieser Stelle ergibt sich eine Parallele zu der Diskussion der syntaktischen Fokusbewegung im Ungarischen und Baskischen, auf die ich in § 5 bereits hingewiesen habe. Im Anschluß daran wäre nun zu prüfen, ob die in SOV-Sprachen häufig belegte präverbale Fokusposition (Kim 1984) und die in Tuller (1989) diskutierte Evidenz in ähnlicher Weise reduziert werden kann. Vor dem Hintergrund des in § 3.2 über Pied Piping und Operatorenmerkmale Gesagten könnte sich die Tatsache, daß im Baskischen und Ungarischen die syntaktische Fokusbewegung einen Verbzweiteffekt auslöst, als besonders aufschlußreiches Faktum erweisen, denn aus der Beobachtung der Verhältnisse im Baskischen und Englischen (Laka 1989; Drubig ersch.) ist zu folgern, daß Verbzweiteffekte auf die Präsenz bestimmter Operatoren in skopusidentifizierender Position zurückzuführen ist, die eine natürliche Klasse von § 3.2 bilden. Im Englischen sind dies die sog. „affectives", darunter vor allem *Wh* und Negation. Der Befund im Baskischen und Ungarischen legt die Deutung nahe, daß in Sprachen mit syntaktischer Fokusbewegung Fokus als Operatorenmerkmal instanziiert ist, das nicht von einer Argumentposition, sondern von der Spezifikatorposition aus perkoliert, was der Grund für die Versetzung in die Spec-CP-Position sein könnte. Sollte sich diese Annahme bestätigen lassen, dann ergäbe sich eine neue Perspektive für die Untersuchung der Informationsstruktur, da man dann einerseits von Sprachen auszugehen hätte, in denen in der FHG ein Fokus-operator angesetzt werden muß, der in der Syntax in eine Position bewegt werden muß, in der er einem Skopus zugeordnet ist und eine Variable bindet, während andererseits Sprachen wie das Englische, in denen die Fokusphrase der FHG in situ erscheint, offenbar ein Fokusmerkmal aufweisen, das aus einer Argumentposition heraus perkoliert, so daß die bekannten Effekte der Fokusprojektion entstehen. Angesichts der gegenwärtigen Sachlage sind solche Überlegungen spekulativ, dennoch beginnen sich in der Untersuchung der Informationsstruktur nunmehr gewisse Konturen abzuzeichnen, die vielleicht bald schon konkretere Fragestellungen erlauben werden.

Eine solche Fragestellung hätte die von Sprache zu Sprache erheblich variierende Manifestation der Prominenz des Fokusexponenten zu thematisieren. Nachdem in § 2 deutlich gemacht wurde, daß Selkirks phrasale Fokusregel (vgl. (20)b.) als Sonderfall unter ein allgemeines Perkolationsprinzip subsumiert werden kann, bleibt von dem vorgeschlagenen Mechanismus zur Konstitution der Fokusphrase nur noch Selkirks „Basic Focus Rule" ((20)a.) übrig, die dem Fokusexponenten per fiat eine phonologische Interpretation in Form eines Tonakzents zuweist. Da wir aber nun wissen, daß Prominenz in den einzelnen Sprachsystemen unterschiedlich ausbuchstabiert werden kann, müssen wir fragen, welche Konstellation von Systemeigenschaften in einer gegebenen Sprache zu einer bestimmten Manifestation von Fokus und Hintergrund führt, warum etwa das Baskische und das Ungarische FHG auf relativ ähnliche Weise repräsentieren usw. Des weiteren ist zu fragen, warum gerade die Repräsentation der Subjektprominenz eine so große Variationsbreite aufweist, von der wir dank Sasse (1987) eine erste Vorstellung haben. Wenn sich meine Analyse der thetischen und kategorischen Sätze im Englischen durch weitere Untersuchungen bestätigen ließe, könnte sie ein Teil der Antwort sein.

Anmerkungen

1   Besonders wichtig für meine eigene Arbeit waren Kuroda (1984), Diesing (1988) und Sasse (1987).
2   Darunter „news sentences" (Schmerling 1976), „'all-new' utterances" (Fuchs 1980), „presentation" (Guéron 1980), „event-reporting sentences" (Lambrecht 1986), und „focus-only" (Chomsky 1972).
3   Vgl. vor allem Jacobs (1984). Dort finden sich weitere Angaben.
4   Zu den Fokusambiguitäten vgl. neuerdings Jacobs (1991).
5   Ein gründlicher Überblick über die Literatur zum Problem thetisch/kategorisch bis 1987 findet sich in Sasse (1987).
6   Vgl. die Diskussion von „aboutness" und TKG in Reinhart (1982).
7   Vgl. dazu die in Fn. 2 genannten Arbeiten.
8   Diese Tatsache wird in der grammatiktheoretischen Literatur gewöhnlich nicht zur Kenntnis genommen. Eine bemerkenswerte Ausnahme ist van Riemsdijk und Williams (1986: 174).
9   (23) betrifft allerdings nur den Fall der sog. direkten Modifikation. Vgl. dazu Sproat & Shih (1988). Bei der indirekten Modifikation ist jede AP eine eigene, nichtintegrierte Fokusdomäne (Beckman & Pierrehumbert 1986). Vgl. dazu Drubig (1991).
10 Die Gründe für diese Entscheidung habe ich in Drubig (1991) dargelegt.
11 Vgl. im einzelnen dazu Higginbotham (1985) und Speas (1990).

12   Als Kontextmodell für Fokusstrukturen wird die DRT allerdings erst dann geeignet sein, wenn sie um Diskursfokusstrukturen erweitert wird. Cormack (1991) und Bosch (1988) haben hierzu interessante Vorarbeiten geleistet.

13   Eine Eigenschaft von PPen, die ebenfalls in einer Beziehung mit dem Sonderverhalten dieser Kategorie stehen könnte, ist das Fehlen eines geeigneten Funktors.

14   Zum Problem der Perkolation von Spec-CP zu CP und der Fragen des „clausal pied piping" vgl. Ortiz de Urbina (1990). Zu den besonderen Pied-Piping-Phänomenen in Relativsätzen, insbesondere den nichtrestriktiven vgl. Ishihara (1982), Nanni & Stillings (1978), sowie Webelhuth (1989), der eine aufschlußreiche Beobachtung von F.R. Higgins mitteilt, nach der die Pied-Piping-Konstituenten in nichtrestriktiven Relativsätzen den Topikalisierungsoptionen nichteingebetteter Sätze entsprechen. Die Verhältnisse in den restriktiven Relativsätzen hingegen entsprechen eher dem Befund der Fragesätze.
(i) Mary, proud of whom John has never been, ...
(ii) Proud of Mary, John has never been
Diese Beobachtung ist signifikant, weil sie zu dem Verhalten paßt, das nichtrestriktive Relativsätze im allgemeinen an den Tag legen. Fabb (1990) zeigt, daß diese jedenfalls keine Einbettungen im Sinne der Theorie der Phrasenstruktur (d.h. keine Adjunkte) sein können. Ihre *Wh*-Phrasen sind dementsprechend keine Operatoren, sondern haben Eigenschaften, die denen definiter Beschreibungen gleichen. Insofern ist es nicht verwunderlich, daß die Perkolation hier wie bei der Fokuskonstituente von einer Argumentposition und nicht von einer Spezifikatorposition ausgeht. Zu der natürlichen Klasse der Operatorenmerkmale, zu der Webelhuth (1989: 290) [+*Wh*] (für Interrogative) und [+Rel] (für Relative) rechnet und zu der offenkundig auch [+Neg] (für negative Phrasen) gehört, kann man demnach jedenfalls nicht das für die *Wh*-Phrasen nichtrestriktiver Relativsätze anzusetzende Merkmal rechnen.

15   Die Tatsache, daß diese Aussage nur für die Verhältnisse auf der DS-Ebene zutrifft und daß [+F] offenbar unter bestimmten Bedingungen von der lexikalischen Projektion auf den Funktor verschoben werden kann, wie dies z.B. in Phrasen wie *MANY men* der Fall ist, muß ich hier beiseite lassen. Die besten Beobachtungen zu diesem Phänomen sind immer noch die in Ladd (1980) unter dem Stichwort „default accent" mitgeteilten.

16   Es wäre interessant zu wissen, ob es einen internen Zusammenhang zwischen „Negative Constituent Preposing" und Fokusbewegung gibt, in anderen Worten, ob die obligatorische Voranstellung der Negativphrase das Vorhandensein einer obligatorischen Fokusbewegung impliziert. In Drubig (ersch.) versuche ich zu zeigen, daß zumindest im Hinblick auf bestimmte Minimalitätseffekte (Rizzi 1990) die vorangestellten Fokusphrasen („Focus Topicalization") in Englischen sich wie Operatoren verhalten. Daraus ist aber nicht zu folgern, daß [+F] im Englischen ein Operatorenmerkmal im Sinne von Webelhuth (1989) ist.

17   Die beiden Instanziierungen stehen sich z.B. im Frage-Antwort-Kontext unmittelbar gegenüber.

18   Ladd (1986: 316 ff.) diskutiert die prosodischen Eigenschaften externer Subjekte, um die es hier geht. Ladd argumentiert im übrigen für eine rekursive Theorie der Phrasierung, die vor dem Hintergrund der in (20) vorgelegten Theorie der rekursiven Fokusstruktur von besonderem Interesse ist.

19   Natürlich können auch Sätze wie (50b) unter geeigneten kontextuellen Voraussetzungen eine weite Fokuslesart haben. Gussenhoven (1984) diskutiert mehrere vergleichbare Randfälle. Die Annahmen erfordern aber natürlich immer ganz besondere kontextuelle Voraussetzungen.

20   Vgl. Speas (1990) und die dort gegebenen Hinweise auf die Literatur.

21   Für die nun folgende Diskussion des Definitheitseffekts habe ich viele Anregungen von den Darstellungen in Comorovski (1989: 198 f.) erhalten.

22 Nichtbeachtung dieser Zusammenhänge kann zu Fehleinschätzungen der Rolle der Definitheit führen. Fraurud (1990) z.B. zeigt, daß die in Heim (1982) vertretene Auffassung dem Problem nicht immer gerecht wird und belegt dies mit Beispielen aus Textanalysen.

23 Wo definite Pronomina in Existenzsätzen tatsächlich möglich sind, ist dies immer auf besondere kontextuelle Effekte zurückzuführen (Bolinger 1977: 116 f.).

24 Diese Aussage stellt eine gewisse Vereinfachung dar, da sie die Distribution der Eigennamen nicht berücksichtigt, die von Existenzsätzen mit Coda prinzipiell ausgeschlossen sind. Ich muß gestehen, daß ich z.Z. keine passende Antwort auf diese Frage habe.

25 Einen Hinweis auf einen solchen möglichen Ansatz habe ich auch in Larson (1988a: 43) gefunden, dem der Autor aber nicht nachgeht.

26 In (76) lasse ich offen, ob die Subjektanhebung bereits auf SS oder erst auf PF erfolgt. Beides ist in Erwägung gezogen worden (vgl. dazu Fukui & Speas 1986: 142). Für eine PF-Lösung spricht vor allem die Tatsache, daß die Subjektanhebung für die Ableitung der LF unsichtbar sein muß.

27 Dies gilt allerdings mit gewissen Einschränkungen. Im Rahmen meines Ansatzes sind existentielle Sätze mit Coda Small-Clause-Konstruktionen. Bellettis Kasustheorie stellt eine Verbindung zwischen Theta-Markierung und Kasuszuweisung her, die in einer Small-Clause-Analyse nicht aufrechtzuerhalten ist. Verschiedene Möglichkeiten, die Substanz von Bellettis Vorschlag mit einer Small-Clause-Analyse vereinbar zu machen, erörtert Shlonsky (1989: 41 ff.). Adäquate Alternativen kann ich zum gegenwärtigen Zeitpunkt nicht vorschlagen.

28 Indefinite und definite NPen in thetischen Sätzen entsprechen den beiden obersten Kategorien der in Prince (1981) vorgeschlagenen Zugänglichkeithierarchie der Diskursreferenten, die Prince unter den Bezeichnungen „brand-new" und „inferrable" diskutiert.

29 Zur Aboutness-Interpretation vgl. Reinhart (1982).

30 Dieser Sachverhalt wird noch deutlicher herausgestellt in Theorien der Kasuszuweisung, in denen dem externen Subjekt Kasus über eine Kette durch Koindizierung zugewiesen wird, wie dies bei Nichtargumentpositionen generell der Fall ist. Vgl. z.B. Kroch, Santorini & Heycock (1987: 278).

31 *With* kommt auch als nichtabsolute PP in *see/catch/find*-Konstruktionen vor.
    (i) I caught John with his hands in his pockets

32 Zur Konstitution von Tempusketten durch V-Bewegung bzw. Perkolation vgl. Bennis & Hoekstra (1989), sowie Kroch, Santorini & Heycock (1987), vgl. vor allem aber Hornstein (1990: 146 ff.), wo „bare infinitives" (neben Gerundien) in einen allgemeinen Ansatz zur Beschreibung der temporalen Subordination eingebettet werden, der auch consecutio temporum und Verwandtes erfaßt.

33 Damit bleibt freilich offen, wie Fälle wie *consider John stupid* zu behandeln sind, die vielleicht nach di Sciullo & Williams (1987: 37 ff.) unter Rekurs auf funktionale Komposition zu beschreiben sind.

34 § 5 ist ein knapper Überblick über erste Ergebnisse einer Untersuchung der Fokuskonstruktionen des Englischen, über die ich an anderer Stelle ausführlicher berichten werde.

35 Für den HNP-Effekt wird in Rochemont & Culicover (1990: 157) ein zusätzliches Prinzip gefordert. Sehr wahrscheinlich geht das HNP-Phänomen auf den Zusammenfall von informationsstrukturellen und unabhängigen metrischen Prinzipien zurück. Erste Überlegungen, die m.E. in die richtige Richtung gehen, findet man in Inkelas & Zec (1990).

Literatur

Akmajian, A. (1973): „The Role of Focus in the Interpretation of Anaphoric Expressions". In: S.R. Anderson & P. Kiparsky, eds.: A Festschrift for Morris Halle. New York: Holt, Rinehart and Winston, 215 - 226

Bäuerle, R. (1989): „Ereignissemantik im DRT-Rahmen". Finanzierungsantrag. Sonderforschungsbereich 340: Sprachtheoretische Grundlagen für die Computerlinguistik. Universität Stuttgart, 263 - 279.

Baker, M.C. (1988) Incorporation: A Theory of Grammatical Function Changing. Chicago: University of Chicago Press.

Barwise, J. & R. Cooper (1981): „Generalized Quantifiers and Natural Language". Linguistics and Philosophy 4, 159 - 219.

Beckman, M.E. & J.B. Pierrehumbert (1986): „Intonational Structure in Japanese and English". Phonology Yearbook 3, 255 - 304.

Belletti, A. (1988): „The Case of Unaccusatives". Linguistic Inquiry 19, 1 - 34.

Bennis, H. & T. Hoekstra (1989): „Why Kaatje Was not Heard Sing a Song". In: D. Jaspers, Y. Putseys & P. Seuren, eds.: Sentential Complementation and the Lexicon: Studies in Honour of Wim de Geest. Dordrecht: Foris, 21 - 40.

Bolinger, D. (1973): „Essence and Accident: English Analogs of Hispanic SER-ESTAR". In: B.B. Kachru et al., eds.: Issues in Linguistics: Papers in Honor of Henry and Renee Kahane. Urbana, Ill.: University of Illinois Press, 58 - 69.

Bolinger, D. (1977): Meaning and Form. London: Longman.

Bonet, E. (1990): „Subjects in Catalán". MIT Working Papers in Linguistics 13, 1 - 26.

Bosch, P. (1988): „Representing and Accessing Focussed Referents". Language and Cognitive Processes 3, 207 - 231.

Bresnan, J. (1990): „Locative Inversion and UG: A Comparison of English and Chichewa". Vortrag, gehalten auf der 12. DGfS-Tagung, Saarbrücken, 28.2.1990 (unveröff.).

Brody, M. (1990): „Some Remarks on the Focus Field in Hungarian". UCL Working Papers in Linguistics 2, 201 - 225.

Carlson, G.N. (1977): Reference to Kinds in English. [Vervielf. durch: Indiana University Linguistics Club Publications, Bloomington, IN].

Chomsky, N. (1972): „Deep Structure, Surface Structure and Semantic Interpretation". In: N. Chomsky. Studies on Semantics in Generative Grammar. Den Haag: Mouton, 62 - 119.

Chomsky, N. (1977): „Conditions on Rules of Grammar". In: N. Chomsky. Essays on Form and Interpretation. Amsterdam: North Holland, 163 - 210.

Chomsky, N. (1981): Lectures on Government and Binding. Dordrecht: Foris.

Chomsky, N. (1986): Barriers. Cambridge, MA: MIT Press.

Chomsky, N. (1986a): Knowledge of Language: Its Nature, Origin and Use. New York: Praeger.

Chomsky, N. (1988): „Some Notes on Economy of Derivation and Representation". MIT Working Papers in Linguistics 10, 43 - 74.

Chomsky, N. & H. Lasnik (1977): „Filters and Control". Linguistic Inquiry 8, 425 - 504.

Comorovski, I. (1989): Discourse and the Syntax of Multiple Constitituent Questions. Ph.D.Diss. Cornell University.

Cormack, S. (1991): „Focus and Discourse Representation Theory". Unveröff. Ms. University of Edinburgh.

Davidson, D. (1966): „The Logical Form of Action Sentences". In: N. Rescher, ed.: The Logic of Decision and Action. Pittsburgh, PA: University of Pittsburgh Press, 81 - 95.

Diesing, M. (1988): „Bare Plural Subjects and the Stage/Individual Contrast". In: Krifka (1988), 107 - 154.

Dowty, D. (1972): „Temporally Restrictive Adjectives". In: J. Kimball, ed.: Syntax and Semantics I. New Yok: Seminar Press, 51 - 62.

Drubig, H.B. (1991): Fokusstruktur und Fokuskonstruktionen im Englischen. Unveröff. Arbeitbericht. Sonderforschungsbereich 340: Sprachtheoretische Grundlagen für die Computerlinguistik, Universität Tübingen.

Drubig, H.B. (ersch.): „On Topicalization and Inversion". In: R. Tracy, ed.: Festschrift David Reibel.

Fabb, N. (1990): „The Difference between English Restrictive and Nonrestrictive Relative Clauses". Journal of Linguistics 26, 57 - 78.

Fraurud, K. (1990): „Definiteness and the Processing of Noun Phrases in Natural Discourse". Journal of Semantics 7, 395 - 433.

Fuchs, A (1980): „„Accented Subjects in 'All-New' Utterances". In: B. Brettschneider & C. Lehmann, Hrsg.: Wege zur Universalienforschung. Sprachwissenschaftliche Beiträge zum 60. Geburtstag von Hansjakob Seiler. Tübingen: Narr, 449 - 461.

Fukui, N. & M. Speas (1986): „Specifiers and Projection". MIT Working Papers in Linguistics 8, 128 - 172.

Grewendorf, G. (1989): Ergativity in German. Dordrecht: Foris.

Guéron, J. (1980): „On the Syntax and Semantics of PP Extraposition". Linguistic Inquiry 11, 637 - 678.

Gussenhoven, C. (1984): „Focus, Mode and the Nucleus". In: C. Gussenhoven. On the Grammar and Semantics of Sentence Accents. Dordrecht: Foris, 11 - 62.

Haider, H. & M. Bierwisch (1989): „Steuerung kompositionaler Strukturen durch thematische Informationen". Finanzierungsantrag, Sonderforschungsbereich 340: Sprachtheoretische Grundlagen für die Computerlinguistik. Universität Stuttgart, 65 - 90.

Hannay, M. (1985): English Existentials in Functional Grammar. Dordrecht: Foris.

Hedberg, N.A. (1990): Discourse Pragmatics and Cleft Sentences in English. Ph.D.Diss. University of Minnesota.

Heim, I. (1982): The Semantics of Definite and Indefinite Noun Phrases, Sonderforschungsbereich 99. Universität Konstanz.

Higginbotham, J. (1985): „On Semantics". Linguistic Inquiry 16, 547 - 593.

Higginbotham, J. (1987): „Indefiniteness and Predication". In: E.J. Reuland & A.G.B. ter Meulen, eds.: The Representation of (In)definiteness. Cambridge, MA: MIT Press, 43 - 70.

Höhle, T.N. (1982): „Explikation für 'normale Wortstellung'". In: W. Abraham, Hrsg.: Satzglieder im Deutschen: Vorschläge zur syntaktischen, semantischen und pragmatischen Fundierung. Tübingen: Narr, 75 - 163.

Holmback, H. (1984): „An Interpretive Solution of the Definiteness Effect". Linguistic Analysis 13, 145 - 215.

Hornstein, N. (1990): As Time Goes by: Tense and Universal Grammar. Cambridge, MA: MIT Press.

Horvath, J. (1985): FOCUS in the Theory of Grammar and the Syntax of Hungarian. Dordrecht: Foris.

Huck, G.J. & Y. Na (1990): „Extraposition and Focus". Language 66, 51 - 77.

Inkelas, S. & D. Zec (1990): „Prosodically Constrained Syntax". In: S. Inkelas & D. Zec, eds.: The Phonology-Syntax Connection. Chicago: University of Chicago Press, 365 - 378.

Ishihara, R. (1982): A Study of Absolute Phrases in English within the Government Binding Framework. Ph.D.Diss. University of California, San Diego.

Jackendoff R.S. (1972): Semantic Interpretation in Generative Grammar. Cambridge, MA: MIT Press.

Jackendoff, R. (1977): $\overline{X}$ Syntax: A Study of Phrase Structure. Cambridge, MA: MIT Press.

Jacobs, J. (1984): „Funktionale Satzperspektive und Illokutionssemantik". Linguistische Berichte 91, 25 - 58.
Jacobs, J. (1988): „Fokus-Hintergrund-Gliederung und Grammatik". In: H. Altmann, Hrsg.: Intonationsforschung. Tübingen: Niemeyer, 89 - 134.
Jacobs, J. (1991): „Focus Ambiguities". Journal of Semantics 8, 1 - 36.
Kamp, H. (1981): „A Theory of Truth and Semantic Representation". In: J. Groenendijk & M. Stokhof, eds.: Formal Methods in the Study of Language Part I. Amsterdam: Mathematisch Centrum, 277 - 322.
Kawashima, M. (1989): „Topic 'wa': Its Generation and Licensing". Sophia Linguistica 27, 57 - 70.
Kim, A.H.-O. (1984): The Preverbal Focus Phenomenon in Korean and Its Universal Implications. Ph.D.Diss. University of Southern California.
Kratzer, A. (1988): „Stage-Level and Individual-Level Predicates". In: Krifka, 247 - 284.
Krifka, M. (1984): „Fokus, Topik, syntaktische Struktur und semantische Interpretation". Unveröff. Ms.
Krifka, M., Hrsg. (1988): Genericity in Natural Language: Proceedings of the 10th Tübingen Conference. SNS-Bericht 88-42, Universität Tübingen.
Kroch, A., B. Santorini & C. Heycock (1987): „Bare Infinitives and External Arguments". NELS 18, 271 - 285.
Kuroda, S.-Y. (1984): „The Categorial and the Thetic Judgement Reconsidered". Unveröff. Ms., ersch. in: K. Mulligan, ed.: Mind, Meaning and Metaphysics: The Philosophy and Theory of Language of Anton Marty.
Ladd, D.R. (1980): The Structure of International Meaning: Evidence from English. Bloomington, IN: Indiana University Press.
Ladd, D.R. (1983): „Even, Focus and Normal Stress". Journal of Semantics 2, 157 - 170.
Ladd, D.R. (1986): „Intonational Phrasing: The Case for Recursive Prosodic Structure". Phonology Yearbook 3, 311 - 340.
Laka, I. (1989): „Constraints on Sentence Negation: The Case of Basque". MIT Working Papers in Linguistics 10, 199 - 216.
Lambrecht, K.P. (1986): Topic, Focus, and the Grammar of Spoken French. Ph.D.Diss. University of California, Berkeley.
Larson, R.K. (1988): „On the Double Object Construction". Linguistic Inquiry 19, 335 - 391.
Larson, R.K. (1988a): Light Predicate Raising. Lexicon Project Working Paper 27 (MIT, Center of Cognitive Science).
Lasnik, H. & M. Saito (1984): „On the Nature of Proper Government". Linguistic Inquiry 15, 235 - 289.
Lumsden, M. (1988): Existential Sentences: Their Structure and Meaning. London: Croom Helm.
Manzini, R.M. (1983): Restructuring and Reanalysis. Ph.D.Diss. MIT.
Masunaga, K. (1987): Non-thematic Positions and Discourse Anaphora. Ph.D.Diss. Harvard University.
Milsark, G. (1974): Existential Sentences in English. Ph.D.Diss. MIT.
Nanni, D.L. & J.T. Stillings (1978): „Three Remarks on Pied Piping". Linguistic Inquiry 9, 310 - 318.
Ogihara, T. (1989): „Topic, Definiteness and Predication". Texas Linguistic Forum 31, 137 - 156.
Ortiz de Urbina, J. (1989): Parameters in the Grammar of Basque. Dordrecht: Foris.
Ortiz de Urbina, J. (1990): „Operator Percolation and Clausal Pied-Piping". MIT Working Papers in Linguistics 13, 193 - 208.
Prince, E. (1981): „Toward a Taxonomy of Given-New-Information". In: P. Cole, ed.: Syntax and Semantics 9: Radical Pragmatics. New York: Academic Press, 223 - 255.

Reinhart, T. (1982): Pragmatics and Linguistics: An Analysis of Sentence Topics. [Vervielf. durch: Indiana University Linguistics Club Publications, Bloomington, IN].

Riemsdijk, H. van & E. Williams (1986): Introduction to the Theory of Grammar. Cambridge, MA: MIT Press.

Rizzi, L. (1990): Relativized Minimality. Cambridge, MA: MIT Press.

Rochemont, M.S. (1978): A Theory of Stylistic Rules in English. Ph.D.Diss. University of Massachusetts.

Rochemont, M.S. (1986): Focus in Generative Grammar. Amsterdam: Benjamins.

Rochemont, M.S. & P.W. Culicover (1990): English Focus Constructions and the Theory of Grammar. Cambridge: Cambridge University Press.

Rooth, M.E. (1985): Associations with Focus. Ph.D.Diss. University of Massachusetts.

Safir, K. (1983): „On Small Clauses as Constituents". Linguistic Inquiry 14, 730 - 735.

Sasse, H.-J. (1987): „The Thetic/Categorical Distinction Revisited". Linguistics 25, 511 - 580.

Schmerling, S.F. (1976): Aspects of English Sentence Stress. Austin, TX: University of Texas Press.

di Sciullo, A.M. & E. Williams (1987): On the Definition of Word. Cambridge, MA: MIT Press.

Selkirk, E.O. (1984): Phonology and Syntax: The Relation between Sound and Structure. Cambridge, MA: MIT Press.

Shlonsky, U. (1989): Null and Displaced Subjects. Ph.D.Diss. MIT. [Veröff. durch: Indiana University Linguistics Club Publicatons, Bloomington, IN].

Speas, M.J. (1990): Phrase Structure in Natural language. Dordrecht: Kluwer.

Sproat, R. & C. Shih (1988): „Prenominal Adjectival Ordering in English and Mandarin". NELS 18, 465 - 489.

Stechow, A. von & S. Uhmann (1986): „Some Remarks on Focus Projection". In: W. Abraham & S. de Meij, eds.: Topics, Focus, and Configurationality: Papers from the 6th Groningen Grammar Talks. Groningen 1984. Amsterdam: Benjamins, 295 - 320.

Stowell, T.A. (1981): Origins of Phrase Structure. Ph.D.Diss. MIT.

Stowell, T. (1988): „Subjects, Specifiers and X-Bar Theory" In: M. Baltin, ed.: Alternative Conceptions of Phrase Structure. Chicago: University of Chicago Press, 232 - 262.

Torrego, E. (1989): „Unergative-Unaccusative Alternations in Spanish". MIT Working Papers in Linguistics 10, 253 - 272.

Travis, L. (1988): „The Syntax of Adverbs". McGill University Working Papers in Linguistics 20, 280 - 310.

Tuller, L. (1989): „Variation in FOCUS Constructions". In: Z. Frajzyngier, ed.: Current Progress in Chadic Linguistics. Amsterdam: Benjamins, 9 - 33.

Webelhuth, G. (1989): Syntactic Saturation Phenomena in the Modern Germanic Languages. Ph.D.Diss. University of Massachusetts.

Williams, E. (1980): „Predication". Linguistic Inquiry 11, 203 - 238.

Williams, E. (1980a): „Remarks on Stress and Anaphora". Journal of Linguistic Research 1, 1 - 16.

Williams, S.E. (1984): „THERE-Insertion". Linguistic Inquiry 15, 131 - 153.

Winkler, S. (1991): Subjektprominenz und sekundäre Prädikationen im Englischen. Arbeitspapiere des Sonderforschungsbereiches 340: Sprachtheoretische Grundlagen für die Computerlinguistik. Universität Tübingen. Bericht Nr. 18 - 1991.

Syntactic Weight Versus Information Structure in Word Order Variation[1]

John A. Hawkins, University of Southern California, Los Angeles

1 Introduction

The focus of the present paper is word order variation within languages. There is a widespread view in the literature that the selection among truth-conditionally equivalent word order variants permitted by the grammar is determined primarily by considerations of "information structure", i.e. pragmatic-semantic notions such as predictability or importance (Givon 1983, 1988), agency, definiteness (Jacobs 1988), etc. It is generally agreed that syntactic weight or length is also relevant in performance, but the extent of this relevance is usually seen as being limited to a handful of structures that are particularly difficult for processing, such as center embeddings and the positioning of finite clause complements (cf. e.g. Grosu & Thompson 1977, Dryer 1980).

In this paper I will argue against this predominant view. It seems to me that just the opposite is the case: the major determinant of word order variation in free word order languages is syntactic weight, while informational notions play only a subsidiary role. I have reached this conclusion in the course of an ongoing project on word order variation held at USC and involving a number of our graduate students. The project focusses on several typologically different languages, especially Japanese, Hungarian, German and English. In the present context I shall discuss only German and English, and will present only those aspects of my theory that are relevant for these two languages and that are compatible with current space limitations.

What I will attempt to show is that many informational concepts that have been invoked in this context do not have good predictive power, and where they do achieve some limited support, it is precisely in the structures for which syntactic weight makes either no predictions or weak predictions. For other informational concepts that appear to be rather better supported, it will be argued that the more general underlying determinant of order is syntactic weight, and that an appeal to informational correlates is unnecessary and undesirable.

The major problem in this whole research area, as I see it, is that scholars who have been arguing for the predominant view, such as Givon, have paid no attention to the interacting considerations of syntax, especially syntactic weight; while others who have taken this interaction seriously, such as Jacobs, have not had access to a theory of word order processing within which the general role (and cost) of syntactic weight could be meaningfully addressed. As a result, it has been unclear what possible role syntactic weight could play outside the well-understood contexts such as center embeddings. I have recently been developing a theory of word order processing together with a metric of processing efficiency that makes many correct predictions for grammaticalized word order universals (cf. Hawkins 1990, 1991a, to appear). This same theory defines precise predictions for the distribution of free or rearrangable word orders in language performance. This theory therefore provides a starting point for examining the other side of the coin, and for assessing the interaction between syntactic and pragmatic processing in this area. And this is the goal of the present paper.

The order of presentation is as follows. Section 2 presents my basic processing principle, Early Immediate Constituents, and Section 3 defines its predictions for language performance. Some of these are illustrated in Section 4, using English and German data. The predictions are well-supported. Section 5 then demonstrates that the informational predictions made by Givon's theory are less well-supported, and that their relevance is largely confined to structures for which Early Immediate Constituents makes no or weak predictions. Informational considerations kick in in these cases in order to achieve an even higher degree of processing efficiency on-line than can be accomplished by syntactic means alone. Section 6 considers some additional informational predictions made by Jacobs for German, and argues that they also reduce to syntactic weight, and specifically to Early Immediate Constituents. Section 7 concludes with a brief discussion of why syntactic weight should have primacy in this area.

2 Early Immediate Constituents

The basic intuition that underlies my theory of word order is a simple one. I believe that words occur in the orders they do so that speakers can enable hearers to recognize syntactic groupings and their immediate constituents (ICs) as rapidly and efficiently as possible. Different orderings result in more or less rapid IC recognition. Consider Heavy NP Shift in English:

(1) a) I VP[introduced NP[some friends that John had brought to the party] PP[to Mary]]

   1   2   3   4 5   6   7   8 9 10   11

b) I VP[introduced PP[to Mary] NP[some friends that John had brought to the party]]

   1   2 3   4

(1b) provides a more rapid presentation of the three ICs of VP than (1a): just four of the 12 words dominated by VP are sufficient for the hearer to recognize that this VP consists of a V, a PP and an NP, whereas eleven words are needed in (1a) before the third IC, the PP, is recognized.

What this suggests is that the ICs of a constituent can be recognized on the basis of a proper subset of the words dominated by that constituent. But the size of this proper subset may vary, with some orderings shortening the number of words required for IC recognition, thereby making it faster. I believe that this simple fact is the major determinant of word order, both in the grammar and in performance.

In order to give some substance to this claim, we need to define some key concepts of my processing theory. The first is the notion of a Constituent Recognition Domain:

(2) *Constituent Recognition Domain* (CRD)
The constituent recognition domain for a phrasal mother node M is the ordered set of words in a parse string that must be parsed in order to recognize all ICs of M, proceeding from the word that constructs the first IC on the left, to the word that constructs the last IC on the right, and including all intervening words.

Thus, the CRDs of (1a) and (1b) are the eleven and four words respectively that need to be scanned in order to recognize the three ICs of VP.

Another key notion referred to in (2) is the idea that one word can "construct" some higher and more abstract structure (more precisely, that one word can enable the hearer to do so). Thus, the preposition *to* signals the existence of a prepositional phrase, the determiner *some* the existence of a noun phrase in (1), and so on. More generally, certain words and categories, especially heads of phrase and closed-class items, play a vital role in parsing by revealing the nature of higher constituent structure, and hence of syntactic groupings. The relevant principle here is summarized in (3):

(3) *Mother Node Construction*
In the left-to-right parsing of a sentence, if any syntactic category uniquely determines a phrasal mother node M, in accordance with the PS-rules of the language, then M is constructed over this category, immediately and obligatorily.

We can now define our basic principle of Early Immediate Constituents, and its associated efficiency metric (5):

(4) *Early Immediate Constituents* (EIC)
The human parser prefers to maximize the left-to-right IC-to-word ratios of the phrasal nodes that it constructs.

(5) *The Left-to-Right IC-to-Word Ratio*
The left-to-right IC-to-word ratio for a constituent recognition domain is measured by first counting the ICs in the domain from left to right (starting from 1), and then counting the words in the domain from left to right (again starting from 1). For each word and its dominating IC, the IC total is divided by the word total at that point, and the result is expressed as a percentage (e.g. 2/3, or the second IC of the domain divided by the third word, i.e. 67 %). The higher the percentage, the more loaded and informative is the constituency information at that point. An aggregate IC-to-word ratio for the whole constituent recognition domain is then calculated by averaging the percentages for all the words in the domain. The higher the aggregate, the more optimal is that order of words for processing. The IC-to-word ratio for a whole sentence can be defined as the average of the aggregate IC-to-word ratios for all constituent recognition domains in the sentence, i.e. for all phrasal categories that the sentence dominates.

The workings of this metric are illustrated in (1'):

(1')

a)
    I $_{VP}$[introduced $_{NP}$[some friends that John had brought to   the   party] $_{PP}$[to Mary]]
    VP CRD: 1/1   2/2   2/3   2/4   2/5   2/6   2/7   2/8   2/9   2/10   3/11
                100%   100%   67% 50% 40% 33%   29%   25% 22% 20%   27%
                                                                                                 = 47% aggreg. ratio

b)
    I $_{VP}$[introduced $_{PP}$[to Mary] $_{NP}$[some friends that John had brought to the party]]
    VP CRD: 1/1   2/2   2/3   3/4
                100%   100% 67%   75% = 86% aggreg. ratio

The aggregate ratio for (1'a) is much lower than for (1'b), ultimately because the number of words required for recognition of the same number of ICs is much less.

In Hawkins (1990) I argue that EIC makes a number of correct predictions for grammaticalized word orders across languages. For example, it predicts that basic orders will, in general, be those that provide the most optimal left-to-right IC-to-word ratios. And for any basic orders whose ratios are not optimal, then the lower the ratio, the fewer exemplifying languages there will be. This predicts, for example, consistent cross-categorical ordering of heads (or more precisely of mother-node-constructing categories). The correctness of such predictions has been documented in the statistical word order universals of Lehmann (1978) and Vennemann (1974), in the relative quantities of word order co-occurrences that motivate Hawkins' (1983) Cross-Category Harmony principle, and in the data of Dryer's (1988ab) sample supporting his Branching Direction Theory. EIC also explains the existence of rearrangement rules such as Heavy NP Shift and Extraposition across languages, and defines some quite specific (and correct) predictions for their formulation. It predicts that heavy categories with left flank mother node construction, such as $\bar{S}$[Comp S] or $_{NP}$[N $\bar{S}$] in English, will be rearranged to the right, while heavy categories with right flank mother node construction in Japanese-type languages, such as $\bar{S}$[S Comp] or $_{NP}$[$\bar{S}$ N], will preferably move to the left. EIC predicts, conversely, that very light categories, such as single-word particles or pronouns, will always gravitate to the left of their CRDs.

The basic point in all this is that explanatory principles of a purely grammatical nature do not get us very far in understanding why languages arrange words in the orders they do. Grammatical principles alone give us no good reason to expect distinctions between long and short ICs, or different directionalities for rearrangement rules in typologically different languages, or other asymmetries between head-initial and head-final structures, whereas a performance approach provides a very simple explanation for these facts. This explanation also subsumes the very regularities that led to grammatical principles such as directionality of case assignment (cf. Chomsky 1981, Koopman 1984, Haider 1986), which can now be shown to be simply less general and less predictive in relation to the totality of universal word order facts than EIC, though they may still perform a useful low-level descriptive function within certain particular grammars.

3 EIC's Performance Predictions

What is the evidence for EIC? There are three basic types of performance data that are relevant: native speaker acceptability judgements exhibit preferences for some orderings versus others in languages that permit a choice; on-line psycholinguistic experiments can reveal similar preferences; and some orderings are more frequent than others in text counts. The evidence to date is admittedly partial and limited in terms of the languages surveyed (cf. again Hawkins 1990). But there is enough performance evidence to establish EIC's plausibility, and the strongest support to date comes from actual grammars. The present paper will accordingly pursue some of EIC's performance predictions in greater detail, and test them on textual data from English and German.
We begin with the following general prediction: ordering preferences defined by EIC should be reflected in performance data in proportion to the actual degree of preference defined by our metric (5). This is captured in (6):

(6) *EIC's general performance prediction*
For alternative grammatical orders of {IC_i, IC_j ... IC_n} within a CRD, where each IC consists of a given grammatical category, c_i, c_j, ... c_n, with assigned word totals t_i, t_j, ... t_n respectively, EIC-preferred orders will be more (or equally) frequent in performance, more or equally acceptable according to native speaker judgements, and more or equally improved in psycholinguistic experiments testing for performance difficulty, in direct proportion to the degree of preference.

The rationale here is that EIC should influence production and comprehension in such a way that the speaker will avoid (or dislike) highly dispreferred options in favor of their preferred counterparts, to a greater extent than he/she avoids less dispreferred options in relations to their counterparts, and so on. This follows because, according to our theory (cf. (4)), there is a constant effort in language use to maximize the left-to-right IC-to-word ratios within all CRDs, thereby making syntactic recognition (and ultimately semantic and pragmatic processing) more efficient. Hence, there is an omnipresent motive to maximize EIC, and the result should be a set of performance scales, involving frequency of usage, acceptability, or performance difficulty under experimental conditions, that correlate with EIC's degrees of preference. These degrees, moreover, are a function of two factors: first, the EIC scores for less preferred orderings - the lower these are, the greater will be the pressure to convert them to more preferred orderings; and second, the actual size of the EIC increases from less to more preferred orders. The interaction between these is typically straightforward: the lower the score for a dispreferred ordering, the greater will be the size of the EIC increase from the less to the more preferred order. But sometimes the size of the increase may be a constant function, or may even decline somewhat as the EIC scores for dispreferred orders become progressively lower.
The particular performance scales we shall test in this paper involve frequency of usage in texts, for which the following more specific predictions will be made. We distinguish between those word order variants that result from some grammatical rearrangement rule, such as Extraposition or Heavy NP Shift, and those that are completely grammatically free and subject to performance principles only. The distinction is not always easy

to draw, though the kinds of data we consider here can provide additional evidence, over and above purely grammatical considerations, for or against the existence of language-particular rearrangement rules operating upon some grammaticalized basic order. In any case, we define predictions for both cases:

(7) *EIC predictions for rearrangement transformations*
For any weight-sensitive rearrangement transformation, R, applying to grammatical categories, ci, cj, etc, the greater the EIC preference for transformed versus untransformed orders across all sets of word total assignments to these categories, the more (or equally) frequent will be R's rate of application in performance.

(8) *EIC predictions for grammatically free word orders*
For grammatically free orders of categories, ci, cj, etc, the EIC-preferred order(s) within each set of word total assignments will be more (or equally) frequent in performance than any single less preferred order(s) [vertical prediction]; and across all sets of word total assignments, the greater the EIC preference for certain orders, the more (or equally) frequent the rate of occurrence for the preferred order(s) within a set [horizontal prediction].

The free word order prediction (8) is logically stronger than the rearrangement prediction (7). In effect, the rearrangement prediction corresponds to what we call the horizontal prediction in (8). We expect R's rate of application to increase as EIC scores decline, but we have no reason to expect that the corresponding vertical prediction will hold. For example, the relative ordering of [NP PP] has been grammaticalized in the English verb phrase because, I would argue, NPs are typically shorter than PPs and so provide better EIC ratios than the reverse [PP NP]. 71 % of PPs are longer than NPs in English {V, NP, PP} structures in my data (86 % of PPs are longer than or equal to NP), and Heavy NP Shift then exists for the minority of cases (just 14 %) where the NP happens to be longer than the PP. (7) predicts that the longer this NP is relative to the PP, the more frequently Heavy NP Shift should apply. It does so[2]. But precisely because [NP PP] has been grammaticalized, there will now be a reason for resisting the rearrangement (again ultimately having to do with EIC), and we will not necessarily expect a majority of [NP PP] structures to be converted to [PP NP] for all word total assignments where NP > PP. And indeed [NP PP] is still preferred in my data when NP > PP by 1, 2 and even 3 words, and the majority preference for [PP NP] only begins when NP > PP by 4+ words (cf. fn. 2). If the relative ordering of these two categories were grammatically free, however, we would expect an immediate sensitivity to EIC's vertical prediction, i.e. NP and PP in an English-type head-initial language should immediately exhibit EIC-preferred orderings even for 1-word differentials. But the grammaticalization of a basic order affects matters, and [V PP NP] occurs only in approximately 30 % of the cases where NP > PP, namely when the size of the word total difference between them is large.

More generally, the methodological assumption that I am making in (7) and (8) is that we can take a given set of ICs, and divide their performance occurrences into sets according to their word total assignments. E.g. for {V, NP, PP} there is one set where NP = 2 and PP = 3 words, another where NP = 2 PP = 4, others where NP = 2 PP = 5, NP = 3 PP = 4, NP = 4 PP = 3, and so on. Since this results in very large numbers of sets for our analysis, I shall collapse them into e.g. all sets in which PP > NP by 1 word, by 2 words, etc, in order to simplify the exposition and tabulation[3]. We proceed now to some data that tests (7) and (8).

4   Testing EIC's Performance Predictions

Consider first the English rearrangement transformation of Particle Movement. Following Emonds (1976) I assume that this converts structures of the kind VP[V NP Part] into VP[V Part NP], e.g. *John looked the number up* into *John looked up the number*. The basic prediction made by (7) is that the ratio of transformed to untransformed structures should reflect the length of NP. Both V and Part are typically single-word items, but NP may vary. If it is long, the length of the VP CRD in the VP[V NP Part] basic order will also be long and its EIC ratio will be low. Since an NP is recognizable on its left periphery in English, e.g. through a noun or determiner, a rearrangement to VP[V Part NP] shortens the CRD and increases the EIC ratio, in the same way as for

Table 1 English Particle Movement

200 pages of data: first 90 pp. from D.H. Lawrence *The Fox*, Bantam Books; first 60 pp. from G. Orwell *Animal Farm,* Signet Classic, Harcourt Brace Jovanovich; first 50 pp. from S. Rose *The Conscious Brain,* Vintage Books, Random House.

VP [V NP Part] ⇒ VP[V Part NP]
E.g. John VP[looked NP[the number] up] ⇒ John VP[looked up NP[the number]]

Untransformed = 76
Transformed   = 103

		NP = Part (1)	NP = 2	NP = 3	NP = 4	NP = 5+
X	Untransformed	51	21	3	1	0
Y	Transformed	3	45	13	13	29
	Transform. Ratio	6 %	68 %	81 %	93 %	100 %

EIC predictions: ratio of Y/X for NP = 5+ ≥ 4 ≥ 3 ≥ 2 ≥ 1   All correct

Rationale:
Untransformed EIC Ratio (VP domain)
V NP:1 Part = 100 %
V NP:2 Part = 86 %
V NP:3 Part = 75 %
V NP:4 Part = 68 %
V NP:5 Part = 62 %

Transformed EIC Ratio (VP)
V Part NP:1 = 100 %
V Part NP:2 = 100 %
V Part NP:3 = 100 %
V Part NP:4 = 100 %
V Part NP:5 = 100 %

Heavy NP Shift in (1'b). Hence we predict that Particle Movement should be more (or equally) frequent as the length of NP grows. This prediction turns out to be correct. The full facts and analysis are set out in Table 1.

Consider now a second rearrangement rule, from German, involving the extraposition of infinitival complements to the right of an otherwise clause-final verb (finite or non-finite) or verbal dependent (such as a particle or other separable element of the verb, cf. e.g. Hawkins (1986: 133 - 134)). An example would be: *Sie hat zu lesen angefangen* versus *Sie hat angefangen zu lesen*, i.e. 'she has begun to read'. The prediction here is that the length of the embedded complement, which I shall abbreviate as $\overline{VP}$ in contrast to the VP of the matrix, should correlate with the frequency of application for this extraposition rule. The data and analysis are set out in Table 2. The ratio of transformed to untransformed infinitival complements is indeed greater (or equal), the greater the length of the complement. The analysis is a little more complex here, since we are dealing with EIC ratios for two CRDs rather than just one, namely VP and S, whose scores need to be aggregated, as shown in Table 2. I assume throughout my calculations that an extraposed $\overline{VP}$ remains attached to VP, rather than to S. Nothing hinges on this, however, and the same prediction is made if the reverse assumption is made.

Table 2 German $\overline{VP}$ Extraposition

100 pages of data: first 100 pp. from P. Handke *Die Linkshändige Frau*, Suhrkamp.

$_{VP}[... \overline{VP} \text{ (Dep) } (V_{f/nf})] \Rightarrow {}_{VP}[... \text{ (Dep) } (V_{f/nf}) \overline{VP}]$

where V_f = finite verb
V_{nf} = non-finite verb
Dep = verbal dependent (e.g. particle or other separable element of the verb)
$\overline{VP}$ = infinitival complement
( ) = at least one optional verbal element must be present in this template for Extraposition to be visible

E.g. Sie $_S$[hat $_{VP}[\overline{VP}$[zu lesen] angefangen]] $\Rightarrow$ Sie $_S$[hat $_{VP}$[angefangen $_{\overline{VP}}$[zu lesen]]]
("She has begun to read")

Untransformed = 16
Transformed   = 18

		$\overline{VP}$: 1 word	: 2 - 3	: 4 - 5	: 6+
X	Untransformed	1	12	3	0
Y	Transformed	0	8	6	4
	Transform. Ratio	0 %	40 %	67 %	100 %

EIC predictions: ratio of Y/X for $\overline{VP}$ = 6+ ≥ 4 - 5 ≥ 2 - 3 ≥ 1   All correct

Table 2 continued

Rationale:

Untransformed EIC Ratio	Transformed EIC Ratio
(Aggreg. S & VP domain)	(S & VP)
$V_f \; \overline{VP}{:}2 \; V_{nf} = 76\%$	$V_f \; V_{nf} \; \overline{VP}{:}2 = 100\%$
$V_f \; \overline{VP}{:}3 \; V_{nf} = 72\%$	$V_f \; V_{nf} \; \overline{VP}{:}3 = 95\%$
$V_f \; \overline{VP}{:}4 \; V_{nf} = 69\%$	$V_f \; V_{nf} \; \overline{VP}{:}4 = 90\%$
$V_f \; \overline{VP}{:}5 \; V_{nf} = 66\%$	$V_f \; V_{nf} \; \overline{VP}{:}5 = 86\%$
$V_f \; \overline{VP}{:}6 \; V_{nf} = 64\%$	$V_f \; V_{nf} \; \overline{VP}{:}6 = 83\%$

Assume: i) $_S[V_f \; \underline{VP}]$ where VP is constructed by V_{nf};
 ii) $_{VP}\{V_{nf} \; \overline{VP}\}$ where $\overline{VP}$ is constructed by the infinitival complementizer *zu*;
 iii) $\overline{VP}$ remains attached to VP by Extraposition (the prediction works equally well if it is attached to S).

With regard to grammatically free orders, let us consider the relative ordering of two prepositional phrases in English, i.e. alternants such as *The raven slept on a perch behind the back door* versus *The raven slept behind the back door on a perch*. Both orders are grammatical, and when I collected examples of this type in my data I checked that permutability was indeed possible. There are different syntactic possibilities for [PP$_1$ PP$_2$], of course. The PPs may both be immediately dominated by VP, or by S, or the first may be dominated by VP and the second by S. I have done the appropriate EIC calculations for all of these eventualities, and it turns out that EIC's preferences and predictions remain constant throughout: a shorter PP is always preferred before a longer one, and is progressively more preferred, the larger the word total difference between them. My data are set out in Table 3. This time two sets of predictions are made by (8), vertical and horizontal ones. Vertically, we expect the EIC-preferred ordering to be more frequent than its less preferred counterpart, for each set of word total differentials. Perhaps surprisingly, this turns out to be correct! Even when there is only a one-word differential between the two PPs, as in the example above where PP$_1$ = 3 words and PP$_2$ = 4, almost 70% of the relevant occurrences exhibit a preference for the longer PP to the right. As this differential gets larger, the proportion of EIC-preferred to EIC-dispreferred orders grows correspondingly, in accordance with the horizontal prediction. This suggests strongly that language performance is extremely fine-tuned to considerations of syntactic length, and specifically to EIC.

We shall be considering more free word order predictions below from a language that permits many more free orders than English, namely German. But let us consider first an alternative approach to free word order data of the kind illustrated in Table 3, involving information structure.

Table 3 English {PP₁ PP₂}

200 pages of data: cf. Table 1

        [V (Part) {PP$_1$ PP$_2$}]   (no other ICs in the clause)

E.g. The raven slept $_{PP1}$[on a perch] $_{PP2}$[behind the back door] versus
The raven slept $_{PP2}$[behind the back door] $_{PP1}$[on a perch]

		PP₁ = PP₂	PP₂ > PP₁ : 1 word	: 2 - 3	: 4	: 5
X	[PP₁ PP₂]	35	27	30	10	41
Y	[PP₂ PP₁]		12	5	1	0
% of EIC-preferred			69 %	86 %	91 %	100 %

EIC predictions: either order possible for PP₁ = PP₂
    vertical: X ≥ Y where PP₂ > PP₁   All correct
    horizontal: ratio of X/Y for PP₂ > PP₁: 5+ ≥ 4 ≥ 2-3 ≥ 1   All correct

NB! These EIC preferences and predictions hold regardless of the constituency of PP₁ and PP₂: both may be immediately dominated by VP; both by S; or PP₁ by VP and PP₂ by S.

5   Givon's Pragmatic Principles of Ordering

Givon (1983, 1988) has proposed a general ordering principle which he summarizes in the phrase "attend first to the most urgent task". His claim is that words and phrases will be sequenced in such a way that either unpredictable precedes predictable information in the text, or important precedes unimportant information. He offers us a quantified text methodology with which to test at least some of the predictions of this claim, and so takes us, in my view, light years ahead of the usually vague and quite untestable traditional claims in this area about old and new information, etc. In Givon's methodology, degree of (un)predictability is measured by counting how far back within the last 20 clauses of the text an entity was mentioned, while degree of importance is measured by counting how many times an entity is mentioned in the subsequent 10 clauses. More generally, Givon now gives us some plausible rationale for why pragmatic principles might be relevant at all to free word order distributions. There is no a priori reason why old should precede new information. (Recall Keenan's 1978 anguished questioning of this assumption when trying to make sense of subject-final languages.) But if we think of Givon's principles in terms of information processing on-line, it makes perfect sense that the speaker should wish to relay information to the hearer as rapidly and efficiently as possible, and that more urgent information should accordingly come before less urgent information. We now have a plausible functional motivation.

At a rather fundamental level, there is also a lot of similarity between Givon's principle and the major principle that I am arguing for here, EIC. Both are hearer-oriented production principles whereby the speaker strives to provide as much relevant information as early as possible in the left-to-right string. The difference is that the one applies to discourse information, the other to the actual form of language, here its syntactic structure. And this raises the question of just what the general relationship and interaction is between pragmatics and syntax in performance.

Givon's quantified methodology gives us a way of answering this question, because we can perform his analysis on the very same free word order data that were used to test EIC's syntactic predictions. Before we proceed to do so, however, we need to clarify just what it is that his theory predicts, because matters are more complex than they appear to be at first sight (and than he himself actually presents them). For example, given two free order ICs, IC_1 and IC_2, positioned in that order within a text, Givon's claim is that IC_1 should *either* be more unpredictable *or* more important than IC_2. Presumably we have to add here: *or both*, since there is nothing to suggest that this disjunction should be exclusive rather than inclusive. Also we need to qualify the whole claim with some rider such as: if there is any difference between these two ICs along these dimensions, then ... . We do not want to claim that IC_1 *must* be more unpredictable or more important than IC_2. What about all the cases where IC_1 and IC_2 are equally unpredictable or equally important? If these were to count as exceptions, then Givon's predictions would be in serious trouble, and yet there is no reason why they should be exceptional. The logic of his claim is that if there is some pragmatic basis for preferring one ordering to another, along the dimensions he identifies, then that ordering should be preferred. If there is no such basis, then no claim is made simply.

We can therefore symbolize his claim as in (9):

(9)   If IC_1 and IC_2 differ in their P(redictability) or I(mportance) values, then:
        either $P_1 > P_2$
        or $I_1 > I_2$
        or   both

In other words, either the P score for IC_1 is higher than for IC_2, or the I score is higher, or both are higher. The P score will be higher if the entity referred to by IC_1 is mentioned, say, 19 clauses back, whereas the IC_2 entity is mentioned 2 clauses back, so high P scores actually measure unpredictability and low P scores relative predictability. If some entity is not mentioned at all in the last 20 clauses, it is assigned a $\emptyset$ in my coding, which means 21 to infinity, i.e. high unpredictability. For the importance factor, a high score means more mentions than a lower score within the subsequent 10 clauses. Hence, Givon predicts higher P or I scores for IC_1 than IC_2, if there is any difference between them.

The logic of a disjunction is compatible with several different options, and we still need to make precise what Givon would predict for a given pair of ICs. These predictions are set out in (10). There are three sets of possibilities, each of which comprises three major options. There are cases where just a single order is predicted, i.e. AB. There are cases where both orders should be possible, either because all values for P and I are equal (including $\emptyset$), or because one principle motivates one ordering, while the other motivates the other. Finally, there are counterexamples to the single-order predictions, i.e. cases where the opposite order occurs from that which Givon predicts, *BA.

(10) *Single Orders Predicted:*
       AB
          either $P_1 > P_2$ (where $I_1 = I_2$)
          or $I_1 > I_2$ (where $P_1 = P_2$)
          or $P_1 > P_2 \ \& \ I_1 > I_2$

     Both Orders Predicted:
       either
          either $P_1 = P_2 \ \& \ I_1 = I_2$ (all values can be $\emptyset$)
          or $P_1 > P_2 \ \& \ I_1 < I_2$
          or $I_1 > I_2 \ \& \ P_1 < P_2$

     Counterexamples:
       *BA
          either $P_1 < P_2$ (where $I_1 = I_2$)
          or $I_1 < I_2$ (where $P_1 = P_2$)
          or $P_1 < P_2 \ \& \ I_1 < I_2$

We can now test these predictions against some of the data in Table 3, involving the relative ordering of two prepositional phrases in English, These pragmatic calculations test for the previous and future mention of the immediately dominated NP within PP, whether or not the preposition itself is previously or subsequently mentioned. Prepositional phrases in English often correspond to NPs with particles or case affixes, etc, in other languages, and Givon's methodology is defined in terms of the predictability and importance of entities, rather than relations or predications. When counting numbers of clauses backwards and forwards, I counted 20 finite verbs back, and 10 forwards, in order to avoid investigator subjectivity and analysis with respect to non-finite verbs and their precise clausal status.

The results are set out in Table 4. I first test EIC's predictions for this subset of the data of Table 3. All vertical and horizontal predictions are correct. With regard to Givon's predictions (10), it turns out that for almost two thirds of the data, 64 %, either ordering of PP_1 and PP_2 is compatible with his predictions. Either the P and I values for these two ICs are equal, or one principle prefers one ordering whereas the other prefers the other. For the remaining 36 % of the data, single order predictions are made, but the success rate here appears to be random: roughly half the single order predictions, 25 in all, are correct, whereas the other half are counterexamples.

Overall, EIC makes correct predictions, whereas Givon's approach makes no predictions for two thirds of the data, and achieves only random correctness for the remaining third. We can only conclude that syntactic weight is the primary determinant of word order variation in this area.

However, notice that for 21 of the 69 instances of $PP_1 \ PP_2$ in my data, i.e. 30 %, the word totals for these two ICs are equal. As far as EIC is concerned, therefore, either order should be possible here, and these cases correspond to the either order prediction in Givon's theory (10). There are also a total of 10 examples out of the 69 where the first PP is longer than the second (8 of them by only one word). These examples do not constitute counterexamples to EIC's predictions as we have formulated them in (8), since a clear majority of instances are in conformity with EIC's preferences for all word

Table 4 Syntactic Weight and Pragmatics in English {PP₁ PP₂}

90 pages of data: first 90 pp. from D.H. Lawrence *The Fox*, Bantam Books.

	n = 69	PP₁ = PP₂	PP₂ > PP₁ : 1	: 2 - 3	: 4+
X	[PP₁ PP₂]	21	16	11	11
Y	[PP₂ PP₁]		8	2	0
% of EIC-preferred			67 %	85 %	100 %

EIC predictions: either order possible for 21/69 = 30 % of data;
    vertical: X ≥ Y where PP₂ > PP₁   All correct
    horizontal: ratio of X/Y for PP₂ > PP₁ : 4+ ≥ 2 - 3 ≥ 1   All correct

Givon's predictions: either order possible for 44/69 = 64 % of data;
single order predictions for 25/69 = 36 % of data;
correct single order predictions = 12/25 (i.e. 48 %)

Givon's Single Order Predictions:	No. Correct (% of total)	No. Incorrect	Ratio: Correct/ Incorrect
Non-preferred EIC orders (10)	2 (20 %)	0	100 %
Equally preferred EIC (21)	8 (38 %)	4	67 %
EIC-preferred: 1 word (16)	1 (6 %)	3	25 %
EIC-preferred: 2 - 8 words (20)	1 (5 %)	4	20 %
EIC-preferred: 9+ words (2)	0 (0 %)	2	0 %

total assignments, and the size of this majority increases with larger differentials. Nonetheless, these 10 orders are still non-preferred by EIC, and their ordering is presumably motivated by other considerations, including possibly pragmatic ones. We might expect to find evidence for alternative principles, such as Givon's, precisely in these cases, therefore, and we might predict that those single order predictions made by his theory that are correct should be found primarily in orders dispreferred by EIC. We should also expect to see them operating productively when ICs are of equal length and EIC makes no predictions. But the bigger the word length differential gets, and the more powerful EIC's effects, the less the potential contribution of any alternative pragmatic principles, and we might expect to find the great majority of Givon's incorrect predictions in these cases.

Table 4 presents the interaction between Givon's predictions and EIC in this way. Our general expectation turns out to be quite strikingly confirmed. As many as 10 of his 12 correct predictions (i.e. 83 %) are made for orders that are either non-preferred or equally preferred by EIC, whereas the incorrect predictions are skewed towards the orderings that are strongly in conformity with EIC. Moreover, the ratio of correct to incorrect pragmatic predictions declines gradually as the strength of EIC preferences rises. Clearly, Givon's principles only kick in where EIC has nothing to say, and EIC is, in general, the stronger principle and makes correct predictions overall. By supplementing EIC with additional principles when everything is more or less equal in terms of syntactic length, the language user can achieve an even higher degree of processing efficiency on-line, for precisely the kinds of information processing reasons that Givon has offered. But the more important efficiency consideration seems to be to get the actual physical signal out first, which results in a priority for shorter before longer ICs, so providing more syntactic, and ultimately semantic information, sooner for the hearer.

This same conclusion is reinforced by some additional word order data, from German. Within the German Mittelfeld a full NP can generally precede or follow a PP. Since PPs in German are typically longer than NPs, just as they are in English, the relative ordering [NP PP] is much more frequent than [PP NP], This latter is favored precisely when NP > PP, as EIC would predict. When the NP dominates a pronoun, the pronoun must always come first, again in accordance with EIC. Pronouns are short single-word items and the grammar of German has positioned them before other categories of the Mittelfeld that typically exceed one word in length. In Table 5 we analyze the distribution of an accusative-marked full NP (including proper names in accusative function) and a PP in the structural template indicated. An example would be *Die Frau hat den Dokumentarbericht im Fernsehen gesehen* versus *Die Frau hat im Fernsehen den Dokumentarbericht gesehen*, i.e. 'the woman saw the documentary on television'. With some minor exceptions, both vertical and horizontal predictions made by EIC are correct.

When we now test Givon's predictions on these data, we get results that are very similar to the double prepositional phrase data of English. For 58 % of the data, either order of NP and PP is compatible with his theory. Single order predictions are made for the remaining 42 %, and of these half are correct, and half are incorrect, exactly as in English. But the distribution of the correct predictions is again highly interesting. There are 19 correct predictions in all. Of these, 9 are made in orders that are non-preferred or equally preferred by EIC. A further 8 are made in orders where EIC is only slightly preferred by 1 word. I.e. 17/19 (or 89 %) of the correct predictions are made in orders for which EIC makes either no prediction or defines the weakest possible preference, involving a 1-word differential only. Moreover, the ratio of correct to incorrect predictions again declines gradually as the strength of EIC preferences rises.

These data point to the following preliminary conclusion. The primary determinant of word order variation in performance appears to be EIC. This principle makes almost exceptionless predictions for rearrangement frequencies and free word order distributions in the sample environments illustrated hitherto. Pragmatic ordering principles seem to be relevant only in those cases where EIC is weakest, i.e. where the syntactic weights of ICs are equal or close to equal, or in the small minority of cases where EIC is non-preferred. Free word order is not determined primarily by pragmatic considerations, therefore. It is determined primarily by syntactic weight.

Now, there is one obvious objection that can be raised to this conclusion: you need to look at more structures, and in more languages. This is currently being done in Hawkins, Horie & Matthews (in prep.). The results from more languages currently confirm the conclusions we have reached here.

Another possible objection concerns my use of Givon's theory in this context. Not everyone may agree with his principles, his methodology only captures a proper subset of the relevant pragmatic determinants of order (in the interests of quantifiability, as he

Table 5 Syntactic Weight and Pragmatics in German $\begin{Bmatrix} NP \\ A \end{Bmatrix} PP$

100 pages of data: cf. Table 2

$$_S\left[(V_f) \begin{pmatrix} NP/Pro \\ N \end{pmatrix} \begin{Bmatrix} NP \\ A \end{Bmatrix} PP \right\} (Dep) \begin{pmatrix} V \\ f/nf \end{pmatrix} \right]$$ (no other ICs in the Mittelfeld)

where $\begin{array}{c} NP/Pro \\ N \end{array}$ = nominative-marked NP or pronoun

$\begin{array}{c} NP \\ A \end{array}$ = accusative-marked (full) NP

other abbreviatons, cf. Table 2
if both V_f ... V_{nf}, then V_f = modal or auxiliary only

n = 88

		NP = PP	PP > NP : 1 - 2	: 3 - 4	: 5+	
X	$\begin{bmatrix} NP & PP \\ A & \end{bmatrix}$	17	37	3	4	
Y	$\begin{bmatrix} PP & NP \\ & A \end{bmatrix}$	3	6	1	0	
% of EIC-preferred			86 %	75 %	100 %	

		NP = PP	NP > PP : 1 - 2	: 3 - 4	: 5 - 7	: 8+
X	$\begin{bmatrix} NP & PP \\ A & \end{bmatrix}$	17	5	1	1	0
Y	$\begin{bmatrix} PP & NP \\ & A \end{bmatrix}$	3	4	1	3	2
% of EIC-preferred			44 %	50 %	75 %	100 %

EIC predictions: either order possible for 20/89 = 22 % of data;
   vertical: X ≥ Y where PP > NP All correct
                 Y ≥ X where NP > PP All correct for 3+ words (marginally incorrect for 1 - 2 words)

   horizontal: ratio of Y/X for NP > PP : 8+ ≥ 5 - 7 ≥ 3- 4 ≥ 1 - 2 All correct
                  ratio of X/Y for PP > NP : 5+ ≥ 3 - 4 ≥ 1- 2 Correct for 5+ ≥ 1 - 4 (marginally incorrect for 3 - 4 ≥ 1- 2)

Table 5 continued

Givon's predictions: either order possible for 52/89 = 58 % of data;
single order predictions for 37/89 = 42 % of data;
correct single order predictions = 19/37 (i.e. 51 %)

Givon's Single Order Predictions:	*No. Correct* (% of total)	*No. Incorrect*	*Ratio: Correct/ Incorrect*
Non-preferred EIC orders (14)	5 (35 %)	2	71 %
Equally preferred EIC (20)	4 (20 %)	3	57 %
EIC-preferred: 1 word (33)	8 (24 %)	8	50 %
EIC-preferred: 2 - 6 words (15)	2 (13 %)	3	40 %
EIC-preferred: 7+ words (6)	0 (0 %)	2	0 %

himself admits), and there are probably other, altogether different pragmatic principles operating in this area as well, both universal and language-particular. These considerations make it desirable to test the interaction of other proposed ordering principles with EIC, to which we turn in the next section. But they do not undermine our conclusions so far. EIC is a good, indeed almost an exceptionless predictor of word order variation in the structures we have considered. Givon's predictions are only successful when EIC makes no or weak predictions. This primacy of EIC will only be reversible if some more general informational principle or principles can be shown to achieve even better success, with EIC being subordinate in the same way we have argued Givon's predictions to be.

6   Jacobs' Precedence Principles

Jacobs (1988) gives a particularly lucid discussion of a number of precedence principles that have been argued to be relevant for free word order positioning in German, and sets up a metric for assessing their relative strength. His principles include the following:

(11)   a) Agent before Non-Agent
       b) Dative before Patient (in the sense of Fillmore-type semantic roles)
       c) Pronoun before Full NP
       d) Definite before Indefinite
       e) Background before Focus

These principles provide a further means of testing the relationship between informational notions and syntactic weight.
Notice first that these precedence regularities are rather heterogeneous, as Jacobs concedes, and he speculates that they might be reducible to a more general underlying principle. I am going to suggest that this single principle is nothing other than EIC, and

that the hierarchies of (11) are simply informational correlates of syntactic weight. There is no a priori reason why the precedence relations of (11) should hold. Indeed if they were psychologically real, it would make performance very complicated indeed. The speaker would have to keep checking his/her production against an arbitrary and disparate list of instructions to make sure that constituent orderings were in conformity. With a single well-motivated underlying principle, on the other hand, such performance monitoring becomes a lot simpler and more plausible.

Let us start with (11c) Pronoun before Full NP. This sequence is actually grammaticalized in structures involving two non-subject NPs, as in *Sie gab ihm das Buch* 'She gave him the book' and *Er gab es der Frau* 'He gave it (to)-the woman' as is well known. Pronouns are always single-word entities, and so [Pro NP] provides a perfect left-to-right IC-to-word ratio, whereas [NP Pro] produces a less preferable ratio in all (i.e. the vast majority of) cases where a full NP is greater than one word in length. Pronouns can also be fronted before a subject NP within the German Mittelfeld by an optional rule, giving alternations such as *Bis jetzt haben alle Männer mich geschwächt* 'Up until now all men have weakened me' versus *Bis jetzt haben mich alle Männer geschwächt*. This rule fronts a single-word item before multi-word subjects, thereby improving EIC ratios, and does not apply when the subject is a pronoun, i.e. precisely the case where ratios are already optimal: *Bis jetzt hat er mich geschwächt* 'Up until now he has weakened me'; **Bis jetzt hat mich er geschwächt*. I would accordingly argue that these pronominal orders in German are the result of a grammaticalized basic order rule on the one hand, and a rearrangement rule on the other, that have responded to performance pressure in the form of EIC, and in the manner of Hawkins (1990, 1991a, to appear). In other words, syntactic weight underlies and motivates (11c).

Consider now (11a) Agent before Non-Agent. This looks, at first, very plausible: NPs with the agentive semantic role do typically precede NPs with non-agentive semantic roles. But when a sentence contains both an agent and a non-agent, the agent is realized grammatically as the subject, and the non-agent as the non-subject. Subjects generally precede non-subjects anyway in German, one reason being that an NP is typically shorter than a VP within S. In addition, subjects are typically shorter than non-subject NPs and PPs within their clause, and hence their more leftward positioning follows from EIC even when variation is possible. Consequently, I would argue that Agent before Non-Agent positioning also reduces to EIC.

I have tried to test this out on my German textual material (cf. Tables 2 and 5). Identifying agents is not always as straightforward as it might seem when one examines a large range of sentence types (cf. Rohdenburg 1974 and Müller-Gotama 1991 for discussion), so rather than impose a subjective interpretation in a number of cases, I selected a subset of structures that will be readily identifiable on the surface by different investigators and that exemplify a very close correlation with the agentive/non-agentive distinction. I examined clauses matching the template in (12), and consisting of just two NPs apart from verbal material and verbal dependents, one of which is Nominative-marked, the other either Accusative- or Dative-marked:

(12) $\left[_S (V_f) \begin{Bmatrix} NP/Pro & NP/Pro \\ N & A/D \end{Bmatrix} (Dep) \begin{pmatrix} V \\ f/nf \end{pmatrix} \right]$ (no other ICs in the Mittelfeld)

where $\frac{NP/Pro}{N}$ = nominative-marked NP or pronoun

$\frac{NP/Pro}{A/D}$ = accusative- or dative-marked NP or pronoun

V_f = finite verb
V_{nf} = non-finite verb
Dep = verbal dependent (e.g. particle or other separable element of the verb)
if both $V_f ... V_{nf}$, then V_f = modal or auxiliary only

Whereas not all instances of this structure may be instances of an agentive and a non-agentive NP according to some definitions, the great majority surely are, and it is certainly never the case that the Accusative or Dative will be an agent while the Nominative is a non-agent.

There are 90 examples corresponding to this template in my data, 80 of them with the ordering [N A/D], and 10 with the reverse [A/D N]. In the [N A/D] order, i.e. with the agentive subject first, the average length of N is just 1.3 words, and the average length of A/D is 2.4 words, or over one word longer. In the reversed [A/D N] order, all the A/D items are pronouns and their average length is accordingly 1.0 words, and the average for N is 2.5 words, i.e. significantly longer. In both cases, the shorter IC precedes the longer one, as predicted by EIC, and the only departures from the preferred [N A/D] are cases where the optional pronoun fronting rule has applied, which is again motivated by EIC[4].

The reason why agents generally precede non-agents has nothing to do with their semantic role status, therefore. It is simply because agents are typically shorter than non-agents. And if we regard weight as the primary factor here, we can explain not only the cases where agents precede non-agents, but also the cases where they don't in these data, namely when the non-agent is pronominal and shorter. Weight is the more general underlying consideration.

There is an additional consideration that merits explicit mention in this context. We need to assume that the ordering of subjects has been grammaticalized before the VP in German, both because an NP is typically shorter than a VP, and because subject NPs are typically shorter than non-subject NPs and PPs. But this grammaticalization in response to EIC leads us to expect that there will be a minority of structures that preserve the basic word order even when the subject is slightly longer than, say, a pronominal object, as in *Bis jetzt haben alle Männer mich geschwächt*, cited above. The rule reordering subjects and objects is a rearrangement transformation, in the manner of Heavy NP Shift in English discussed in Section 3, and is therefore subject to EIC prediction (7) for rearrangement transformations, rather than (8) for grammatically free word orders. If the positioning of subjects (or agents) were free, we would expect an immediate sensitivity to EIC in performance. As it is, we expect more (or equal) numbers

213

of rearrangements, the greater the EIC preference for transformed versus untransformed structures. And while we still expect the great majority of subject plus non-subject structures to conform to EIC (since subjects are generally shorter), we do expect a handful of subjects to maintain their grammaticalized order even when they are longer than non-subjects[5].

This expectation is confirmed in our data. Of the 80 instances of [N A/D] orders, 73 involve A/D ≥ N (i.e. 91 %), while 7 have a longer N. 91 % conformity with EIC is probably the most we can expect in performance because of grammaticalization.

Consider now (11b) Dative before Patient. An unambiguous identification of NPs bearing these semantic roles is even more problematic than for agents, and different investigators will probably identify rather different clauses within a running text (cf. again Rohdenburg 1974 and Müller-Gotama 1991). So again I shall try to test this claim using more surfacy criteria. There is, at the very least, a close correlation between NPs that are morphologically Dative- and Accusative-marked and those that are semantically Dative and Patient respectively. I have accordingly identified all instances of the following in my data:

(13) $\left[_S (V_f) \begin{pmatrix} NP/Pro \\ N \end{pmatrix} \left\{ \begin{matrix} NP/Pro & NP/Pro \\ D & A \end{matrix} \right\} (Dep) \begin{pmatrix} V \\ f/nf \end{pmatrix} \right]$ (no other ICs in the Mittelfeld)

for abbreviations, cf. (12)

For reasons already mentioned, when one or the other Dative or Accusative NP is a Pronoun, the Pronoun must precede. When both are Pronouns, the ordering Accusative before Dative has been grammaticalized in German[6].

It appears once again that precedence principle (11b) is real, but not for any semantic reasons. NPs that are semantically Dative are significantly shorter than those that are semantically Patients, to the extent at least that my proposed morphological-semantic correlation holds. Dative-marked NPs are shorter than Accusatives. In the ordering [D A], the average word length for D is 1.2 words, and for A 2.4 words, i.e. twice as long; and in the ordering [A D], A averages 1.0 words and D 2.2 words. There are 30 instances of [D A], and 11 of [A D], i.e. 41 overall. The great majority of [D A] structures have a pronominal D, and all of the [A D] examples have a pronominal A. Even when there are no pronouns, however, EIC is supported: a full 40/41 of these orderings (or 98 %) involve a second IC that is greater than or equal to the first in length, the only exception being one example in which the first IC is longer than the second by just one word. Again, I would argue that (11b) appears to be unnecessary and to reduce to weight.

(11d) Definite before Indefinite immediately suggests a similar conclusion. Definite NPs involve mutual knowledge between speaker and hearer (cf. Hawkins 1984, 1991b) and so require less linguistic material in order to identify the reference, whereas indefinite NPs need more material with which to describe an unknown entity for the hearer. Our general expectation is, therefore, that definite NPs will be shorter, and that (11d) will be true, but not for reasons of information status.

I have examined the distribution of definite and indefinite NPs in the two templates (12) and (13). In (12) there are a total of 22 instances in which one of the two NPs is definite and the other is indefinite. 20 of these (or 91 %) conform to (11d) (generally the N is definite and the ordering is [N A/D]). But the lengths of the definite NPs are also shorter. The average length of definite NPs (including definite pronouns) is 1.3 words, the average for the indefinites 2.9 words, i.e. significantly longer. Moreover, for 19 of the 20 instances of definite before indefinite NPs, the indefinite is greater than or equal to the definite in length. The two indefinite before definite orderings both involve indefinite subjects, whose ordering has been grammaticalized in response to EIC, for reasons mentioned above.

For (13) there are 13 instances of one definite and one indefinite NP (with Accusative or Dative case marking). The average length of the definites is 1.2 words, the average for the indefinites 2.7 words. All 13 exhibit definite before indefinite ordering, and in all 13 the size of the indefinite is greater than or equal to the size of the definite. Again, I see no reason for assuming any independent principle over and above EIC-related considerations here.

Finally, with regard to (11e) Background before Focus, I have already tested Givon's notions of (un)predictability and (ún)importance in the last section, which are clearly relevant in this context, and the effects of these notions were shown to be subordinate to weight in the German data. Further testing is complicated by the fact that 'focus' is used to mean rather different things by different scholars. The chief merit of Givon's methodology is that, while it is limited in what it tests, it is readily empirical and quantifiable, and it suggests a general relationship between weight and pragmatics that can now be tested against additional semantic-pragmatic notions, as proposed by others.[7]

7   Conclusions

This discussion of Jacobs' precedence principles has confirmed the conclusion that we derived from a comparison of EIC with Givon's informational principle: EIC is the primary determinant of word order variation in performance. Its primacy is supported by the correctness of EIC's performance predictions for rearrangements and free word orders (cf. Sections 4 and 5), by the finding that Givon's principle supplements EIC precisely when EIC makes no predictions (cf. Section 5), and by the further finding that some more detailed informational principles of a language-particular nature formulated by Jacobs for German also appear to reduce to EIC (cf. Section 6).

We therefore have an alternative theory to the predominant view that free word order is determined primarily by pragmatic considerations in performance. This appears not to be the case. It is determined primarily by syntactic weight, and by a theory of word order processing efficiency, EIC. The precise predictions made by EIC will vary for typologically different languages. For example, in a head-final language like Japanese, lengthy embedded structures such as $_{NP}[\bar{S}\ N]$ or $_{\bar{S}}[S\ Comp]$ will generally be preposed within their constituent recognition domains, rather than postposed as in English and German. These predictions are defined and tested in Hawkins, Horie & Matthews (in prep.) and Hawkins (to appear). The results are in conformity with the data that we have presented here from English and German alone.

The primacy of EIC in performance is expected, as far as I am concerned, because of the evidence presented in Hawkins (1990) regarding basic word order rules and transformational rearrangements. EIC's predictions are well-supported in these grammaticalized orders. But logic dictates that grammars would not have responded to EIC in this way if this latter were not a very powerful principle of performance, and hence we should see extensive evidence for it in the various kinds of performance data that we can test, including distributional frequencies in texts.

The relative correctness of informational principles such as Givon's precisely in those structures for which EIC makes no or weak predictions is also quite logical. "Attend first to the most urgent task" is a principle of processing efficiency. It makes sense that the speaker should strive for an even higher degree of processing efficiency, when all else is equal. But what is it that actually *explains* the primacy of syntactic weight?

The answer I would give here is that form processing must, in general, have priority over content, since semantic/pragmatic processing requires prior access to form. Consider lexical access. It is the incoming physical signal that gradually provides enough phonological and morphological information for the hearer to be able to access the intended lexical item and to distinguish it from other members of the phonologically activated "cohort" (cf. Marslen-Wilson & Tyler 1980, Hawkins & Cutler 1988). But so too in syntax. It should always be more important for the speaker to provide as much of the syntactic structure for the hearer as rapidly as possible, before taking into consideration any ordering preferences based on a semantic and/or pragmatic content that is unrecognizable without the prior presentation of linguistic form. For this reason, shorter ICs precede longer ones, heavier items are rearranged, and so on. Grammars have responded to this performance pressure in a quite striking way, and performance itself naturally reveals the principle whose existence has been so strongly grammaticalized. The effects of syntactic weight are therefore not confined to a handful of examples such as Heavy NP Shift. These are the tip of an iceberg. It is weight, and specifically EIC, that is the major driving force behind word order rules and word order variation in performance.

Pragmatic considerations then operate within the boundary conditions set by weight, as I see it. EIC and Mother Node Construction may also determine the internal constituent groupings of phrases such as VP in German, which has consequences for the semantically based arrangements and rearrangements of phrases sensitive to c-command, such as quantified expressions and reflexive anaphors (cf. Primus 1989). But this requires a more detailed justification and elaboration than I can provide here (cf. Hawkins to appear). My basic purpose in this article has been to argue that the same syntactic processing principles that I proposed as an explanation for fixed word orders in grammars in Hawkins (1990) can be extended to explain free word orders and rule-based rearrangements as well. Word order variation is not primarily pragmatic in nature.

Notes

1   I have benefited greatly from discussions with a number of individuals while conducting the research reported here, especially Kaoru Horie and Stephen Matthews at USC, and the members of the Constituent Order Group of the European Science Foundation Programme in Language Typology, especially Katalin Kiss, Beatrice Primus, Anna Siewierska and Maria

Vilkuna. Valuable feedback was also received from linguists at the Free University of Berlin, when portions of this material were presented there in October 1989. None of the individuals mentioned necessarily agrees with all of my conclusions. I would also like to acknowledge, with gratitude, financial support from the following sources that has made possible the ongoing research project from which the results reported here are derived: a summer stipend from the National Endowment for the Humanities (FT-34150); a small grant from the European Science Foundation; and a grant from the University of Southern California Faculty Research and Innovation Fund (FRIF).

2   The data that I have for Heavy NP Shift are as follows. The data come from 200 pages of English text (cf. Table 1):
VP[V (Part) NP PP] ⇒ VP[V (Part) PP NP]   (no other ICs are allowed in this template)

$$\text{Untransformed} = 458$$
$$\text{Transformed} = 22$$

		NP = PP	NP > PP : 1 word	:2	:3	:4	:5+
X	Untransformed	68	25	13	4	2	0
Y	Transformed	0	0	2	3	5	9
	Transform. Ratio	0 %	0 %	13 %	43 %	71 %	100 %

EIC predictions: ratio of Y/X for NP > PP : $5+ \geq 4 \geq 3 \geq 2 \geq 1 \geq$ =   All correct

3   This simplification actually results in a slight distortion. Consider the following extreme example. When PP = 4 and NP = 2 in the structure {V NP PP} there is a significant difference in left-to-right IC-to-word ratios when ordering these items [V NP PP] rather than [V PP NP]: the former has a ratio of 85.5 %, the latter 67.8 %, making a difference of 17.7 %. When PP = 3 and NP = 2, the difference is just 10.1 %. But when PP and NP are both very long, the EIC difference between the two orderings is not very significant. If PP = 10 and NP = 8, the difference is only 49.6 % (for [V NP PP]) versus 44.1 % (for the reverse), i.e. 5.5 %, which is less than the 2-word differential where PP = 4 and NP = 2, and also less than the 1-word differential where PP = 3 and NP = 2. If PP = 10 and NP = 9, the difference is just 2.5 %. These figures capture the intuition that there isn't a whole lot to choose between [V NP PP] and [V PP NP] when both PP and NP are very long, and hence we don't expect Heavy NP Shift to apply in these cases, whereas even a small word total differential can make a big difference when the number of words assigned is much smaller, and so we expect Heavy NP Shift to be more productive in these cases. The issue is somewhat academic, however, because VPs in which both NP and PP are extremely long are exceedingly rare. For this reason we can tolerate the distortion in question, in the interests of simplicity, without skewing our predictions unduly.

4   The average length of all Nominative-marked items in all 90 examples is 1.5 words; the average for all Accusative-/Dative-marked items is 2.3 words. The great majority of these latter are Accusative rather than Dative.

5   For clarification of this and other points relating to this section, I am most grateful to Beatrice Primus.

6   The ordering Accusative before Dative among pronouns may also be explainable as a result of weight. The phonological and morphological structure of Dative pronouns is either longer than or equal to that of Accusatives in terms of numbers of consonants, vowels and syllable length.

7   For a comparison of the predictions made by EIC and by pragmatic theories for Topic and Focus positions across languages, cf. Primus (to appear). Primus argues that the data support the structural principle, EIC, rather than pragmatics.

References

Chomsky, N. (1981): Lectures on Government and Binding. Dordrecht: Foris.
Dryer, M.S. (1980): "The positional tendencies of sentential noun phrases in universal grammar". The Canadian Journal of Linguistics 25, 123 - 195.
Dryer, M.S. (1988a): "Object-verb order and adjective-noun order: Dispelling a myth". In: Papers in Universal Grammar: Generative and Typological Approaches, ed. by J.A. Hawkins & H.K. Holmback, Lingua Special Issue 74, Nos. 2/3, 185 - 217.
Dryer, M.S. (1988b): "Universals of negative position". In: Studies in Syntactic Typology, ed. by M. Hammond, E.A. Moravcsik & J.R. Wirth. Amsterdam: John Benjamins, 93 - 124.
Emonds, J.E. (1976): A Transformational Approach to English Syntax: Root, Structure-Preserving, and Local Transformations. New York: Academic Press.
Givon, T., ed. (1983): Topic Continuity in Discourse: A Quantitative Cross-Language Study. Amsterdam: John Benjamins.
Givon, T. (1988): "The pragmatics of word order: Predictability, importance and attention". In: Studies in Syntactic Typology, ed. by M. Hammond, E.A. Moravcsik & J. Wirth. Amsterdam: John Benjamins, 243 - 284.
Grosu, A. & S.A. Thompson (1977): "Constraints on the distribution of NP clauses". Language 53, 104 - 151.
Haider, H. (1986): "Who is afraid of typology?" Folia Linguistica 20, 109 - 146.
Hawkins, J.A. (1983): Word Order Universals. New York: Academic Press.
Hawkins, J.A. (1984): "A note on referent identifiability and co-presence". Journal of Pragmatics 8, 649 - 659.
Hawkins, J.A. (1986): A Comparative Typology of English and German: Unifying the Contrasts. Austin: University of Texas Press, and London: Croom Helm (Routledge).
Hawkins, J.A. (1990): "A parsing theory of word order universals". Linguistic Inquiry 21, 223 - 261.
Hawkins, J.A. (1991a): "Innateness and function in language universals". In: The Evolution of Human Languages, ed. by J.A. Hawkins & M. Gell-Mann. Reading, MA: Addison-Wesley.
Hawkins, J.A. (1991b): "On (in)definite articles: Implicatures and (un)grammaticality prediction". Journal of Linguistics 27.2.
Hawkins, J.A. (to appear): A Performance Theory of Order and Constituency. Cambridge: Cambridge University Press.
Hawkins, J.A. & A. Cutler (1988): "Psycholinguistic factors in morphological asymmetry". In: Explaining Language Universals, ed. by J.A. Hawkins. Oxford: Basil Blackwell, 280 - 317.
Hawkins, J.A., K. Horie & S. Matthews (in prep.): "Pragmatic information status and syntactic weight in free word order".
Jacobs, J. (1988): "Probleme der freien Wortstellung im Deutschen". Sprache und Pragmatik. Arbeitsberichte 5. Lund, 8 - 37.
Keenan, E.L. (1978): "The syntax of subject-final languages". In: Syntactic Typology, ed. by W.P. Lehmann. Austin: University of Texas Press, 267 - 327.
Koopman, H. (1984): The Syntax of Verbs. Dordrecht: Foris.
Lehmann, W.P. (1978): "The great underlying ground-plans". In: Syntactic Typology, ed. by W.P. Lehmann. Austin: University of Texas Press, 3 - 55.

Marslen-Wilson, W.D. & L.K. Tyler (1980): "The temporal structure of spoken language understanding". Cognition 8, 1 - 71.

Müller-Gotama, F. (1991): "A typology of the syntax-semantics interface". University of Southern California, Ph.D. dissertation.

Primus, B. (1989): "Parameter der Herrschaft: Reflexivpronomina im Deutschen". Zeitschrift für Sprachwissenschaft 8, 53 - 88.

Primus, B. (to appear): "A performance-based account of topic positions and focus positions". In: Performance Principles of Word Order, ed. by J.A. Hawkins. Working Papers of the European Science Foundation Programme in Language Typology.

Rohdenburg, G. (1974): Sekundäre Subjektivierungen im Englischen und Deutschen: Vergleichende Untersuchungen zur Verb- und Adjektivsyntax. Bielefeld: Cornelson-Velhagen und Klasing.

Vennemann, T. (1974): "Theoretical word order studies: results and problems". Papiere zur Linguistik 7, 5 - 25.

Neutral Stress and the Position of Heads

Joachim Jacobs, Wuppertal

1 Neutral stress

The topic of this paper is neutral stress, i.e. stress in the absence of narrow focus. I will argue that on the basis of the theory of neutral stress outlined in Jacobs 1991a, certain asymmetries in the neutral stress patterns of different constructions and of different languages (e.g. English, German, and Hungarian) can be shown to reflect different settings of an independent parameter, viz. head position. Surprisingly, however, we do not have to refer to head position in the formulation of stress principles to account for this fact. Rather, the correlation between stress patterns and head position proves to be a mere epiphenomenon of the interaction between stress principles and syntactic structures in the theory mentioned above.
Let me first give a somewhat more precise definition of neutral stress:

(Def1) A stress pattern SP of a constituent X is neutral iff
SP is possible if X does not dominate a constituent with the feature [f].

The feature [f] means 'focus'. Definition 1 presupposes that this feature is assigned to syntactic constituents, in correspondence with the semantic focus-background structure (FBS) of the sentence. Here are a few illustrations from German:[1]

(1)   [$_{CP[f]}$ weil [$_S$ Pèter [$_{VP}$ ein Búch liest]]]
        because Peter   a   book reads

In example (1) the focus feature [f] is assigned to the whole CP. The CP therefore does not dominate a constituent carrying the focus feature. (Domination, of course, is to be understood in its usual, irreflexive sense here.) This assignment of the focus feature corresponds, for example, to a situation in which (1) is uttered as an answer to the question *Warum freust du dich?* ('Why are you so happy?'). The stress pattern, with primary stress on *Buch* and a secondary stress on the subject, is in accordance with this assignment of [f], i.e. it is well-formed in relation to the FBS of (1), given our intuitions about the possible stress patterns of German sentences. Therefore, the stress pattern of (1) is neutral in the sense of Definition 1.
In example (2),

(2)   [$_{CP[f]}$ weil [$_S$ Pèter [$_{VP}$ auf dem Sòfa líest]]]
        because Peter   on the sofa reads

primary stress is assigned to the verb, and secondary stresses go to the subject and to the adverbial. Again, this stress pattern is compatible with the whole CP being in focus. It is therefore a neutral stress pattern.
The CP in (3), on the other hand,

(3)   [CP wéilC[f] [S Peter [VP ein Buch liest]]]

shows a non-neutral stress pattern. The focus feature is assigned to the complementizer, which consequently receives the main stress of the CP. This corresponds to contrastive contexts, as, for example, *Ich freue mich, wéil Peter ein Buch liest, nicht obwóhl er eines liest* ('I'm glad becáuse Peter is reading a book, not althóugh he is reading a book').
The non-neutrality of this stress patterns follows from the fact that it is not compatible with any other focus assignment than the one in (3). Especially, it is not compatible with the whole CP being in focus:

(4)   * [CP[f] wéil [S Peter [VP ein Buch liest]]]

On the other hand, neutral stress patterns normally are compatible with narrow focus:

(5)   [CP weil [S PèterNP[f] [VP [ein Búch]NP[f] liest]]]

Example (5) is well-formed and it has the same stress pattern as (1), i.e. by Definition 1, a neutral stress pattern. However, in this case the focus feature is assigned to proper parts of (5), viz. to the subject and to the object. A possible context is *weil Pèter ein Búch liest und Gèrda die Zeitung* ('because Peter is reading a book and Gerda the newspaper').
The fact that many (if not all) neutral stress patterns are compatible with narrow focus has been discussed in the literature under such headings as *focus projection* or *focus percolation*. I've argued in Jacobs 1991a that this phenomenon is not an instance of feature percolation in the technical sense, i.e. it is not the result of a process copying the focus feature from higher nodes to lower nodes (or vice versa) in syntactic trees. Rather the ambiguity of certain stress patterns with respect to the position of the focus feature follows from independently justified principles relating syntactic trees containing fixed (i.e. non-percolating) occurrences of the focus feature on the one hand to representations of stress on the other. These principles, as we will see below, also explain the asymmetries in neutral stress that are the topic of this paper.
The examples (1) - (5) are simplified in several respects. First of all, the marks "'" and "\" will not suffice to give a detailed representation of stress patterns. Rather I will use a tree-and-grid notation to be introduced below. Secondly, in the relational view of focus I've been advocating in several papers,[2] indices must be added to the focus feature to represent the focusing operator in the semantic structure of the sentence, e.g. sentence mood or negation or a propositional attitude. This information is needed for syntactic as well as for phonological reasons, but it is irrelevant in the case of neutral stress. Therefore, I will simply skip the indices here. Thirdly, the choice of syntactic categories in my examples corresponds to rather traditional views which I do not share in every

detail. For example, I do not think that the maximal projection of V excludes the subject in German.[3] But I do not want to discuss such questions here, and therefore I will try to choose unprovocative category symbols. As we will see below, syntactic categories are not relevant to the principles of neutral stress.

2 Asymmetries

As I said above, the asymmetries in neutral stress patterns I would like to discuss here arise in different constructions and in different languages. Let me first give an illustration of asymmetries in different constructions of German. Consider (6a) and (6b). Given that [f] is assigned to the whole CP, (6a), with main stress on the constituent immediately preceding the verb, is perfect, whereas the pattern of (6b), which puts the main stress on the verb, is hardly possible. For this pattern to be acceptable, the verb would have to be in narrow focus:

(6) a) [$_{CP[f]}$ weil [$_S$ Pèter [$_{VP}$ einen Bríef schrieb]]]
     b) *[$_{CP[f]}$ weil [$_S$ Pèter [$_{VP}$ einen Brief schríeb]]]
         because Peter   a   letter wrote

In (7a) – (7b), however, the situation is exactly reversed. Here, main stress on the verb is fine, whereas main stress on the constituent immediately preceding the verb is not possible unless this constituent is narrowly focussed:

(7) a) *[$_{CP[f]}$ weil [$_S$ Pèter [$_{VP}$ seit Stúnden schläft]]]
     b) [$_{CP[f]}$ weil [$_S$ Pèter [$_{VP}$ seit Stùnden schl'äft]]]
         because Peter   for hours   sleeps

This difference in the possible patterns of neutral stress between cases like (6) and cases like (7) is, of course, well known. According to many researchers, what is responsible for this difference is the fact that in (6) the VP consist of a verb and its direct object, whereas in (7), it is an adverbial-plus-verb combination which makes up the VP. Whatever the details may be, these cases therefore seem to show that the choice between the trochaic pattern we find in the a-examples and the iambic pattern of the b-sentences somehow depends on grammatical relations inside the VP.

But now consider (8) – (9), which exemplify neutral stress patterns of NPs. Here it seems that neutral stress is totally *insensitive to internal grammatical relations*. In (8), the head noun is followed by an argument, in (9) it is followed by a locative adjunct. But the possible patterns of neutral stress in both cases are identical: (8) as well as (9) must have primary stress on the last constituent, i.e. they must have the iambic pattern. All other placements of primary stress signal narrow focus:

(8) a) *[$_{NP[f]}$ die [$_{N'}$ Er'öffnung eines Restaurants]]
     b) [$_{NP[f]}$ die [$_{N'}$ Er'öffnung eines Restauránts]]
             the   opening   a   restaurant

(9) a) * [NP[f] das [N' Háus in München]]
     b) [NP[f] das [N' Hàus in M'ünchen]]
        the   house in Munich

A difference in the sensitivity of neutral stress to grammatical relations not only emerges when we compare different constructions in a single language but also when we compare similar constructions in different languages, for example complex VPs in German and English. Consider examples (10) and (11):

(10) a) * [S[f] Pèter [VP wróte a letter]]
     b) [S[f] Pèter [VP wròte a létter]]

(11) a) * [S[f] Pèter [VP slépt in the garden]]
     b) [S(f] Pèter [VP slèpt in the gárden]]

Complex VPs in English, in contrast to complex VPs in German, do not seem to have varying patterns of neutral stress depending on their internal grammatical relations. Rather they normally have primary stress on the last constituent, i.e. the iambic pattern, regardless of whether this constituent is an argument or an adjunct (unless, of course, some constituent within the VP is narrowly focussed). Furthermore, there is no difference between the patterns of neutral stress in complex VPs and NPs:

(12) a) * [NP[f] his [N' gíft of a book]]
     b) [NP[f] his [N' gìft of a bóok]]

(13) a) * [NP[f] his [N' appártment in London]]
     b) [NP[f] his [N' appàrtment in Lóndon]]

Again, the last constituent gets primary stress, regardless of grammatical relations.
On the other hand, English, too, has certain constructions in which a non-final constituent can receive greatest prominence in the absence of narrow focus, cf. the well-known example (14):

(14) a) [S[f] Jóhnson [VP died]]
     b) [S[f] Jòhnson [VP díed]]

((14b) is only possible when the subject, although it is not outside the focus, is somehow contextually present.) The obvious parallel between (14a) and German examples like (6) is that it is a preverbal argument that receives greatest prominence here.

3 Observations and (non-)explanations

Such asymmetries in neutral stress among different constructions and different languages have been noted in the literature several times. For example, the different neutral stress patterns of VPs and NPs in German have been discussed by von Stechow & Uhmann (1984) and by Krifka (1984). However, these authors have not been able to give a satisfying explanation of the data, i.e. an explanation which derives the asymmetries without simply stipulating that in different constructions and/or different languages, different stress rules apply. It seems reasonable to assume that the principles of neutral stress are not construction-specific or language-specific, but rather react to variations in certain grammatical properties in a way that will finally yield the asymmetries in question.

Recently, J. Hetland (1991) called attention to the fact that the asymmetries correlate with *differences in the position of heads*. And indeed, if we look at the data again, we will notice a tight connection between head position and stress patterns: Only if the head is in final position and immediately preceded by an argument, we find the trochaic pattern, i.e. greatest prominence on the pre-final constituent, cf. examples (6) and (14). In all other cases we have discussed - i.e. when the head is non-final or not immediately preceded by an argument - the iambic pattern must be chosen, i.e. primary stress goes to the last constituent, as in (7), where the head is immediately preceded by an adjunct, or in examples (8) – (13), where the head is in first or second position. As further support of this generalization, Hetland gave examples from her native language Norwegian, which have the head in second position and indeed follow the iambic pattern, cf. (15):

(15) a) * [CP[f] at [S Anne [VP ga sin s'øster boka]]]
      b)   [CP[f] at [S Anne [VP ga sin søster bóka]]]
           that   Anne   gave her sister the book

Hetlands observation coincides with results obtained in *accentuation typology*. Dezsö (1982) and Harlig & Bardovi-Harlig (1988) have established a correlation between basic word order and stress patterns: OV languages follow the pattern we have called trochaic, VO languages follow the iambic pattern.

Unfortunately, these results of Dezsö and Harlig & Bardovi-Harlig are somewhat blurred by their use of pragmatic terms in the description of the data. In order to refer to cases of neutral stress - i.e. of stress in the absence of narrow focus - they make use of a notion of *non-contrastive* or *unmarked rheme*. It seems that the use of this notion, taken from the Prague tradition of Functional Sentence Perspective, is already part of the explanation they have in mind. I haven't found an explicit formulation of an explanatory hypothesis in their works, but nevertheless the general idea seems to be clear, especially in Harlig & Bardovi-Harlig (1988). Starting from the assumption that the rheme of a sentence attracts primary stress and that the object is the rheme in the unmarked case, they compare word order patterns differing in the position of the unmarked rheme. For SOV and SVO, the result is (16a) and (16b), respectively:

(16) a) S 'O V
            [rheme]

      b) S V 'O
                [rheme]

In this view, therefore, the different stress patterns of OV- and VO-structures simply reflect the different positions of the unmarked rheme, i.e. the object.

On closer inspection, this explanation turns out to be untenable. Especially VO-structures, or more generally, structures with a non-final head, are problematic. As we have seen above, the crucial property of these structures is that they require the iambic pattern *regardless of internal grammatical relations*. This means, that in these structures the last constituent will be most prominent no matter whether it is an object or an adjunct. For example, an English VP containing an object and a locative adjunct will be stressed on the adjunct in the neutral case, cf. (17):

(17)   a) * [S[f] Pèter [VP met Máry in the garden]]
        b)   [S[f] Pèter [VP met Màry in the gárden]]

The theory sketched in (16) would predict counterintuitively that (17a), with the unmarked rheme (= the object) as the most prominent part, is perfect, while (17b) should be unacceptable or at least marked, due to the fact that the unmarked rheme doesn't receive primary stress. – From such data I conclude that the principles governing neutral stress ignore the position of the unmarked rheme (whatever the exact definition of unmarked rheme may be) and that the coincidence of unmarked rheme and primary stress in (16) is merely accidental.[4]

Another way to capture the correlation between stress patterns and head position was proposed – albeit very tentatively – by Hetland (1991). The way she presented her observations implied that the principles of neutral stress – or as she calls it, of focus projection – should be made sensitive to the position of the head, or more precisely, to the direction in which the head builds up its surrounding structure by assigning theta-roles, case etc. (which, according to Hetland, is "vom Kopf weg" in head-final constructions and "auf den Kopf zu" in non-head-final constructions). Unfortunately, Hetland didn't spell out any of the details, but certainly it would be possible to formulate stress rules of this kind. I doubt, however, whether on the basis of such rules, one could give more than just a descriptive account of the correlation between stress patterns and head position, because in the resulting theory this correlation, due to its being built into the rules, wouldn't be derivable from independent principles.

4   A theory of neutral stress

In what follows I will sketch my own explanation of the observations of Hetland and of accentuation typology. What I claim is this: We neither have to make use of the notion of unmarked rheme nor do we have to introduce head position as an additional parameter into the principles of neutral stress. Rather all data follow from the stress principles formulated in Jacobs 1991a, which are 'blind' to unmarked rheme position as well as to the position of the head. Instead, they crucially refer to a partly structural, partly pragmatic relation between sister-constituents called *integration*. In this framework, the correlation between head-position and stress patterns is not stipulated anywhere in the grammar but rather follows from the way stress principles interact with syntactic structures.

4.1 Levels of representation

The theory of FBS outlined in Jacobs 1991a is based on a distinction of four levels of representation: FBS appears in semantic representations and in representations of syntactic (S-)structure. Furthermore, stress is represented in trees depicting relative prominence as well as in rhythmical grids. For example, the German sentence (18),

(18)   Er hat den Kánzler geküßt.
       He has the chancellor kissed

with *hat den Kanzler geküßt* as the focus and the subject in the background (e.g. after the question *Warum muß Peter ins Gefängnis?* 'Why does Peter have to go to jail?'), will get the following four (again simplified and hopefully non-provocative) representations, among others:

(M18)   ASSERT(#λP[P(ER)],λx[HAT(KÜSS(DEN KANZLER)(x))]#)

(S18)

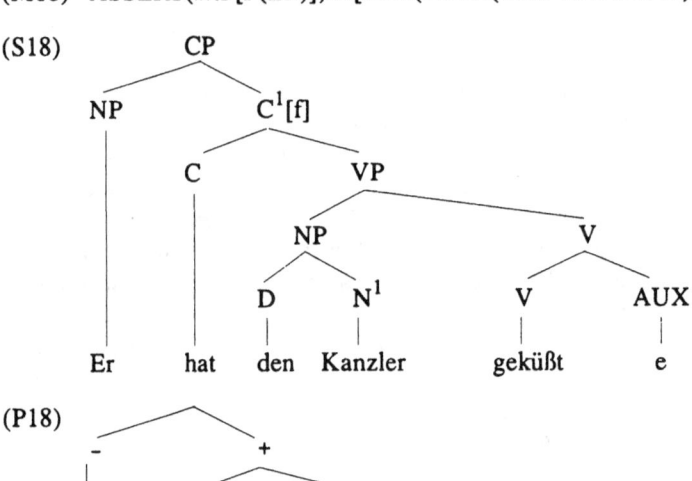

(P18)

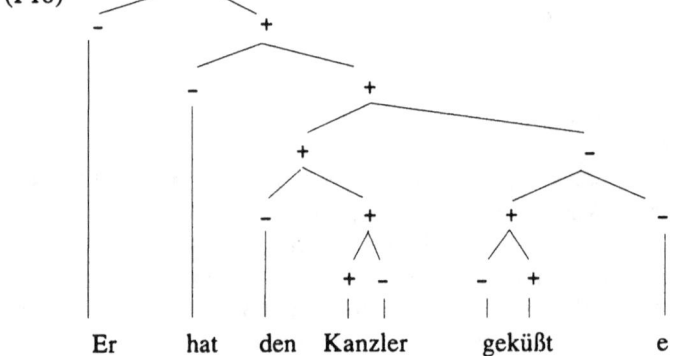

(R18)   Er hat den Kanzler geküßt
        *   *   *   *   *   * *
              *   *   *
                  *

In (M18), FBS manifests itself in the partitioning of the formula within the scope of ASSERT, the operator representing the illocutionary type of the sentence. In general, FBS is semantically represented by structured propositions in the scope of operators sensitive to this structuring. It will not be necessary to elaborate this any further here, as the semantics of focus is irrelevant for the questions to be discussed here.

In syntactic S-structure, as illustrated by (S18) and already by many of the examples above, focus is represented by an assignment of the feature [f] to certain nodes. This notation, of course, is very common in theories of FBS. In contrast, the notation used in the trees describing relative prominence, cf. (P18), is somewhat unusual. It is based on the labels "+" and "-" instead of the common weak-strong notation of metrical phonology. This is not just a difference in symbols, because "strong" means 'more prominent than the weak sister', whereas "+" means 'more prominent than any minus-sister and equal in prominence to any plus-sister'. This presupposes the possible occurrence of "+" on more than one sister constituent, and indeed that is what we will find in many of the representations of relative prominence in the case of neutral stress.

The grids depicting the rhythmical organization of the sentence are to be interpreted as usual. The height of the column under each syllable represents the strength of the beat associated with the syllable. Applied to (R18) this means that *Kan-* gets the strongest beat, *hat* and *-küßt* are second in rhythmical strength, and so on.

4.2 Principles

These four levels of representation are connected by principles restricting the possible pairings of semantic and syntactic representations (= A-principles), of syntactic representations and prominence trees (= B-principles), and of prominence trees and rhythmical grids (= C-principles):

Semantic Structure
(FBS represented by structured propositions)
⇑
A-principles
⇓

S-structure
(FBS represented by assignment of [f])
⇑
B-principles
⇓

Prominence trees
⇑
C-principles
⇓

Rhythmical grids

The A-principles are not important for our present concerns.[5] The B-principles have the form of conditions on the assignment of "+" and "-" to the nodes of S-structural trees. After this assignment has been completed, the resulting trees are transformed into prominence trees by deleting all non-terminal vocabulary except "+" and "-". In a last step, the internal plus-minus-structure of polysyllabic words is added from the lexicon to the terminal nodes of these prominence trees.

There are exactly three B-principles: The first of them accounts for the effects of narrow focus on the distribution of "+" and "-". Roughly, this principle assigns "+" to every element of a set of sister constituents SC which is marked with [f] or dominates a constituent marked with [f], and "-" to every other element of SC.[6] The two other B-principles describe plus-minus-patterns in the absence of narrow focus, i.e. patterns of neutral stress, or more exactly, of neutral prominence. These principles of neutral prominence are an essential component of our explanation of the asymmetries discussed above. Let's have a look at the first of them:

(B-principle 1)
>   For any syntactic structure S and any set of sister-constituents SC of S:
>   If no element of SC is marked with [f] or dominates a constituent
>   marked with [f] in S,
>   then "+" is assigned to every element of SC not marked with [-ns].

"[-ns]" means 'not able to be prominent unless in narrow focus'. The set of [-ns]-constituents of a natural language typically comprises many of the so-called function words, e.g. determiners and complementizers. Also, non-demonstrative personal pronouns, wh-elements and certain indefinite words like German *jemand* or English *someone* are [-ns]. In all these cases, the feature [-ns] is projected from the lexicon. But the assignment of this feature can also be guided by non-lexical rules. For example, as a rule, empty elements must be considered to be [-ns]. Even complex constituents can become [-ns] under certain syntactic and pragmatic conditions, cf. Jacobs 1988, 1991a.

Let me give an example of the application of B-principle 1. Consider (S19):

(S19)

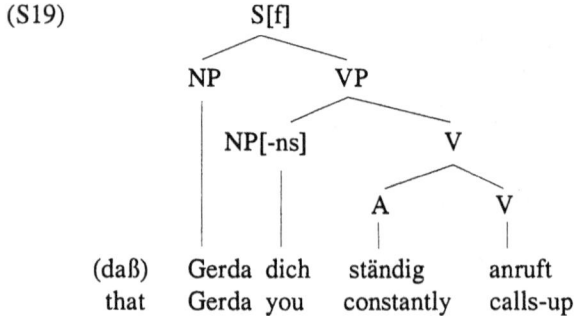

The first condition of B-principle 1, i.e. the absence of [f] in the constituents in question and in the material dominated by these constituents, is fulfilled by every set of sister-constituents of (S19).[7] Therefore, B-principle 1 can be applied to all of these sets. Starting from the top of the tree, both elements of {NP,VP} get "+", as none of them is marked with [-ns]. In {NP,V}, V gets "+", but the object NP gets "-", due do its [-ns]-feature. (We use the convention that all non-plus constituents get "-".) Finally, the adverbial and the lowest V both get "+". After syntactic category symbols have been deleted and lexical prominence has been added, the result is (P19):

(P19)

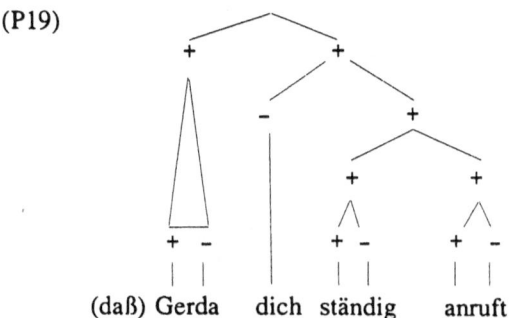

(P19) represents the intuitive prominence relations of (S19) correctly, with the exception of one detail: According to (P19), the verb is equal in prominence to the adverbial. But intuitively, the verb has a somewhat stronger stress, especially in fast speech, which makes (S19) an instance of what we have called the iambic pattern. However, I would argue that this is not a matter of prominence, but should be treated as an optional phenomenon on the grid level, which I will discuss below.

Clearly, B-principle 1 does not account for the trochaic pattern of, for example, (6) and (14) above. This pattern is the result of the application of B-principle 2 which governs neutral prominence in the special case of *integration*. Before I define integration, let's have a look at B-principle 2:

(B-principle 2)
    For any syntactic structure S and any set of sister-constituents SC of S:
    If no element of SC is marked with [f] or dominates a constituent marked with [f] in S, and if an element c_1 of SC is integrated into another element c_2 of SC,
    then:
    if c_1 is not marked with [-ns], "+" is assigned to c_1;
    if c_1 is marked with [-ns], "+" is assigned to c_2.

For example, B-principle 2, jointly with B-principle 1, transforms (S20) into (P20):

(S20)

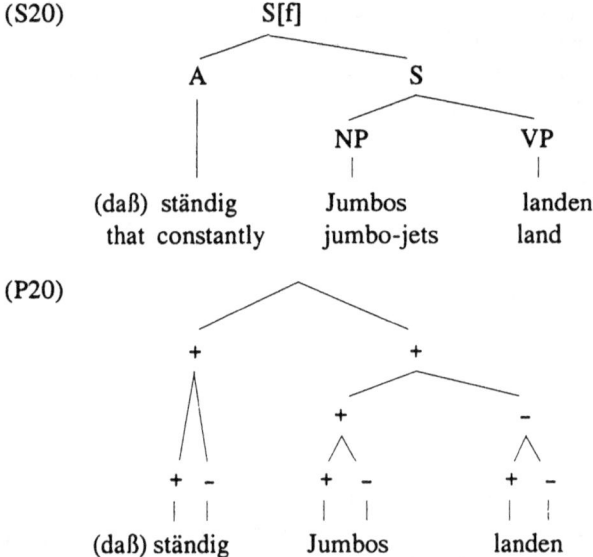

(P20)

To see how this is achieved, let's assume that *Jumbos* is integrated into the verb in (S20). Consequently, B-principle 2 will assign "+" to the NP, as it doesn't have the feature [-ns]. VP, on the other hand, gets "-" by default. Let's assume furthermore that the adverbial is not related to its sister S by integration. Therefore, B-principle 1 will apply here, resulting in a plus-plus-pattern, as none of the co-constituents is [-ns].

(P20) renders the intuitive pronounciation of (S20), which is of the type we have called trochaic. Note especially that the subject is represented as being more prominent than its sister VP. But again, one detail is missing: Intuitively, the subject gets a somewhat stronger stress than the adverbial in normal or fast speech. This will be explicated on the grid level.

If we had chosen a [-ns] element as subject of (20) (e.g. *etwas* 'something'), B-principle 2 would have made the VP more prominent than the subject. Again, this conforms to our intuitions about neutral stress (cf. *daß stàndig etwas lándet*).

Now of course we have to define integration. Intuitively, integration of two sister-constituents ties them together to form a monolithic block of information:

(Def2) A constituent c_1 is integrated into a sister-constituent c_2 iff c_1 and c_2 do not function as separate informational units.

But when do sister-constituents fail to 'function as separate informational units' in the relevant sense? Unfortunately, this notion has two properties that make it somewhat fuzzy. First, it is based on a prototype, and therefore, as with all concepts based on prototypes, whether constituents fail to function as separate informational units will be a matter of more or less, rather than of yes or no. Secondly, one of the conditions defining the prototypical case of informational separation is pragmatic, i.e. depends partly on the context of the utterance: In the prototypical case, if two sister-constituents c_1 and c_2 fail to function as separate informational units, there is *no topic-comment boundary* between c_1 and c_2, i.e. the speaker refrains from presenting c_1 as denoting an entity about which c_2 is providing some information. Whether the speaker will do so partly depends on grammatical factors, e.g. on semantic roles and on aspectual properties. For example, if c_2 is a predicate describing a permanent or generic property of c_1, a topic-comment boundary will be built up automatically. Also, in many languages a topic-comment-interpretation will be forced by certain overt markers (cf. Japanese *-wa*) or certain structural positions. On the other hand, the grammatical properties of a sentence in many cases leave the speaker the freedom to choose between a categorical presentation of the information, i.e. one involving a topic-comment boundary, or a thetic presentation.[8] As I have shown in Jacobs (1988), this is true even in the case that has been considered the most typical topic-comment construction by some researchers, viz. if c_1 is the agent of an action described by c_2.[9]

There are other, non-pragmatic conditions defining the prototype of informational non-separation: c_1 must be *under the influence of the valency* of some lexical element l within c_2 (where l may be the only terminal node of c_2). This means, that pure adjuncts cannot be integrated, because they somehow behave like separate informational units. Moreover, within c_2, no other element may occur that is either under the influence of the valency of l or modifies l. In other words, informational non-separation and therefore integration is limited to a certain degree of syntactic complexity. If c_2 goes beyond this degree of complexity, c_1 and c_2 will automatically be interpreted as a separate informational unit. Note that this condition normally implies that *c_1 and l are adjacent*.

These conditions establish similarities between integration and the formation of *complex words*. I have argued in Jacobs (1991b) that it is the word-like nature of complexes resulting from integration that explains why an integrated c_1 ceases to be a barrier for movement. Note also that the plus-minus pattern associated with integration by B-principle 2 is a typical prominence pattern of complex words.[10]

Now let's see whether this definition of integration justifies our assumptions concerning example (20). We have assumed that *ständig* is not integrated, and, as we can see now, this follows from the fact that *ständig* is not under the influence of the valency of the verb. Rather it is a free temporal adjunct. And even if there were a valency relation between this adjunct and the verb, the third condition on integration would be violated, as the sister-VP of *ständig* already contains an argument of the verb. Turning to this argument now, we have assumed above that it is integrated into the VP. And indeed, it fulfills all the conditions defining the prototype of integration. It is an element under the influence of the valency of the verb, it is adjacent to the verb and it is not separated by a topic-comment boundary from the verb. Rather, the information of Jumbo jets landing somewhere is presented in a thetic way, i.e. as a monolithic block of information, which is typical of sentences with unaccusative subjects.

The prototypical, more-or-less nature of integration can be seen most clearly in cases where the third condition mentioned above is violated. When one uses the trochaic pattern described in B-principle 2 in the pronounciation of a [c_1 c_2]-phrase in which c_2 already contains an argument or an adjunct, thereby forcing an interpretation according to which c_1 is integrated into c_2, the result is often not totally inacceptable (provided that the other two conditions are not violated as well). This is especially true in cases where the intervening constituent is not very heavy, e.g. a pronoun or a particle: *daß ständig Júmbos dort landen* is not considerably less acceptable than (P20), in spite of the intervening adjunct *dort* ('there'), whereas *?daß ständig Júmbos in unmittelbarer Nähe eines Wohngebiets landen*, with a heavy intervening adjunct, is at most marginally acceptable. Another class of intervening constituents that can be overlooked by the third condition on integration includes elements forming a very tight conceptual unit with the rest of c_2, e.g. certain directional arguments, as in *daß er seinen Húnd ins Büro mitnimmt* ('that he takes his dog along with him to the office').

The reader may have noticed that B-principles 1 and 2 overlap in their domains of application. More precisely, the domain of B-principle 1 is a proper extension of the domain of B-principle 2. But applying B-principle 1 to cases where B-principle 2 could be applied as well leads to empirically incorrect results. As S. Uhmann (1991) has observed, if integration takes place, the integrated element c_1 - or, as Uhmann calls it, the focus exponent - must have heavier stress than c_2. In Jacobs (1991a) I tried to capture this by a condition on rhythmical grids. But perhaps it would be more elegant to assume that our B-principles are subject to the law of proper inclusion. In this case, the principle with the more specific domain would have to applied whenever it is possible to apply it. This of course means that B-principle 2 will have to applied whenever integration takes place. [11]

Let's have a look at the *C-principles* now. Actually, there is only one principle that governs the well-formedness of pairings of a prominence tree P and a rhythmical grid R:

(C-principle 1)
> A pair <P,R> is wellformed if every set of sister constituents SC of P is such that 1. and 2. are true:
> 1. The designated syllables of every +-element of SC are stronger in R than all syllables of other elements of SC;
> 2. The designated syllables of all +-elements have the same strength in R.

The designated syllables of an element c of SC are those syllables in the terminal chain of c that are dominated by the least number of occurrences of "-" in c.

For example, (P19) and (R19) can be paired, according to C-principle 1:

(R19) (daß) Gerda dich ständig anruft
```
         *  *    *         *  *    *  *
         *              *        *
```

The designated syllables of *ständig* and *anruft* are equal in rhythmical strength, as required by condition 2. of C-principle 1. Condition 1, on the other hand, requires *dich* to be less strong than the designated syllables of *ständig* and *anruft*, because *dich* is in a minus-plus relation to *ständig anruft*. The designated syllables of *Gerda* and *dich ständig anruft* again have to be equal in strength, according to condition 2.

(P20) will be paired with (R20):

(R20) (daß) ständig Jumbos landen
```
        *   *   *   *   *  *
        *       *       *
        *       *
```

The only way to make the designated syllable of *Jumbos* stronger than the designated syllable of *landen*, as required by condition 1 of C-principle 1, is to give it at least a three star column, because *land-* must receive at least two stars to be stronger than *-en*. But then, the second condition of C-principle 1 also requires three stars under the designated syllable of *ständig*, because *ständig* and *Jumbos landen* are in the plus-plus relation of prominence.

In addition, there are several *optional operations on the grids* produced by C-principle 1 which transform them in order to meet requirements of euphony or to explain stylistic variations. One of them is of special importance to our topic. It is an operation that strengthens the last in a series of strongest beats, called *Final Strengthening* (adopted from Uhmann 1991):

(Final Strengthening)
    For any grid R corresponding to an intonation phrase:
    One further "*" is added to the last of the highest columns of R.

Final Strengthening is operative in normal or fast speech and is suppressed in certain slow or expressive styles of speaking. Under the assumption that (R19) and (R20) correspond to an intonation phrase,[12] they will be transformed into (R19') and (R20'), respectively, by Final Strengthening:

(R19') (daß) Gerda dich ständig anruft
```
        *  *   *   *   *   *   *
        *           *       *
                            *
```

(R20') (daß) ständig Jumbos landen
```
        *   *   *   *   *  *
        *       *       *
        *       *
                *
```

This explains our observation that both in (19) and (20) the adverbial will be somewhat less strongly stressed than the constituent following it in linear order.

4.3 Explaining the asymmetries

We are now equipped to explain the asymmetries discussed in 2. We have already seen that in head-final structures, e.g. in verb-final phrases as (19) or (20), the fact that both the iambic and the trochaic pattern occur, depending on internal grammatical relations, is predicted by our principles, cf. (R19') and (R20'). The relevant grammatical relations are explicated by the conditions on integration. But what happens in structures with the head in non-final position? Why does the iambic pattern occur in these structures regardless of internal grammatical relations? To explain this, we only have to apply the principles we have formulated in 4.2, without any changes or additions. Consider, for example, the German noun phrase (S21):

(S21)
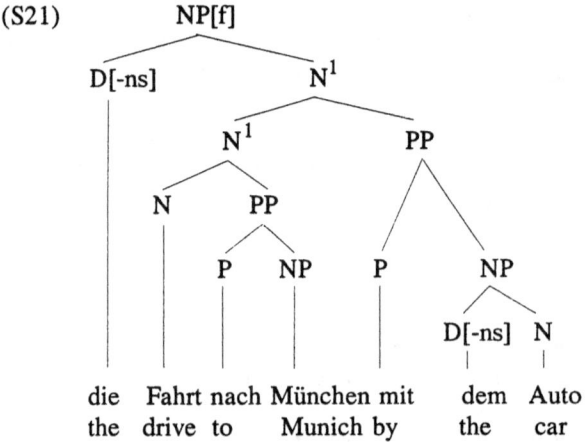

According to the B-principles, the prominence relations in (S21) are those depicted in (P21), where I have added to each non-lexical branching node an indication of the B-principle that has been applied:

(P21)
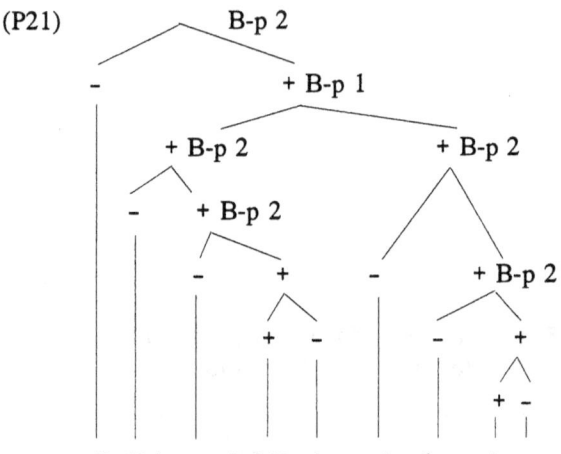

In $\{D,N^1\}$, B-principle 2 must be applied, because the combination of determiners with their nominal sisters must be considered to be an instance of integration, cf. Jacobs (1991b). (Note that all the conditions on integration are fulfilled, given that determiners have a functional valency on which their sister-nominals depend.) In $\{N^1,PP\}$, no integration takes place, as the PP is an instrumental adjunct of the lexical head *Fahrt* and, in addition, an argument of *Fahrt* intervenes. Therefore B-principle 1 applies, yielding a plus-plus-pattern. In {N,PP}, *nach München* is integrated into *Fahrt*: The PP is an internal argument of the lexical noun, and no other argument or modifier intervenes. Integration also takes place within the two PPs: The complement of an adposition is under the influence of the valency of the adposition and not separated from it by other elements. Therefore, B-principle 2 assigns a minus-plus-pattern in all of these cases.

Note that according to (P21) the argument of the lexical head noun is equal in prominence to the instrumental adjunct. This means that already on the level of prominence, our principles do not assign a trochaic pattern in such cases. Rather, what we get is a pattern that will emerge as iambic on the grid level, cf. (R21), which is transformed into (R21') by Final Strengthening:

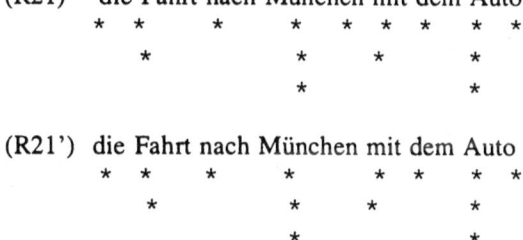

But remember that, according to our observations, phrases with the lexical head in non-final position will get these iambic patterns regardless of their internal grammatical relations. Especially, it does not matter whether the lexical head is followed both by an argument and by an adjunct, as in (21), or only by an argument, or only by an adjunct. This is explained by our principles. Consider (S22) and (S23):

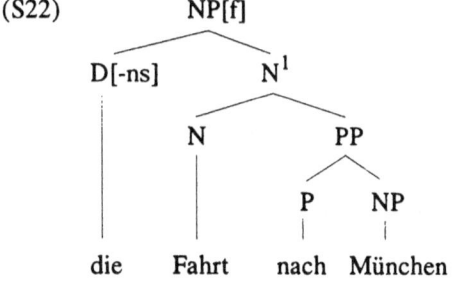

(S23)

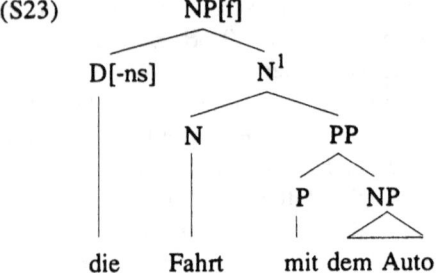

These structures will mapped on the prominence patterns (P22) and (P23), respectively, by the B-principles:

(P22)

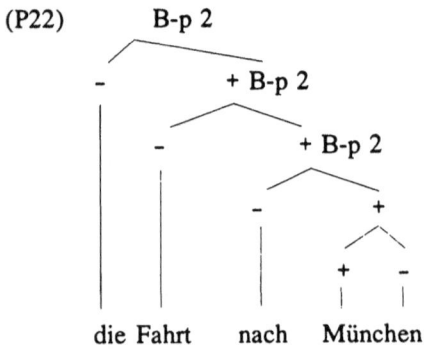

(P23)

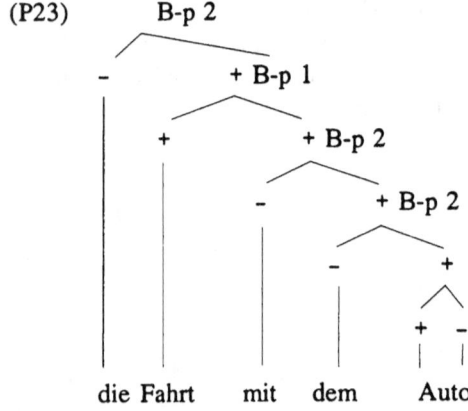

The difference between (P22) and (P23) is that the prominence pattern of *Fahrt nach München* is determined by B-principle 2, whereas the prominence pattern of *Fahrt mit dem Auto*, due to lack of integration, is the result of B-principle 1. However, if we look at the grids corresponding to (P22) and (P23), we won't see a dramatic difference. Both patterns of prominence surface as iambic rhythmical grids, as a result of C-principle 1 and Final Strengthening:

(R22)   die Fahrt nach München
```
         *    *     *    *    *
              *          *
                         *
```

(R23)   die Fahrt mit dem Auto
```
         *    *     *    *   *    *
              *                *
```

(R22') die Fahrt nach München
```
         *    *     *    *    *
              *          *
                         *
                         *
```

(R23') die Fahrt mit dem Auto
```
         *    *     *    *   *   *
              *                *
                               *
```

The only difference on the grid level is a somewhat steeper rise from the syllable which is second in strength to the strongest syllable, due to the fact that in (R22), but not in (R23), Final Strengthening adds a "*" to a column which is already one "*" higher than any of the other columns, a reflex of integration in (S22).

What we see, therefore, is that there is indeed an asymmetry between the possible patterns of neutral stress in head-final and non-head-final phrases, but that it follows from principles which do not refer to head position. (Note that not even the word "head" occurs in our principles.) The variation between trochaic and iambic patterns in head-final phrases, depending on internal grammatical relations, is explained as reflecting the presence or absence of integration. According to B-principle 2, integration induces a plus on the integrated element, and a minus on its sister, the target of integration. Lack of integration induces a plus-plus-pattern, cf. B-principle 1. Consequently, if the last constituent in a phrase is a target of integration, this will yield a plus-before-minus - i.e. trochaic - pattern. Now, in head-final phrases the last constituent, i.e. the head, very often is a target of integration, viz. a valency-bearing element immediately preceded by a non-topical argument. If, on the other hand, a head in final position is not a valency-bearing element preceded by a non-topical argument, integration will fail to take place, and a plus-before-plus pattern will be assigned by B-principle 1, which will emerge as iambic on the rhythmical level.

In contrast, when a target of integration precedes the integrated element, the result will be a minus-before-plus pattern of prominence - i.e. a iambic pattern - by the same principles. And this, of course, happens very often when the target of integration is a head in non-final position. But in this case, there will not be a sharp distinction between integration and non-integration, as the latter will again produce plus-before-plus patterns emerging as iambic on the grid level.

The correlation between possible stress patterns and head position therefore is merely an epiphenomenon of the way stress principles react to integration under different syntactic circumstances. It is easy to see that this explanation also covers the differences between OV- and VO-languages we have discussed above. All we have to do is to assume that in a VO-language like English, the same principles of neutral stress apply. Consider the English sentence (S24):

(S24)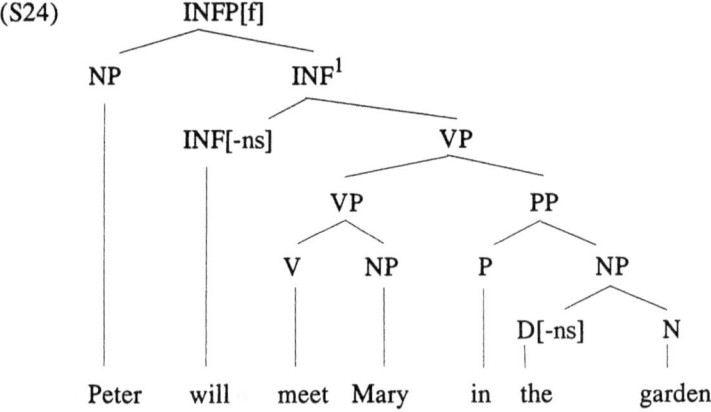

(S24) will be transformed into (P24) by the B-principles indicated on the non-lexical branching nodes of this tree:

(P24)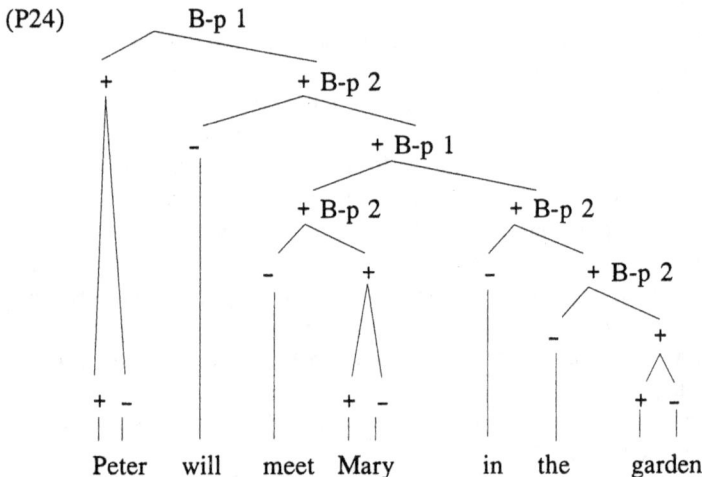

The only detail of (P24) that perhaps needs a comment is the application of B-principle 2 to {INF,VP}. I assume that VPs are integrated into their sister auxiliaries, i.e. that VPs are non-topical arguments of auxiliaries. There is ample evidence for this, cf. Jacobs (1991b).

C-principle 1 licenses the pairing of (P24) and (R24), and (R24) will be transformed into (R24') by Final Strengthening:

(R24)   Peter will meet Mary in the garden
```
         *   *    *    *    * *   *   *   *   *
         *            *   *     *      *
                          *            *
```

(R24') Peter will meet Mary in the garden
```
         *   *   *    *    * *    *   *   *   *
         *            *   *       *       *
                          *               *
```

So what we get in the end again is a iambic pattern. This pattern, of course, will also be predicted by the classical SPE (= Chomsky/Halle 1968) treatment of English sentence stress. But SPE fails to explain why under different syntactic circumstances, *trochaic* patterns of neutral stress will emerge – not only in other languages, but also in English, cf. example (14). In contrast, it is easy to see that the stress pattern of (14) is predicted by our principles.[13]

4.4 Neutral stress in Hungarian

It seems, however, that in some languages neutral stress is governed by rules that differ in certain details from the ones we have formulated above. A case in point is Hungarian, a language whose stress system has been considered to be difficult to understand and somewhat exotic, due to the fact that it has trochaic patterns of neutral stress in verbal phrases which are not head final, cf. e.g. Harlig & Bardovi-Harling (1987). B. Primus has called my attention to the fact that the patterns of neutral stress in Hungarian, as described by Varga (1983), will be predicted by the theory outlined above if we assume that Hungarian is subject not to Final Strengthening but rather to its mirror image, *Initial Strengthening*, i.e. to a process that adds a "*" to the *first* in a series of strongest beats. This assumption is fully in line with traditional descriptions of Hungarian as having a rigidly 'falling' rhythm (already on the word level) and receives independent justification from the fact that Hungarian phrases lacking integration, e.g. adjective + noun combinations, have primary stress on the first element, which is exactly what application of B-principle 1, C-rule 1 and Initial Strengthening would predict.

To derive the neutral stress pattern of Hungarian sentences on this basis, however, we will have to make some assumptions about the syntactic structure of these sentences which are not fully compatible with the classical description of É. Kiss (1981). Consider (S25), the Hungarian rendering of *Mary eats an apple in the garden*, with the whole VP being in focus and the subject being a topic in the background:

(S25)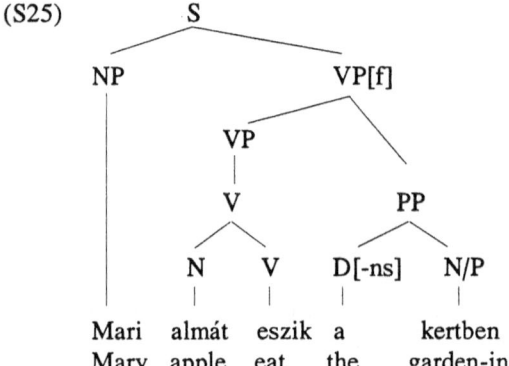

Mari almát eszik a kertben
Mary apple eat the garden-in

The important detail is that according to (S25), the preverbal position occupied by the incorporated object does not c-command the postverbal material. This is in conflict with Kiss' analysis, but structures like this have been advocated for independent reasons by other researchers, e.g. Komlósy (1986).

The prominence pattern corresponding to (S25) is (P25), according to our B-principles:

(P25)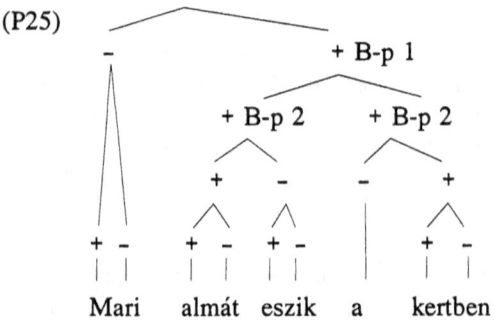

Mari almát eszik a kertben

In the first step, a minus-before-plus pattern is assigned to {NP,S} by the B-principle governing narrow focus (see 4.2 above). Afterwards, principles of neutral prominence apply, e.g. B-principle 1 in {VP,PP}, as no integration takes place. Within VP, B-principle 2 assigns plus-before-minus, because object incorporation is a special case of integration. And within the PP, we also have integration.

Now note that according to (P25), the object and the PP are equal in prominence. This is mirrored on the rhythmical level by (R25):

(R25) Mari   almát   eszik   a   kertben
       * *   * *   * *   * *
         *   *   *   *
                 *   *

But after Initial Strengthening, (R25') will emerge,

(R25) Mari almát eszik   a   kertben
       * *   * *   * *   *   * *
        *   *   *   *
              *   *
              *

i.e. a pattern with the object as the strongest element, corresponding exactly to Varga's description.[14] In this way, we can explain the occurrence of trochaic patterns of neutral stress in verb phrases which are not head-final.

Notes

1. As usual, "′" and "`" mark primary and secondary stress, respectively.
2. E.g. in Jacobs 1988.
3. See Jacobs 1991b.
4. Note that I do not deny that there may be correlations between the possible patterns of neutral stress and the preferred position of rhematic (= focussed) constituents in natural languages. It has been observed in the typological literature (e.g. in Dezsö 1982 and Kim 1987) that OV languages prefer to put foci in an immediately preverbal position. Consequently, in these languages not only the neutral, but also the non-neutral patterns of stress will preferably be trochaic. It may be that natural languages tend to choose focus positions which will allow them to have the same overall rhythmical organization in sentences with and without narrow focus.(On the basis of independent evidence, Reis 1987 has argued that in the German 'Mittelfeld' - a OV-construction - the tendency to put the focus immediately before the verb is actually a tendency to choose focus positions that will lead to what we have called the trochaic pattern of sentence stress.)
5. For a discussion of A-principles, see M. Krifka's paper in this volume.
6. This formulation ignores intricacies resulting from the possible presence of more than one focussing operator per sentence. Cf. Jacobs 1988.
7. By the way, this condition - which makes B-rule 1 a rule of neutral prominence - could easily be reformulated such that the procedure that looks down the tree to check whether constituents dominate the focus feature is replaced by a more local operation. All we need is a feature saying 'the constituent dominates a node on which [f] is present' and to treat this a a foot feature in the sense of GPSG. We would have to be careful, however, not to confuse this feature with the feature [f] itself, which does not percolate, as I have shown in Jacobs 1991a.
8. For the thetic/categorical distinction see Sasse (1987).
9. Consider the following dialogue:
    A: Wo hast du diese Sonnenbrille her? ('Where did you get these sunglasses?')
    B: Die hat mir Gérda geliehen.   ('Gerda has lended them to me.')
   Gerda geliehen in B contains no topic-comment boundary, even though it is an agent-action pair. As the structural conditions on integration (see below) are fulfilled too, *Gerda* is integrated into *geliehen*.
10. CF. note 13.
11. There remain several questions concerning the B-principles that cannot be discussed in detail here, e.g. the prominence patterns of phrases resulting from movement processes. I have

argued in Jacobs 1991a that some kind of reconstruction is necessary to derive these patterns. For example, (Si) will have to be transformed into (Pi):

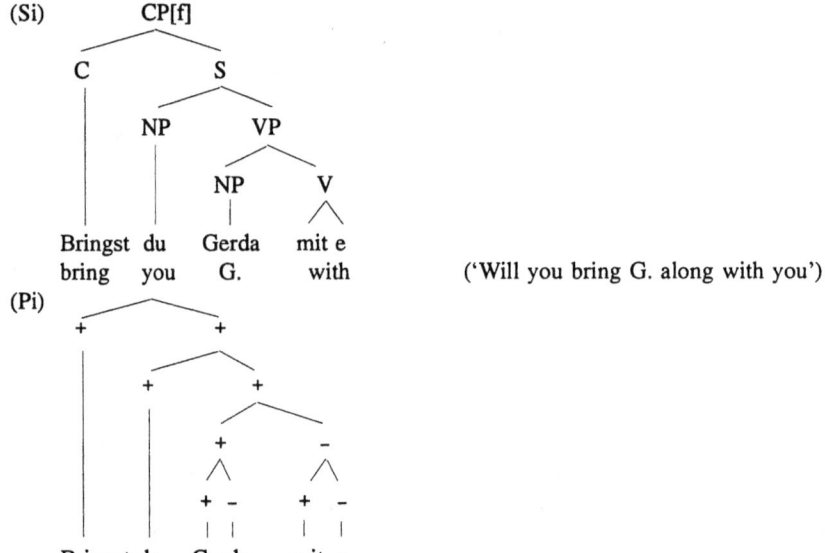

('Will you bring G. along with you')

The crucial point is the plus-minus-pattern *of Gerda mit e*, which can only result from application of B-principle 2. This requires that the B-principles act as if the trace e were replaced by its antecedent *bringst*, for only in this case could they treat *Gerda mit e* as an instance of integration.

12 Intonation phrases (or 'tone groups') can be identified by several independent criteria: They are flanked by (potential) pauses, they contain exactly one distinctive tonal pattern (followed optionally by a boundary tone) etc.

13 Another difference between SPE and the theory advocated here is that the latter does not draw a sharp boundary between the stress patterns of complex phrases on the one hand and compounds on the other. Rather, I assume that (at least in English and German) compounds as well as phrases are subject to the B- and C-principles and that the forming of a (non coordinating) compound is a special case of integration, with the modifying word being integrated into the modified word. On the basis of these assumptions, the stress patterns of compounds in German or English can easily be derived, e.g.:
(Si)

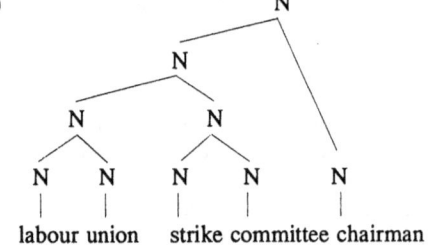

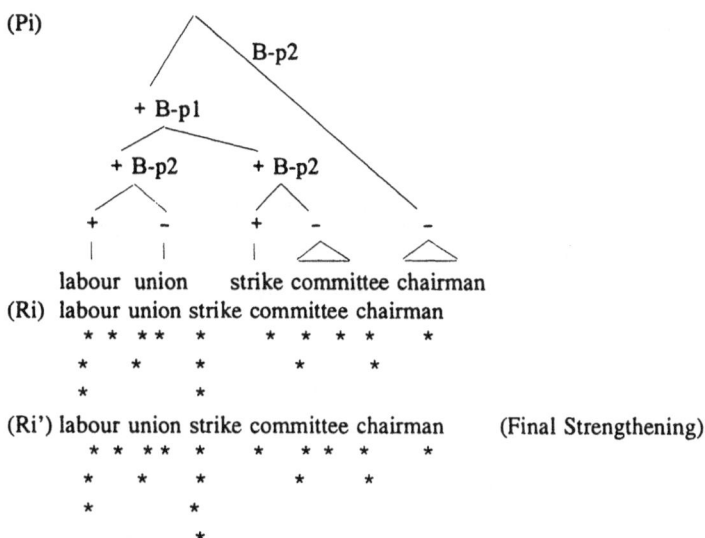

The crucial point here is that the prominence pattern of *labour union strike committee* is the result of B-p1, not of B-p2, due to the fact that integration of *labour union into strike committee* is blocked by the presence of a modifying noun in *strike committee*, just as integration of a phrasal c_1 into a phrasal c_2 is blocked by an argument or an adjunct in c_2. For more details see Jacobs (in preparation).

14 Cf. Varga 1983, 139f.

References

Abraham, W. & S. de Meij, eds. (1986): Topic, focus, and configurationality. Amsterdam.
Chomsky, N. & M. Halle (1968): The sound pattern of English. New York.
Dezsö, L. (1982): Studies in syntactic typology and contrastive grammar. The Hague.
Hammond, M., E. Moravcsik & J. Wirth, eds. (1988): Studies in syntactic typology. Amsterdam.
Harlig, J. & K. Bardovi-Harlig (1988): "Accentuation typology, word order and theme-rheme structure". In: Hammond, Moravcsik & Wirth, eds. (1988).
Hetland, J. (1991): Über Köpfe, Direktionalität und Fokusprojektion. Paper held at the S&P workshop. Tübingen, April 1991.
Jacobs, J. (1988): "Fokus-Hintergrund-Gliederung und Grammatik". In: Intonationsforschungen, ed. by H. Altmann. Tübingen, 89 - 134.
Jacobs, J. (1991a): "Focus ambiguities". Journal of Semantics 8. (Special issue on focus and intonation).
Jacobs, J. (1991b): Bewegung als Valenztransfer. Arbeitspapier 1 des SFB "Theorie des Lexikons". (To appear in Linguistische Berichte).
Jacobs, J. (in prep.): Towards a unified theory of phrasal and compound stress.
Kim, A. (1988): "Preverbal focusing and type XXIII languages". In: Hammond, Moravcsik & Wirth, eds. (1988).
Kiss, É. K. (1981): "Structural relations in Hungarian, a 'free' word order language". Linguistic Inquiry 12, 185 - 213.
Komlósy, A. (1986): "Focussing on focus in Hungarian". In: Abraham & de Meij, eds. (1986).

Krifka, M. (1984): Fokus, Topik, syntaktische Struktur und semantische Interpretation. München (unpublished).

Reis, M. (1987): "Die Stellung der Verbargumente im Deutschen. Stilübungen zum Grammatik-Pragmatik-Verhältnis". In: Sprache und Pragmatik. Lunder Symposium 1986, ed. by I. Rosengren. Stockholm, 139 - 177.

Sasse, H. (1987): "The thetic/categorical distinction revisited". Linguistics 25, 511 - 580.

von Stechow, A. & S. Uhmann, (1984): "On the focus: pitch accent relation." GAGL 25, 223 - 263.

Uhmann, S. (1991): Fokusphonologie. Eine Analyse deutscher Intonationskonturen im Rahmen der nicht-linearen Phonologie. Tübingen.

Varga, L. (1983): "Hungarian sentence prosody: an outline". Folia Linguistica 17,117 - 151.

Mitarbeiter dieses Sonderheftes

H. Bernhard Drubig
Universität Tübingen
Seminar für Englische Philologie
Lehrstuhl Linguistik II
Wilhelmstraße 50
7400 Tübingen 1

John A. Hawkins
University of Southern California
Department of Linguistics
Los Angeles, CA 90089-1693 / USA

Tilman N. Höhle
Eschenweg 21
7454 Bodelshausen

Jaap Hoepelman
IBM Deutschland GmbH
Wissenschaftliches Zentrum
Institut für Wissensbasierte Systeme
Wilckensstraße 1a
6900 Heidelberg

Joachim Jacobs
Bergische Universität GH Wuppertal
FB 4 / Germanistik: Linguistik
Gaußstraße 20
5600 Wuppertal 1

Manfred Krifka
University of Texas at Austin
Dept. of Linguistics
Austin, Texas 78712-1196 / USA

Joachim Machate
Fraunhofer Institut für
Arbeitswissenschaft und Organisation
Holzgartenstraße 17
7000 Stuttgart 1

Beatrice Primus
Universität München
Institut für Deutsche Philologie
Schellingstraße 3
8000 München 40

GPSR Compliance
The European Union's (EU) General Product Safety Regulation (GPSR) is a set of rules that requires consumer products to be safe and our obligations to ensure this.

If you have any concerns about our products, you can contact us on

ProductSafety@springernature.com

In case Publisher is established outside the EU, the EU authorized representative is:

Springer Nature Customer Service Center GmbH
Europaplatz 3
69115 Heidelberg, Germany